Impiyerno

Dr. Jaerock Lee

1 Ang dugo nga nagtulo gikan sa kadaghanan nga mga wala maluwas nga mga kalag nga mahinadlukon nga gi-tortyur nagporma og usa ka daku nga nag-agay nga suba.

2 Makalimbawot sa kamaot nga mga mensahero sa impiyerno adunay mga nawong nga morag-tawo ang porma o porma sa nagkalain-lain nga maot ug mahugawon nga mga mananap.

3 Diha sa mga tampi sa suba sa dugo adunay daghang mga bata nga gipasakitan nga gikan sa 6 ka tuig ang edad hangtud sa wala pa ang edad sa pa sa kahingkoran. Sumala sa kapig-ot sa ilang mga sala, ang ilang mga lawas gilubong og halawom sa lamak ug mas duol sa suba sa dugo.

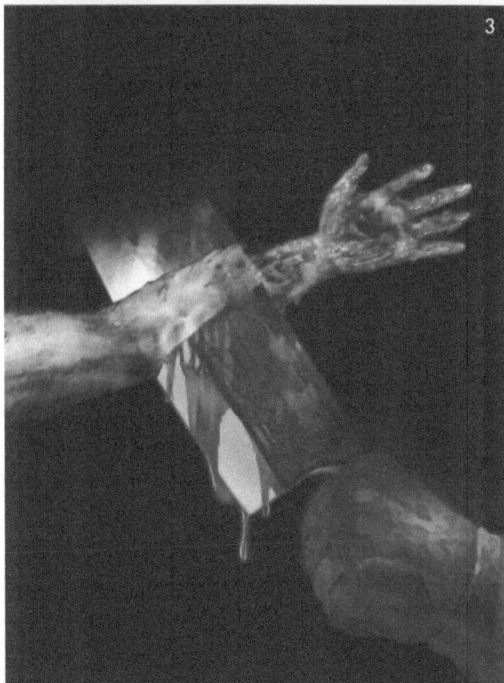

1 Usa ka gipuno-sa-lan-og nga linaw sa hinugasan nga tubig ang gipuno sa dili-maihap nga magil-as nga mga insekto ug kining mga insekto nagkitkit sa mga lawas sa mga kalag nga gibalhog sa linaw. Ang mga insekto nagtusok sa ilang mga lawas hangtud sa ilang mga tiyan.

2,3 Gikan sa usa ka gamay nga baraw ngadto sa atsa, usa ka sobra ka madinaoton nga maot nga giporma-sa-baboy nga mensahero sa impiyerno nag-andam sa daghang nagkalain-lain nga mga gamit alang sa pag-tortyur. Ang mensahero sa impiyerno maghiwa-hiwa ngadto sa mga piraso sa lawas sa kalag nga gihigot sa usa ka punoan.

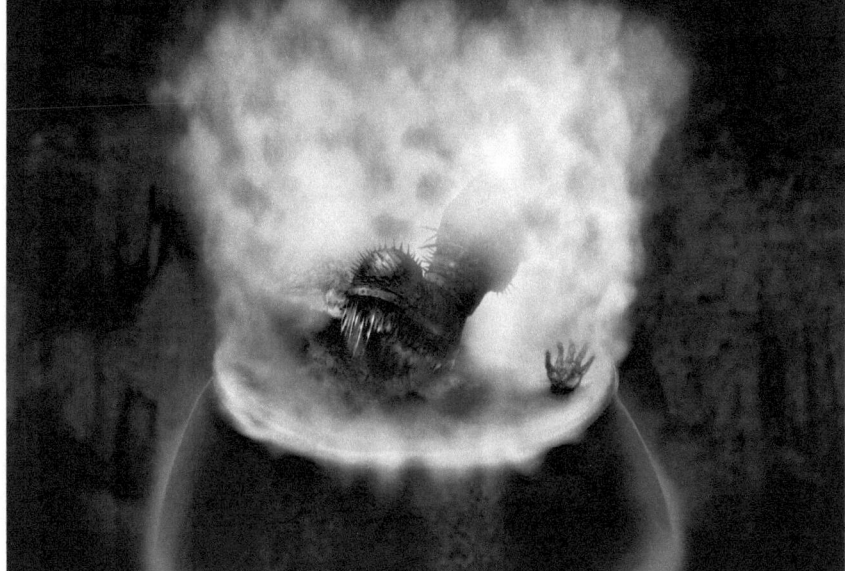

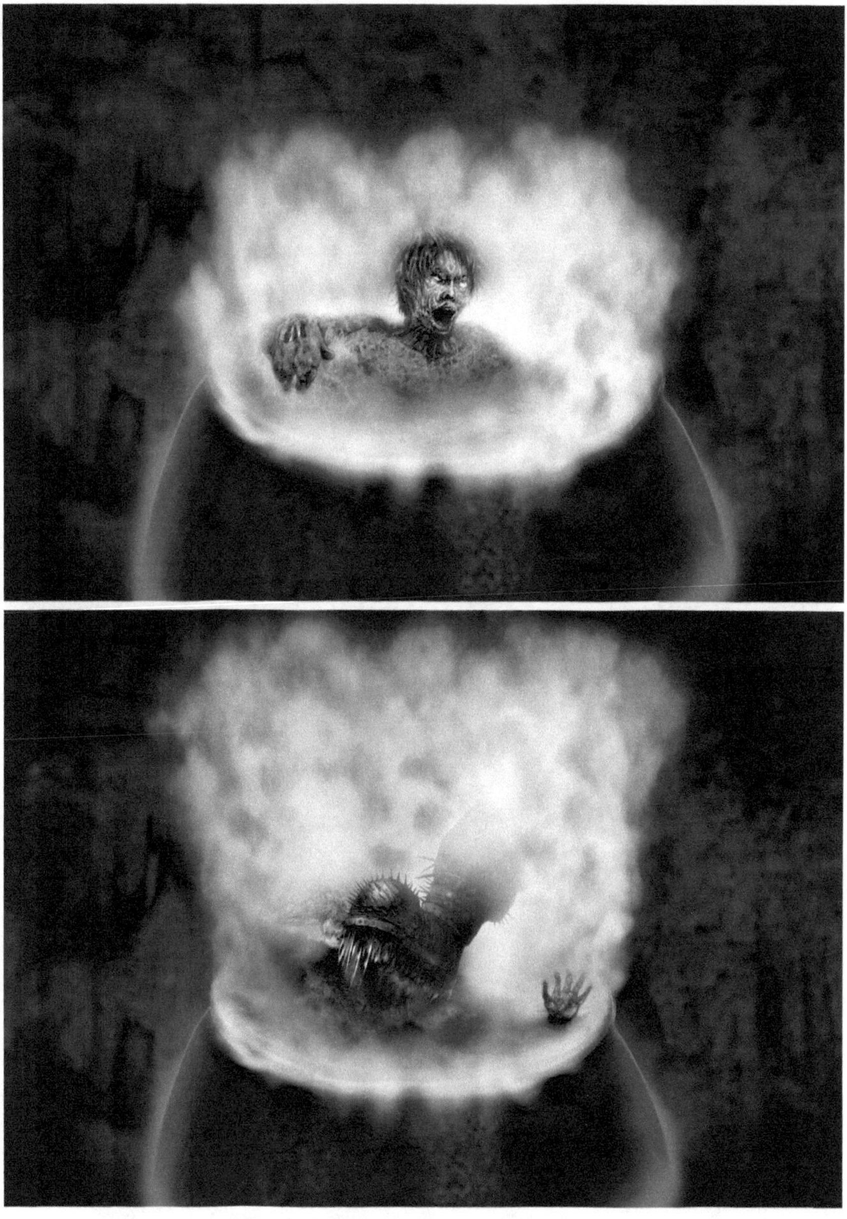

Usa ka nagsilaob nga mainiton nga kaldero gipuno sa kangil-ad nga kalan-og ug nagpiskay nga nagbukal-bukal nga likido. Ang gikondena nga mga kalag nga sa una magti-ayon gitusnob sa kaldero, usa-usa. Samtang ang usa ka kalag gipasakitan, ang usa magpakitluoy nga padugayon ang pagsilot sa iyang esposo.

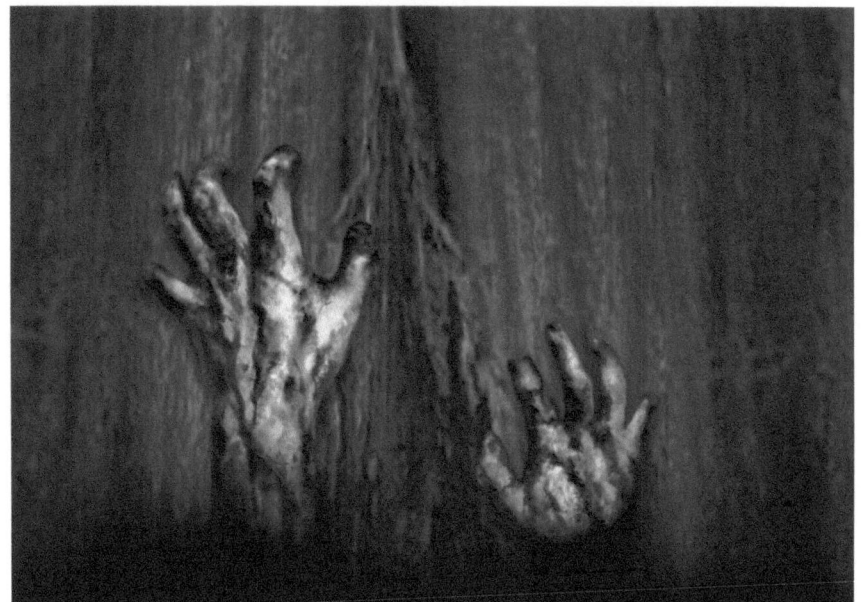

Nga ang ilang mga baba nagbuka og daku nga nagpagula sa ilang mahait nga mga ngipon, ang dili-maihap nga mga insekto nga gagmay naggukod sa mga kalag nga nagsaka sa pangpang. Ang nalisang nga mga kalag matabunan diha dayon sa mga insekto ug mahagbong ngadto sa yuta.

Ang dili-maihap nga ngilngig nga itom nga mga ulo nga kadtong nagsunod kaniya nga mibatok sa Dios alangiing nga mopaak sa tibuok lawas sa rebelde gamit ang ilang mahait nga mga ngipon. Ang pag-tortyur mas daku sa gihapon kaysa gikitkit sa mga insekto o gigisi-gisi sa mga mananap.

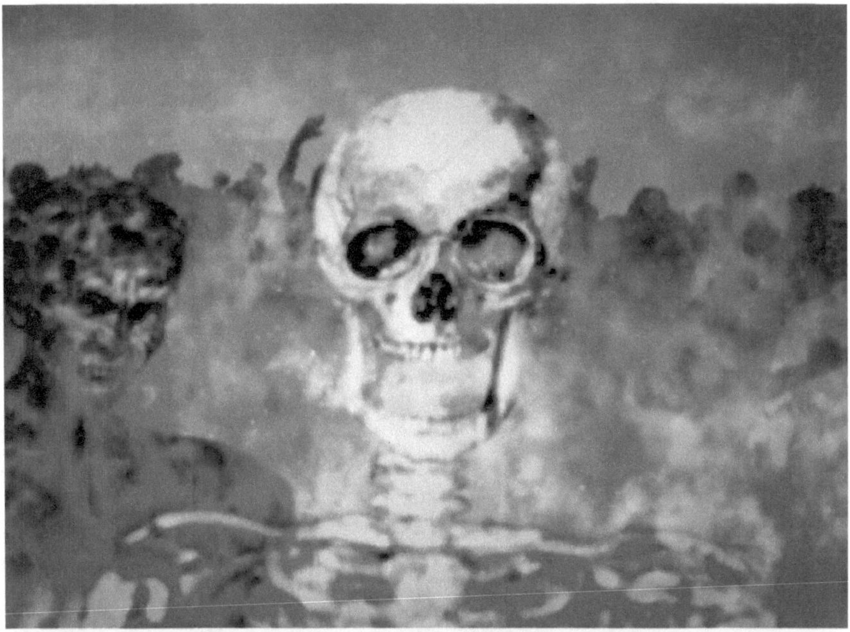

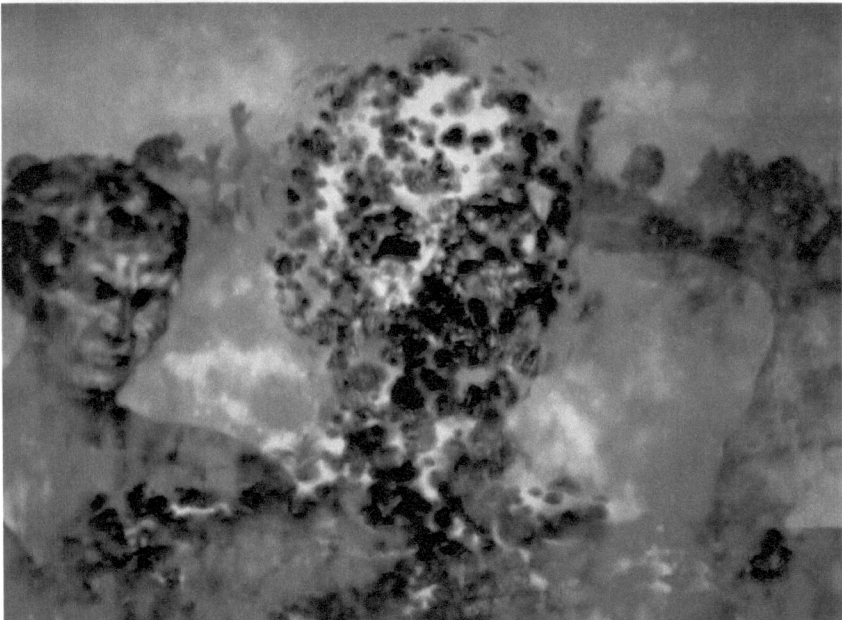

Ang mga kalag nga gilabay ngadto sa linaw nga kalayo nga nag-ambak-ambak sa kasakit ug nagsinggit og gahob. Ang ilang nagsiga nga mga mata mahimong ngilngig nga madugo, ug ang ilang mga utok mobuto ug ang mga likido mobugwak.

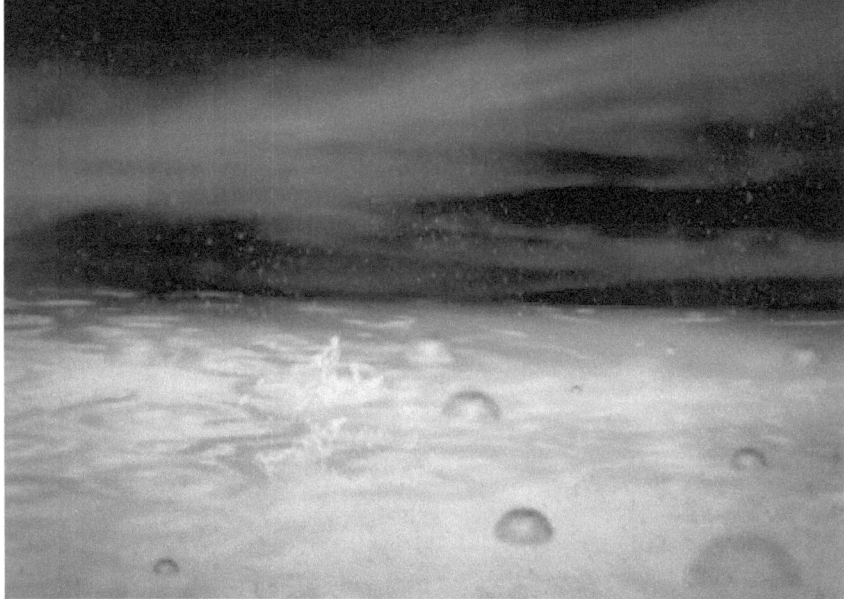

Pananglit adunay usa ka tawo nga moinom sa likido nga gitunaw gikan sa puthaw sa usa ka nagbuto nga pugon, ang iyang kasudlan nga mga organo ang masunog. Ang mga kalag nga gitambog ngadto sa linaw sa nagsilaob nga asupri dili makaagulo o makahunahuna apan malupig lang sa kasakit.

"Ug ang tawong kabus namatay ug gidala sa mga anghel ngadto sa sabakan ni Abraham; unya ang tawong dato namatay usab ug gilubong. Ug didto sa Hades, sa nag-antus siya sa mga kasakit, giyahat niya ang iyang mga mata ug iyang nakita si Abraham didto sa halayo ug si Lazaro diha sa iyang sabakan. Ug siya misinggit nga nag-ingon, 'Amahan kong Abraham, kaloy-i intawon ako, ug sugoa si Lazaro sa pagtuslob sa tumoy sa iyang tudlo diha sa tubig aron ipabugnaw sa akong dila, kay ania ako sa kasakit dinhi niining nagadilaab nga kalayo.' Apan si Abraham mitubag kaniya, 'Anak, hinumdumi nga sa buhi ka pa nakadawat ikaw sa mga maayo mong butang, ug si Lazaro usab nakadawat sa dili mga maayong butang; apan siya ginalipay karon diri, samtang anaa ikaw diha sa kasakit. Ug labut pa niining tanan, sa taliwala kanamo ug kaninyo gikapahimutang ang usa ka dakung gintang aron nga sila nga buot molabang gikan diri nganha kaninyo dili arang makahimo; ug nga walay bisan kinsa nga makalabang gikan diha ngari kanamo.' Ug siya miingon, 'Sa ingon niana, mangamuyo ako kanimo, amahan, nga imo siyang paadtoon sa balay sa akong amahan, kay aduna akoy lima ka mga igsoong lalaki, aron iyang pasidan-an sila, basi usab unyag mahianhi sila niining dapita sa kasakit.' Apan si Abraham mitubag kaniya, 'Atua na kanila si Moises ug ang mga Propeta; papatalinghuga sila kanila.' Ug siya miingon, 'Dili kana, amahan kong Abraham, apan kon kanila adunay moadto nga gikan sa mga nangamatay, sila managhinulsol gayud!' Apan si Abraham mitubag kaniya, 'Kon sila dili man manimati kang Moises ug sa mga Propeta, nan, dili sila malukmay bisan pa kon adunay mabanhaw gikan sa mga patay.'"

Impiyerno

[Sa Impiyerno] ang ilang ulod dili mamatay, ug ang kalayo dili pagapalongon. Kay ang matag-usa pagaasinan og kalayo.

(Marcos 9:48-49)

Impiyerno

Dr. Jaerock Lee

Impiyerno ni Dr. Jaerock Lee
Gimantala sa Urim Books (Tinugyanan: Seongnam Vin)
73, Yeouidaebang-ro 22-gil, Dongjak-gu, Seoul, Korea
www.urimbooks.com

Ang tanang kinamatarung gireserba. Ang kining libro o mga bahin ngari dili mahimong ipahuwad sa bisan unsang porma, taguan sa sistema nga retrieval, o ipadala sa bisan unsang porma o sa bisan unsang paagi, sa-kuryente, sa makina, pagpaseroks, pagtala o kon dili, kung wala'y naunang pagtugot nga gisulat gikan sa nagmantala.

Katungod Pagpanag-iyag Sinulat © 2016 ni Dr. Jaerock Lee
ISBN: 979-11-263-0153-9 03230
Ang Paghubad Katungod Pagpanag-iyag Sinulat © 2013 ni Dr. Esther K. Chung. Gigamit nga may pagtugot.

Gimantala og una sa Korean pinaagi sa Urim Books kaniadtong 2002

Naunang Gimantala Setyembre 2016

Gihikay pagpatik ni Geumsun Vin
Gidibuho sa Editoryal nga Buhatan sa Urim Books
Giimprinta pinaagi sa Prione Priting Company
Para sa dugang nga kasayuran pagduol sa: urimbook@hotmail.com

Paunang Pamulong

Naglaum nga kining libro magsilbi nga usa ka tinapay sa kinabuhi nga magdala sa dili-maihap nga mga kalag sa maanyag nga langit pinaagi sa pagtugot kanila nga makasabot sa gugma sa Dios kung kinsa gusto nga makadawat ang tanang katawohan og kaluwasan...

Karong adlawa, kung makadungog ang mga katawohan mahatungod sa langit ug Impiyerno, ang kadaghanan kanila negatibo nga motubag, nga nag-ingon, "Unsaon nako pagtoo sa ingon niining mga butanga sa karong panahon sa siyentipiko nga sibilisasyon?" "Nakaadto ka na ba gayud sa langit ug Impiyerno?" o "Makahibalo ka lang niining mga butanga pagkamatay lang kanimo."

Kinahanglan nimong mahibaloan og una nga adunay kinabuhi paghuman og kamatay. Ulahi na kaayo inig kaabot sa oras sa imong kataposan nga pagginhawa. Human sa kataposan nga pagginhawa niining kalibutan, wala ka na gayud og higayon nga mabuhi pa og usab. Ang Paghukom lang sa Dios, kon hain ikaw magaani sa imong gipugas niining kalibutan, ang magahulat kanimo.

Pinaagi sa Biblia, ang Dios mipakita na nato sa dalan sa kaluwasan, nga adunay langit ug Impiyerno, ug ang Paghukom nga mahitabo sumala sa pulong sa Dios. Gipadayag Kaniya ang makahibulong nga mga buhat sa Iyang gahom pinaagi sa mga manalagna sa Daang Kasabotan ug ni Hesus.

Bisan karong adlawa, ang Dios nagpakita kanimo nga Siya buhi ug ang Biblia tinuod pinaagi sa pagpadayag sa mga milagro, mga timaan, ug uban pang makahibulong nga mga buhat sa Iyang gahom nga gitala sa Biblia pinaagi sa Iyang pinakamaunongon ug matinuohon nga mga alagad. Baliwala sa pagkadagaya nga ebidensiya sa Iyang mga buhat, bisan pa niana, adunay mga dilitumuluo. Busa, ang Dios nagpakita sa Iyang mga anak sa Langit ug Impiyerno, ug gipadasig sila nga mosaksi sa unsang ilang nakita sa tibuok kalibutan.

Ang Dios sa gugma usab gipadayag kanako ang langit ug Impiyerno sa detalye ug giawhag ako nga iproklamar ang mensahe sa tibuok kalibutan kay ang Ikaduhang Pagkari ni Kristo duol na lang kaayo.

Sa akong paghatod sa mga mensahe sa miserable ug ngilngig nga mga talan-awon sa Ubos nga Lubnganan nga nahiapil sa Impiyerno, akong nakita ang daghan sa akong kongregasyon nga nangurog sa kasubo ug nanghilak alang sa katong mga kalag nga nahagbong ngadto sa kangil-ad ug madagmalon nga mga pagsilot sa Ubos nga Lubnganan.

Ang wala maluwas nga mga kalag mopabilin sa Ubos nga Lubnganan hangtud lang sa pagkahinabo sa Paghukom sa Dakung Trono nga Maputi. Human sa Paghukom, ang wala maluwas nga mga kalag mahagbong ngadto sa linaw nga kalayo o sa linaw sa nagsilaob nga asupri. Ang mga pagsilot sa linaw nga kalayo o sa linaw sa nagsilaob nga asupri mas dahol kaysa mga pagsilot sa Ubos nga Lubnganan.

Akong gisulat kon unsa ang gihayag sa Dios nako paagi sa buhat sa Espiritu Santo base sa pulong sa Dios sa Biblia. Kining libro mahimong matawag nga mensahe sa matinuoron nga gugma gikan sa atong Dios nga Amahan nga gustong maluwas ang pinakadaghang mga katawohan nga posible gikan sa sala pinaagi sa pagpahibalo kanila og una sa walay-katapusan nga katimawa sa Impiyerno.

Gihatag sa Dios ang Iyang kaugalingong Anak aron mamatay sa krus aron luwason ang tanang tawo. Gusto usab Kaniya nga pugngan ang bisan usa ka kalag nga mahagbong ngadto sa alaot nga Impiyerno. Ang Dios naghunahuna sa usa ka kalag nga mas bilihon kaysa tibuok kalibutan ug busa hilabihan nga gikalipay ug gihumot-an Kaniya, ug nag-saulog kauban ang mga langitnong panon ug mga anghel inig kaluwas sa usa ka tawo tungod sa pagtoo.

Ako naghatag sa tanang himaya ug pagpasalamat sa Dios nga nagdala kanako nga imantala kining libro. Akong gilaum nga imong masabtan ang kasingkasing sa Dios nga dili gustong mawala ang bisan usa ka kalag og mahagbong ngadto sa Impiyerno, ug nga ikaw makaangkon sa tinuod nga pagtoo. Dugang pa, giawhag kita nga magkugi sa pagsangyaw sa Maayong Balita sa tanang mga kalag nga nagdagan padulong sa Impiyerno.

Naghatag usab ako sa pagpasalamat sa Urim Books ug ang mga kawani niini apil si Geumsun Vin, Direktor sa Editoryal nga Bureau. Naglaum ko nga ang tanang mga mambabasa ang makaamgo sa katinuoran nga adunay gayud og usa ka kinabuhing dayon human ang pagkamatay ug ang Paghukom, ug modawat og hingpit nga kaluwasan.

Jaerock Lee

Pasiuna

Nag-ampo nga ang dili-maihap nga mga kalag ang mahimong makasabot sa katimawa sa Impiyerno, maghinulsol, magbalik gikan sa dalan sa kamatayon, ug maluwas...

Ang Espiritu Santo naghatag og inspirasyon ni Dr. Jaerock Lee, ang Senior Pastor sa Manmin Central Church nga magtuon mahatungod sa kinabuhi human ang kamatayon ug ang miserable nga Impiyerno. Among gitigom ang iyang mga mensahe ug karon imantala ang *Impiyerno* aron nga ang dili-maihap nga mga katawohan ang klaro og tukma nga makahibalo mahatungod sa Impiyerno. Akong gihatag ang tanang himaya ug pagpasalamat sa Dios.

Daghang mga katawohan karon ang masusihon mahatungod sa kinabuhi human ang kamatayon, apan imposible kini para kanato nga makaangkon sa bisan unsang mga tubag kauban ang atong limitado nga mga kapasidad. Kining libro usa ka masanagon ug malangkobon nga pagdetalye sa Impiyerno kon hain tipik nga gipahayag kanato sa Biblia. Ang *Impiyerno* nagsinakop og siyam ka mga kapitulo.

Kapitulo 1 "Aduna ba'y Tinuod nga Langit ug Impiyerno?" naghubit sa kinatibuk-an nga estruktura sa langit ug Impiyerno. Pinaagi sa sambingay sa dato nga tawo ug sa kubos nga tawo nga si Lazaro sa Lucas 16, ang Ibabaw nga Lubnganan – kon asa ang naluwas nga mga kalag gikan sa Daang Kasabotan nga panahon ang naghulat – ug ang Ubos nga Lubnganan – kon asa ang wala naluwas nga mga kalag ang gipaantos hangtud sa Daku nga Paghukom – ang gipatin-aw.

Sa kapitulo 2 "Ang Dalan sa Kaluwasan alang sa Katong Wala Gayud Nakadungog sa Maayong Balita" ang paghukom sa tanlag gihisgotan. Piho nga kriterya sa paghukom alang sa daghang mga kaso ang usab gihubit: wala matawo nga mga fetus gikan sa aborsyon o pagkahulog, mga bata gikan sa pagpanganak hangtud sa lima ka tuig ang edad, ug mga bata gikan sa edad nga unom ngadto sa una pa magbayong-bayong nga mga tuig.

Kapitulo 3 "Ubos nga Lubnganan ug ang Kailhanan sa mga Mensahero sa Impiyerno" nagdetalye sa usa ka huwatanan nga dapit sa Ubos nga Lubnganan. Ang mga tawo, human ang kamatayon, magpabilin sa huwatanan nga dapit sa Ubos nga Lubnganan sulod sa tulo ka adlaw ug unya ipadala ngadto sa lahi-lahi nga mga dapit sa Ubos nga Lubnganan sumala sa kapigotan sa ilang mga sala, ug madagmalon nga paantuson ngadto

Pasiuna

hangtud sa Paghukom sa Dakung Trono nga Maputi. Ang kailhanan sa dautan nga mga espiritu nga nagdumala sa Ubos nga Lubnganan gipatin-aw sad.

Kapitulo 4 "Mga Pagsilot sa Ubos nga Lubnganan sa Wala Maluwas nga mga Bata" nagtestigo nga bisan pa ang pipila ka mga linghod nga mga bata nga dili makahibalo kon usa ang tarung ug sayop dili makadawat sa kaluwasan. Ang nagkalain-lain nga mga pagsilot nga gipadapat sa mga bata nakategorya sa grupo nga edad: mga pagsilot alang sa mga fetus ug pinasuso, mga gagmay pa nga bata, mga bata sa edad nga tulo hangtud sa lima, ug mga bata gikan sa unom ka tuig ang edad hangtud sa dose.

Kapitulo 5 "Mga Pagsilot alang sa mga Katawohan nga Namatay human sa Kahingkoran nga mga Tuig," nagpatin-aw sa mga pagsilot nga gipadapat sa mga tawo nga mas gulang pa sa mga bayong-bayong. Mga Pagsilot alang sa bisan kinsa nga sobra sa edad nga gibanabana trese gibahin-bahin ngadto sa upat ka mga lebel sumala sa kapig-ot sa ilang mga sala. Sa pagkasamot sa kagrabe sa mga sala sa katawohan mas nagkadaku ang mga pagsilot nga ilang dawaton.

Kapitulo 6 "Mga Pagsilot alang sa Pagpasipala sa Espiritu Santo," nagpahanumdom sa mga mambabasa nga sumala sa gisulat sa Biblia, adunay piho nga dili-mapasaylo nga mga sala kon hain dili ka makahinulsol. Ang kapitulo naghubit usab sa nagkalain-lain nga mga klase sa mga pagsilot pinaagi sa gidetalye nga mga panaglitan.

Kapitulo 7 "Kaluwasan sa panahon sa Dakung Kasakitan"

nag-abiso kanato nga kita nabuhi sa katapusan sa edad ug ang Pagbalik sa Ginoo duol na lang kaayo. Kining kapitulo nagpatin-aw sa detalye kon unsa ang mahinabo sa Pagbalik ni Kristo, ug ang mga katawohan nga nahabilin sa panahon sa Kasakitan mahimo lang makaangkon og kaluwasan pinaagi sa pagpakamartir. Kini usab nag-awhag kanimo nga mag-andam sa imong kaugalingon isip nga usa ka maanyag nga pangasaw-onon sa Ginoong Hesus aron nga ikaw makasalmot sa Pito-katuig nga Piging sa Kasal, ug malikayan nga mahabilin human ang Rapture.

Kapitulo 8 "Mga Pagsilot sa Impiyerno human ang Daku nga Paghukom," nagpadetalye sa Paghukom sa katapusan sa Milenyo, kon unsaon pagbalhin sa wala maluwas nga mga kalag ngadto sa Impiyerno gikan sa Ubos nga Lubnganan, nagkalain-lain nga mga klase sa mga pagsilot ang ipadapat diha kanila, ug ang padulngan sa dautan nga mga espiritu sama sa ilang mga pagsilot.

Kapitulo 9 "Ngano man nga ang Dios sa Gugma Kinahanglan nga Mag-andam sa Impiyerno?" nagpatin-aw sa kadagaya ug nag-awas nga gugma sa Dios, kon hain gipakita pinaagi sa sakripisyo sa Iyang usa ug bugtong nga Anak. Ang ulahi nga kapitulo nagpatin-aw sa detalye nganong kining Dios sa gugma kinahanglan nga magbuhat sa Impiyerno.

Ang *Impiyerno* nagpadasig usab kanimo nga masabtan ang gugma sa Dios nga gustong tanan nga mga kalag ang makadawat og kaluwasan ug magmabinantayon sa pagtoo. Ang *Impiyerno* nagtapos pinaagi sa pag-awhag kanimo nga dal-on

Pasiuna

ang pinakadaghang mga kalag nga posible ngadto sa dalan sa kaluwasan.

Ang Dios puno sa kalooy ug puangod, ug gugma mismo. Karong adlawa, kauban ang kasingkasing sa usa ka amahan nga naghulat alang sa iyang ligoy nga anak nga mobalik, ang Dios maikagon nga naghulat alang sa tanang nangawala nga mga kalag nga ipahilayo ang mga sala ug dawaton ang kaluwasan.

Busa, maikagon ko nga naglaum nga ang dili-maihap nga mga kalag sa tibuok kaibotan ang makasabot og makaamgo nga kining miserable nga Impiyerno tinuod nga anaa, ug magbalik sa Dios sa dili madugay. Nag-ampo usab ako sa ngalan ni Hesukristo nga ang tanang tumuluo diha sa Ginoo magpadayon nga mabinantayon ug nagmata, ug dal-on ang pinakadaghang mga katawohan nga mahimo nila ngadto sa langit.

Geumsun Vin
Direktor sa Editoryal nga Bureau

Mga Sulod

Paunang Pamulong

Pasiuna

Kapitulo 1 –

Aduna ba'y Tinuod nga Langit ug Impiyerno? • 1

1. Tinuod Gayod nga Adunay Langit ug Impiyerno
2. Ang Sambingay sa Dato nga Tawo ug sa Kubos nga Tawo nga si Lazaro
3. Ang Estruktura sa Langit ug Impiyerno
4. Ang Ibabaw nga Lubnganan ug ang Paraiso
5. Ang Ubos nga Lubnganan, usa ka Hulatan nga Dapit Padulong sa Impiyerno

Kapitulo 2 –

Ang Dalan sa Kaluwasan alang sa Katong Wala Gayud Nakadungog sa Maayong Balita • 31

1. Paghukom sa Konsensya
2. Wala Matawo nga mga Bata Gikan sa Aborsyon o Pagkahulog
3. Mga Bata gikan sa Pagkatawo ngadto sa Edad nga Lima
4. Mga Bata gikan sa Edad nga Unom ngadto sa ayha-magtinedyer nga mga Tuig
5. Naluwas ba si Adan ug Eba?
6. Unsa man ang Nahinabo sa Unang Mamumuno nga sa Cain?

Kapitulo 3 –

Ubos nga Lubnganan ug ang Kailhanan sa mga Mensahero sa Impiyerno • 71

1. Ang mga Mensahero sa Impiyerno Magdala sa mga Katawohan ngadto sa Ubos nga Lubnganan
2. Usa ka Huwatanan nga Dapit ngadto sa Kalibutan sa Dautan nga mga Espiritu
3. Nagkalain-lain nga mga Pagsilot sa Ubos nga Lubnganan alang sa Nagkalain-lain nga mga Sala
4. Si Lucifer ang Nagdumala sa Ubos nga Lubnganan
5. Ang Kailhanan sa mga Mensahero sa Impiyerno

Kapitulo 4 –

Mga Pagsilot sa Ubos nga Lubnganan sa Wala pa Matawo nga mga Bata • 91

1. Fetus ug Pinasuso
2. Mga Gagmay pa nga mga Bata
3. Mga Bata nga Igo na sa Edad aron Makalakaw ug Makasulti
4. Mga Bata gikan sa Edad nga Unom ngadto sa Dose
5. Ang mga Batan-on nga Mitamay sa Manalagna nga si Eliseo

Kapitulo 5 –

Mga Pagsilot alang sa mga Katawohan nga Namatay human sa Kahingkoran nga mga Tuig • 113

1. Ang Unang Lebel sa Pagsilot
2. Ang Ikaduhang Lebel sa Pagsilot
3. Ang Pagsilot kang Faraon
4. Ang Ikatulong Lebel sa Pagsilot
5. Ang Pagsilot kang Poncio Pilato
6. Ang Pagsilot kang Saul ang Unang Hari sa Israel
7. Ang Ikaupat nga Lebel sa Pagsilot kang Hudas Iscariote

Kapitulo 6 –

Mga Pagsilot alang sa Pagpasipala sa Espiritu Santo • 167

1. Pag-antos sa usa ka Kulon nga Nagbukal nga Likido
2. Pagsaka sa usa ka Nagtindog nga Pangpang
3. Gipagtong ang Baba gamit ang usa ka Gipainit nga Puthaw
4. Pagkadaku Kaayo nga Pang-tortyur nga mga Makina
5. Gihigot ngadto sa Punoan sa usa ka Kahoy

Kapitulo 7 –

Kaluwasan sa panahon sa Dakung Kasakitan • 203

1. Ang Pagbalik ni Kristo ug ang Rapture
2. Ang Pito-ka-tuig nga Daku nga Kasakitan
3. Ang Pagkamartir sa Panahon sa Daku nga Kasakitan
4. Ang Ikaduha nga Pagbalik ni Kristo ug ang Milenyo
5. Pag-andam aron Mahimong Maanyag nga Pangasaw-onon sa Ginoo

Kapitulo 8 –

Mga Pagsilot sa Impiyerno human ang Daku nga Paghukom • 233

1. Ang Wala Maluwas nga mga Kalag Mahagbong ngadto sa Impiyerno Human ang Paghukom
2. Ang Linaw nga Kalayo Ug Ang Linaw sa Nagsilaob nga Asupri
3. Ang Pipila Mahabilin sa Ubos nga Lubnganan Bisan pa Pagkahuman sa Paghukom
4. Ang Dautan nga mga Espiritu Ibalhog sa Bung-aw
5. Asa man Mopadulong ang mga Demonyo?

Kapitulo 9 –

Ngano man nga ang Dios sa Gugma Kinahanglan nga Mag-andam sa Impiyerno? • 275

1. Ang Pagpailob ug Gugma sa Dios
2. Ngano man nga ang Dios sa Gugma Kinahanglan nga Mag-andam sa Impiyerno?
3. Gusto sa Dios nga ang Tanang Katawohan Makadawat og Kaluwasan
4. Maisog nga Ikatap ang Maayong Balita

Kapitulo 1

Aduna ba'y Tinuod nga Langit ug Impiyerno?

1. Tinuod Gayod nga Adunay Langit ug Impiyerno
2. Ang Sambingay sa Dato nga Tawo ug sa Kubos nga Tawo nga si Lazaro
3. Ang Estruktura sa Langit ug Impiyerno
4. Ang Ibabaw nga Lubnganan ug ang Paraiso
5. Ang Ubos nga Lubnganan, usa ka Hulatan nga Dapit Padulong sa Impiyerno

*"Kanila mitubag si Hesus nga nag-ingon,
'Kaninyo gitugot ang pagpakasabut
sa mga tinagoan mahitungod sa gingharian
sa langit, apan kanila wala kini itugot.'"*
- Mateo 13:11 -

*"Ug kon ang imong usa ka mata maoy makaingon kanimo
sa imong pagpakasala, lugita kini; kay maayo pa kanimo
nga magasulod ka sa gingharian
sa Dios bisag usa na lang ang imong mata,
kaysa may duha ikaw ka mga mata
apan igabanlud ka ngadto sa impiyerno."*
- Marcos 9:47 -

Aduna ba'y Tinuod nga Langit ug Impiyerno?

Kadaghanan sa mga katawohan sa atong palibot nahadlok sa kamatayon ug nabuhi sa kakuyaw ug kahigwaos sa pagkawala sa ilang mga kinabuhi. Bisan pa niana, wala sila nagpangita sa Dios kay wala sila nagtoo sa kinabuhi human ang kamatayon. Dugang pa, daghang mga katawohan nga nag-angkon sa ilang pagtoo kang Kristo ang mura sab napakyas nga mabuhi sa pagtoo.

Tungod sa kagaral, ang mga katawohan nagduda ug wala magtoo sa kinabuhi human ang kamatayon, bisan pa nga gipadayag na kanato sa Dios ang mahitungo sa kinabuhi human ang kamatayon, ang langit, ug ang Impiyerno sa Biblia.

Ang kinabuhi human ang kamatayon usa ka tagolilong nga espirituhanon nga kalibutan. Busa, ang mga katawohan dili makahakgom niini luwas lang kon tugotan sila sa Dios nga mahibaloan. Sumala sa makanunay nga gisulat sa Biblia, tinuod gayud nga adunay langit ug Impiyerno. Mao kana nganong gipakita sa Dios ang langit ug Impiyerno sa daghang mga katawohan sa tibuok kalibutan ug gitugotan sila nga iproklamar kini sa tanang eskina sa yuta.

"Tinuod Gayud nga Adunay Langit ug Impiyerno."

"Ang langit usa ka maanyag ug makapadani nga dapit samtang ang Impiyerno usa ka sim-ong ug alaot nga dapit lapas sa imong imahinasyon. Akong mabaskog nga gi-awhag ka nga magtoo nga adunay kinabuhi human ang kamatayon."

"Sigun kini kanimo kung ikaw ba muadto sa langit o impiyerno. Aron dili mahagbong ngadto sa Impiyerno, kinahanglan kanimong gilayon nga maghinulsol sa tanan nimong mga sala ug dawaton si Hesukristo."

"Tinuod gayud nga adunay Impiyerno. Mao kini kung asa ang mga katawohan nag-antos gikan sa kalayo sa kahangtoran. Tinuod sad nga adunay langit. Ang langit mahimo nga imong permanente nga puy-anan."

Gipatin-aw kanako sa Dios sa gugma ang mahitungod sa langit sukad pa atong Mayo 1984. Nagsugod sab siya og patin-aw sa Impiyerno sa detalye sukad atong Marso 2000. Gihangyo ako Kaniya nga ikatap ang unsang akong natun-an mahitungod sa langit ug Impiyerno sa tibuok kalibutan aron nga walay bisan usa ang pagasilotan sa linaw nga kalayo o sa linaw sa nagsilaob nga asupri.

Sa kausa gipakita kanako sa Dios ang usa ka kalag nga nag-antos ug nagkasubo sa paghinulsol sa Ubos nga Lubnganan, kon asa katong nadestino sa Impiyerno paghingutas nga naghulat. Kining kalag nagbalibad nga dawaton ang Ginoo bisan pa sa daghang mga kahigayonan nga napaminawan ang maayong balita ug sa katapusan nahagbong ngadto sa Impiyerno human pagkamatay. Ang masunod mao ang iyang pagkompisal:

Akong giihap ang mga adlaw.
Nag-ihap, nag-ihap, ug nag-ihap ko
Apan kini sila walay katapusan.
Ako untang gisulayan nga dawaton si Hesukristo
sa kadtong ako gisultihan nila mahitungod Kaniya.

Unsa man ang akong buhaton karon?

Kini labing hingpit na nga walay pulos
bisan pa nga ako maghinulsol karon.
Wala ko kahibalo kon unsa ang buhaton karon.
Gusto nakong maka-eskapo gikan niining pag-antos
apan wala ko kahibalo kon unsa ang akong buhaton.

Nag-ihap ko usa ka adlaw, duha ka adlaw, ug tulo ka adlaw.
Apan bisan pa nga moihap ko sa mga adlaw niining paagi,
Karon nakahibalo ko nga kini walay pulos.
Ang akong kasingkasing nagisi sa pira-piraso.
Unsa ang akong buhaton? Unsa ang akong buhaton?
Unsaon kanako pagkaluwas gikan niining daku nga kasakit?
Unsa ang akong buhaton, oh, akong kabos nga kalag?
Unsaon nako pagsugakod niini?

1. Tinuod Gayud nga Adunay Langit ug Impiyerno

Ang Hebreohanon 9:27 nagsulat nga *"Ug maingon nga ang tawo ginabut-an nga mamatay sa makausa ra, ug tapus niana mao ang paghukom."* Ang tanang mga tawo og mga babaye nadestino nga mamatay ug human sa ilang ulahi nga pagginhawa, magasulod sila bisag asa sa langit o Impiyerno human ang paghukom.

Gusto sa Dios nga ang tanan makasulod sa langit kay Siya

mao ang gugma. Giandam sa Dios si Hesukristo sa wala pa ang sinugdanan sa panahon ug giablihan ang ganghaan alang sa kaluwasan sa mga katawohan inig kaabot sa igo nga panahon. Dili gusto sa Dios nga bisan usa ka kalag ang mahagbong ngadto sa Impiyerno.

Ang Mga Taga-Roma 5:7-8 nagproklama nga *"Talagsa ra nga adunay magpakamatay alang sa uban, bisan pa alang sa usa ka tawong matarung; hinoon aduna gayud kahay mangako sa pagpakamatay alang sa usa ka maayong tawo. Apan ang Dios nagapadayag sa Iyang gugma alang kanato pinaagi niini, nga bisan sa mga makasasala pa kita si Kristo nagpakamatay alang kanato."* Gayud, gipadayag sa Dios ang Iyang gugma alang kanato pinaagi sa mabuhong nga paghatag sa Iyang usa ug bugtong nga Anak.

Ang ganghaan sa kaluwasan giablihan og daku aron nga ang bisan kinsa nga modawat ni Hesukristo isip nga iyang personal nga Manluluwas maluwas ug mosulod sa langit. Bisan pa niana, ang kadaghanang walay interes sa langit ug Impiyerno bisan pa nga nakadungog sila mahitungod kanila. Dugang pa, pipila sa kanila nanglutos pa sa mga katawohan nga nagproklamar sa Maayong Balita.

Ang pinakaguol nga katinuoran mao nga ang mga katawohan nga nag-angkon nga nagtoo sa Dios sa gihapon nahigugma sa kalibutan ug nagbuhat og mga sala kay sa tinuod wala sila naglaum alang sa langit ug wala mahadlok sa impiyerno.

Pinaagi sa mga testimonya sa mga saksi ug sa Biblia

Tinuod nga adunay Langit ug Impiyerno nga nahimutang sa

espirituhanon nga kalibutan. Ang Biblia nagmitlang sa daghang kahigayonan sa pagka-anaa og langit ug Impiyerno. Ang katong nakaadto na sa langit o Impiyerno nagsaksi sad kanila. Pananglitan, sa Biblia, ang Dios nagsulti kanato kung unsa ka miserable ang Impiyerno aron kita makakuha sa kinabuhing dayon sa langit imbes nga mahagbong ngadto sa Impiyerno human pagkamatay.

Ug kon ang imong usa ka kamot mao ang makaingon kanimo sa imong pagpakasala, putla kini; kay maayo pa kanimo nga magasulod ka sa kinabuhi bisan pungkol kay sa may duha ikaw ka mga kamot apan igabanlud ka ngadto sa impiyerno, sa kalayo nga dili arang mapalong, [diin ang ilang ulod dili mamatay; ug ang kalayo dili pagapalongon.] Ug kon ang imong usa ka tiil mao ang makaingon kanimo sa imong pagpakasala, putla kini; kay maayo pa kanimo nga magasulod ka sa kinabuhi bisan pungkol kay sa may duha ikaw ka mga tiil apan igabanlud ka ngadto sa impiyerno, sa kalayo nga dili arang mapalong, [diin ang ilang ulod dili mamatay; ug ang kalayo dili pagapalongon.] Ug kon ang imong usa ka mata maoy makaingon kanimo sa imong pagpakasala, lugita kini; kay maayo pa kanimo nga magasulod ka sa gingharian sa Dios bisag usa na lang ang imong mata, kaysa may duha ikaw ka mga mata apan igabanlud ka ngadto sa impiyerno. Kay ang matag-usa pagaasinan og kalayo (Marco 9:43-49).

Ang katong nakaadto na sa Impiyerno nakasaksi sama niini

nga giproklama sa Biblia. Sa Impiyerno, ang ilang ulod dili mamatay, ug ang kalayo dili pagapalongon. Kay ang matag-usa pagaasinan og kalayo."

Kini morag kristal ka klaro nga adunay langit ug Impiyerno human ang kamatayon sumala sa gisulat sa Biblia. Busa, kinahanglan ka nga mosulod sa langit pinaagi sa pagkabuhi sumala sa pulong sa Dios, nga nagtoo sa pagka-anaa sa langit ug Impiyerno diha sa imong hunahuna.

Kinahanglan dili ka magkasubo kauban ang paghinulsol sama sa kalag gihisgotan sa ibabaw nga nag-antos nga walay katapusan sa Lubnganan kay siya nagbalibad nga dawaton ang Ginoo bisan pa sa daghang mga kahigayonan nga mapaminawan ang mahitungod sa Maayong Balita.

Sa Juan 14:11-12, nagsulti kanato si Hesus nga, *"Toohi Ako ninyo nga Ako anaa sa Amahan ug nga ang Amahan nia Kanako; o, kon dili man, toohi, ako ninyo tungod sa maong mga buhat. Sa pagkatinuod, sa pagkatinuod, magaingon Ako kaninyo, nga ang mosalig Kanako magahimo usab sa mga buhat nga Akong ginabuhat; ug labi pa gani ka dagkung mga buhat kay niini ang Iyang pagabuhaton, kay moadto man Ako sa Amahan."*

Imong mailhan ang usa ka tino nga tawo nga usa ka tawo sa Dios kung ang mga buhat nga gamhanon lapas sa katakos sa tawo kauban kaniya, ug imo sad nga makompirma nga ang iyang mensahe nag-uyon sa tinuod nga pulong sa Dios.

Gipakatag kanako si Hesukristo, nga naghimo og mga buhat sa gahom sa buhi nga Dios samtang gipahigayon kanako ang mga krusada sa tibuok kalibutan. Inig ampo kanako sa pangalan ni Hesukristo, dili-maihap nga mga katawohan ang motoo ug modawat sa kaluwasan kay ang makahibulong nga buhat sa gahom ang mahitabo: ang mga bulag makakita, ang amang makasulti, ang bakol makatindog, ang himalatyon maulian, ug daghan pa.

Niining paagi, gimapamatud-an sa Dios ang Iyang makagagahom nga buhat pinaagi kanako. Iya sad gipatin-aw ang langit ug Impiyerno sa detalye ug gitugtan ako nga iproklamar kini sila sa tibuok kalibutan aron nga ang pinakadaghang posible nga katawohan ang maluwas.

Karong adlawa, daghang mga katawohan ang masusihon mahitungod sa kinabuhi human ang kamatayon – ang espirituhanon nga kalibutan – apan imposible kini nga mahibaloan mahitungod sa espirituhanon nga kalibutan og tin-aw sa mga paglimbasog lang sa tawo. Imong matun-an ang bahin mahitungod niini pinaagi sa Biblia. Bisan pa niana, mas makita kini nga klaro gayud kaayo kon ipatin-aw kini sa Dios samtang ikaw puno nga inspirado sa Espiritu Santo nga nagatungkad sa tanang butang, bisan pa ang kinailadman sa Dios (1 Corinthians 2:10).

Akong gilaum nga imong puno nga tuohan ang akong pag-asoy sa Impiyerno base sa mga bersikulo gikan sa Biblia kay ang Dios mismo sa Iyang kaugalingon ang nagpatin-aw niini kanako samtang ako puno sa inspirasyon sa Espiritu.

Nganong iproklama man ang Paghukom sa Dios ug ang pagsilot sa Impiyerno

Kung akong ihatod ang mga mensahe mahitungod sa Impiyerno, ang katong adunay pagtoo mapuno sa Espirtu Santo

9

ug maminaw kanila nga walay kahadlok. Bisan pa niana, adunay katong nga nanggahi ang mga nawong sa tensyon ug ang ilang nabatasan nga pagtubag nga apirmatibo og "Amen" o "Oo" maganam-anam og kalubad atol sa sermon.

Sa kinadautan, ang mga katawohan nga adunay huyang nga pagtoo moundang ug tambong sa pagsimba nga mga serbisyo o mobiya pa gani sa iglesia sa kahadlok, imbes nga kompirmahon og usab ang ilang pagtoo sa paglaum nga makasulod sa langit.

Bisan pa niana, kinahanglan kanakong ipatin-aw ang Impiyerno kay nakahibalo ko sa kasingkasing sa Dios. Nahigwaos kaayo ang Dios sa mga katawohan nga nagdagan padulong sa Impiyerno, nga sa gihapon nabuhi sa kangitngit, ug nagkompromiso sa kalibutanon nga paagi sa kinabuhi bisan pa nga pipila kanila ngdeklara sa ilang pagtoo ni Hesukristo.

Busa, akong ipatin-aw ang Impiyerno sa detalye aron nga ang mga anak sa Dios mahimong makapuyo sa kahayag, nga pasibayaan ang kangitngit. Gusto sa Dios nga maghinulsol ang Iyang mga anak ug makasulod sa langit bisan pa nga sila anaa sa kahadlok ug nagbati og dili-komportable kon ilang mapaminawan ang mahitungod sa Paghukom sa Dios ug sa pagsilot sa Impiyerno.

2. Ang Sambingay sa Dato nga Tawo ug sa Kubos nga Tawo nga si Lazaro

Sa Lucas 16:19-31, ang pareho nga dato nga tawo ug ang kubos nga tawo nga si Lazaro niadto sa Lubnganan human ang kamatayon. Ang mga sitwasyon ug mga kondisyon sa mga dapit kon asa mopuyo ang kada tawo pagkahuman daku ang kalahian.

Ang dato nga tawo anaa sa daku nga pag-antos sa kalayo samtang si Lazaro anaa sa tapad ni Abraham sa ibabaw sa daku nga bung-aw nga layo kaayo. Ngano man? Sa Daang Kasabotan nga panahon, ang paghukom sa Dios gipatuman sumala sa Kasugoan ni Moses. Sa usa ka bahin, ang dato nga tawo nidawat og pagsilot sa kalayo kay wala siya mitoo sa Dios, bisan pa nga siya nabuhi sa daku nga kaluho niining kalibutan. Sa pikas nga bahin, ang kubos nga tawo nga si Lazaro mahimong mangalipay sa walay-katapusan nga pahulay kay mitoo siya sa Dios bisan pa nga siya napuno sa mga nuka, ug nagpangandoy nga makaon ang unsang matagak gikan sa lamesa sa dato nga tawo.

Ang kinabuhi human ang kamatayon nga gidesisyonan pinaagi sa Paghukom sa Dios

Sa Daang Kasabotan, atong makita nga ang mga katigulangan sa pagtoo apil si Jacob ug Job nga nagsulti nga sila manaog sa Lubnganan human nilang pagkamatay (Genesis 37:35; Job 7:9). Si Korah ug ang tanan niyang mga tinawo nga nialsa batok ni Moises niadto sa Lubnganan nga buhi, tungod sa kasuko sa Dios (Numeros 16:33).

Ang Daang Kasabotan naghisgot sad sa "Sheol" ug "Hades." Ang Lubnganan mao ang Ingles nga pulong sa parehong "Sheol" ug "Hades." Ug ang Lubnganan gibahin ngadto sa duha ka bahin: ang Ibabaw nga Lubnganan nga hisakop sa langit ug ang Ubos nga Lubnganan nga hisakop sa Impiyerno.

11

Busa, imong nahibaloan nga ang mga katigulangan sa pagtoo sama ni Jacob ug ni Job ug sa kubos nga tawo nga si Lazaro niadto sa Ibabaw nga Lubnganan nga hisakop sa langit samtang si Korah ug ang dato nga tawo niadto sa Ubos nga Lubnganan nga hisakop ang Impiyerno.

Sa sama, tinuod gayud nga adunay usa ka kinabuhi human ang kamatayon ug ang tanang lalaki ug babaye nadestino nga muadto sa langit ug sa Impiyerno sumala sa Paghukom sa Dios. Baskog ko ikaw nga giawhag nga magtoo sa Dios aron nga ikaw maluwas gikan sa pagpadulong sa Impiyerno.

3. Ang Estruktura sa Langit ug Impiyerno

Ang Biblia naggamit og lahi-lahi nga mga pangalan sa pagmitlang sa langit o Impiyerno. Sa katinuoran, imong mailhan nga ang langit ug Impiyerno wala sa sama nga dapit.

Sa ubang mga pulong, ang langit gimitlang nga "Ang Ibabaw nga Lubnganan," "Paraiso," o "Bag-ong Herusalem." Kini tungod nga ang langit, ang puluy-an sa naluwas nga kalag, gikategorya ug gibahin-bahin ngadto sa daghang nagkalahi nga mga dapit.

Sumala sa ako nang gipatin-aw sa mga mensahe sa *"Ang Gidak-on sa Pagtoo"* ug *"Langit I Ug II,"* mahimo kang mopuyo og mas duol sa Trono sa Dios sa Bag-ong Herusalem sigun sa gidak-on sa imong pagbawi sa nawala nga imahe sa Dios nga Amahan. Sa alternatibo, mahimo kang mosulod sa Ikatulong Gingharian sa Langit, sa Ikaduhang Gingharian sa Langit, o sa Unang Gingharian sa Langit sumala sa gidak-on sa imong pagtoo. Ang katong haloson

Aduna ba'y Tinuod nga Langit ug Impiyerno?

nga naluwas mahimong makasulod sa Paraiso. Ang mga puy-anan sa wala-maluwas nga mga kalag o mga dautan nga mga espiritu gimitlang sad nga "ang Ubos nga Lubnganan," ang linaw nga kalayo," ang linaw sa nagsilaob nga asupri," o "ang Bung-aw (ang walay tungkaranan nga lungag)." Sama nga ang langit gibahin-bahin ngadto sa daghang mga dapit, ang Impiyerno gibahin-bahin sad ngadto sa daghang mga dapit kay ang matag puy-anan sa kalag nagkalahi gikan sa usa og usa sumala sa gidak-on sa iyang dautan nga mga buhat niining kalibutan.

(diagram labels: Bag-ong Herusalem / Ang Ikatulong Gingharian / Ang Ikaduhang Gingharian / Ang Unang Gingharian / Paraiso / Ibabaw nga Lubnganan / Gintang / Ubos nga Lubnganan (Hades) / Linaw nga Kalayo / Linaw sa Nagsilaob nga Asupri (Asupri) / Bung-aw (Walay Katungkaranan nga bangag))

Ang estruktura sa langit ug Impiyerno

Handurawa ang usa ka korte sa usa ka diamante (◇) aron mas maayo nga makasabot sa estruktura sa langit ug Impiyerno. Kung ang korte putlon sa katunga, adunay usa ka trayanggol (△) ug usa ka suhi nga trayanggol (▽). Atong hunahunaon nga ang ibabaw nga trayanggol nagrepresentar sa langit ug ang suhi nga trayanggol nagrepresentar sa Impiyerno.

Ang pinakataas nga bahin sa ibabaw nga trayanggol mao ang

Bag-ong Herusalem samtang ang pinakailalom nga bahin niini mao ang Ibabaw nga Lubnganan. Sa ubang mga pulong, sa taas sa Ibabaw nga Lubnganan mao ang Paraiso, Unang Gingharian sa Langit, ang Ikaduhang Gingharian, ang Ikatulong Gingharian, ug ang Bag-ong Herusalem. Bisan pa niana, dili ka kinahanglan nga maghunahuna sa lahi nga mga Gingharian sama sa una, ikaduha o ikatulo nga mga andana sa usa ka building niining kalibutan. Sa espirituhanon nga kalibutan, imposible kini nga magbutang og usa ka linya aron buwagon ang yuta sama sa imong buhaton niining kalibutan ug mailhan ang korte niini. Ako lang kining gipatin-aw niining paagi aron ang mga katawohan sa unod mas klaro nga makasabot sa langit ug Impiyerno.

Sa ibabaw nga trayanggol, ang kinasampongan mao ang Bagong Herusalem samtang ang pinakailalom nga bahin niini mao ang Ibabaw nga Lubnganan. Sa ubang mga pulong, sa kataas nga imong masaka sa trayanggol, mas maayo nga Gingharian sa Langit ang imong makita.

Sa usa pa ka pigura, ang suhi nga trayanggol, ang pinakataas ug kinalaparan nga bahin mao ang Ubos nga Lubnganan. Sa kaduol nga imong maadtuan sa ilalom, mas halawon nga bahin sa Impiyerno ang imong maduolan; ang Ubos nga Lubnganan, ang linaw nga adunay kalayo, ang linaw nga adunay asupri, ug ang Bung-aw. Ang Bung-aw nga gimitlang sa mga Libro sa Lucas ug sa Ang Pinadayag nagpasabot sa pinakailalom nga bahin sa Impiyerno.

Sa ibabaw nga trayanggol, ang gilapdon nagkagamay sa imong pagsaka gikan sa ilalom ngadto sa tumoy – gikan sa

Paraiso ngadto sa Bag-ong Herusalem. Kining korteha nagpakita kanimo nga ang gidaghanon sa mga katawohan nga mosulod sa Bag-ong Herusalem gamay lang kaayo kumpara sa gidaghanon sa mga katawohan nga mosulod sa Paraiso, ang Una o Ikaduha nga Gingharian sa Langit. Kini tungod nga kato lang ang kung kinsa nakatuman sa pagkabalaan ug pagkahingpit pinaagi sa pagpabalaan sa ilang mga kasingkasing, nga nagsunod sa kasingkasing sa Dios nga Amahan, ang mahimong makasulod sa Bag-ong Herusalem.

Sumala sa imong makita sa suhi nga trayanggol, sa pagkaparehos mas minos nga katawohan ang muadto sa mas lalom nga bahin sa Impiyerno kay ang kato lang ang adunay mga tanlag nga napatikan ug ang katong nagbuhat sa kinadautan ang ilabay ngadtong dapita. Ang mas daku nga gidaghanon sa mga katawohan nga nagbuhat og mas gaan kumpara sa uban nga mga sala ang muadto sa ibabaw, mas halapad nga bahin sa Impiyerno.

Busa, ang langit ug Impiyerno mahimo nga mahanduraw nga adunay usa ka korte nga diamante. Bisan pa niana, dili nimo gayud hukman nga ang langit anaa sa usa ka korte nga trayanggol o ang Impiyerno anaa sa usa ka korte nga suhi nga trayanggol.

Usa ka daku nga bung-aw taliwala sa langit ug Impiyerno

Adunay daku nga bung-aw taliwala sa ibabaw nga trayanggol – ang langit – ug ang suhi nga trayanggol – ang Impiyerno. Ang langit ug ang Impiyerno dili tapad sa usa og usa apan halayo kaayo lapas sa pagtakos.

Ang Dios nagbutang og klaro kaayo nga utlanan niining paagi aron nga ang mga kalag sa langit ug Impiyerno dili makalakbay pabalik og padulong taliwala sa langit ug Impiyerno. Sa usa lang ka espesyal nga kaso nga gihatag sa Dios, nga posible nga makakita ug makighisgot sa matag usa sama sa paagi nga ang dato nga tawo ug si Abraham nakighisgot.

Taliwala sa duha ka mabagayon nga mga trayanggol, adunay usa ka daku nga bung-aw. Ang mga katawohan dili makapadulong og makapabalik gikan sa langit og Impiyerno, ug sa suhi nga paagi. Bisan pa niana, kung tugotan sa Dios, ang mga katawohan sa langit ug sa Impiyerno makakita, makapaminaw, ug makahisgot sa matag usa sa espiritu walay bali sa kalayuon.

Tingali imong sayon nga masabtan kini kung imong mahinumduman kung unsa kita makighisgot sa mga katawohan sa pikas nga bahin sa yuta sa telepono o bisan pa makighisgot nawong sa nawong sa mga screen pinaagi sa mga satellite tungod sa kusog nga kauswagan ug kalamboan sa siyensiya ug teknolohiya.

Bisan pa nga adunay usa ka daku nga bung-aw taliwala sa langit ug Impiyerno, ang datu nga tawo mahimong makakita ni Lazaro nga nagpahulay sa tapad ni Abraham ug nakighisgot ni Abraham sa espiritu sa pagtugot sa Dios.

4. Ang Ibabaw nga Lubnganan ug ang Paraiso

Para matukma, ang Ibabaw nga Lubnganan dili bahin sa langit apan mahunahuna nga nahisakop sa langit samtang ang

Ubos nga Lubnganan usa ka bahin sa Impiyerno. Ang papel sa Ibabaw nga Lubnganan gikan sa Daan padulong sa Bag-ong Kasabotan nga mga panahon ang giusab.

Ang Ibabaw nga Lubnganan sa Daang Kasabotan nga mga panahon

Sa Daang Kasabotan nga mga panahon, ang naluwas nga mga kalag naghulat sa Ibabaw nga Lubnganan. Si Abraham, ang unang amahan sa pagtoo, gidumala ang Ibabaw nga Lubnganan ug mao kini nganong ang Biblia nagmitlang nga si Lazaro anaa sa tapad ni Abraham.

Bisan pa niana, sukad sa pagkabanhaw ug sa pagkayab sa Ginoong Hesukristo, ang mga naluwas nga kalag wala na sa tapad ni Abraham apan gibalhin na sa Paraiso ug anaa na sa tapad sa Ginoo. Mao kini nganong sa Lucas 23:43, si Hesus nagingon nga, *"Sa pagkatinuod, magaingon ako kanimo, nga karong adlawa adto ikaw sa Paraiso uban Kanako,"* ngadto sa usa ka kawatan nga naghinulsol ug nidawat ni Hesus isip nga iyang Manluluwas samtang si Hesus gilansang sa krus.

Niadto ba og diretso sa Paraiso si Hesus human sa Iyang pagkalansang? Ang 1 Pedro 3:18-19 nagsulti kanato nga *"Kay si Kristo usab namatay sa makausa alang sa tanan tungod sa mga sala, ang matarung alang sa mga dili matarung, aron kita iyang madala ngadto sa Dios, sa lawasnong bahin sa iyang kinaiya, siya gipatay apan nabuhi diha sa espiritu; nga niini Siya miadto ug miwali sa mga espiritu nga didto sa sulod sa bilanggoan."* Gikan niining bersikulo, imong makita nga si

Hesus miwali sa Maayong Balita sa tanang maluwas nga mga kalag nga naghulat sa Ibabaw nga Lubnganan. Ako kining tukion sa detalye sa kapitulo 2.

Si Hesus, nga miwali sa Maayong Balita alang sa tulo ka adlaw sa Ibabaw nga Lubnganan, midala sa mga kalag nga maluwas sa Paraiso sa iyang pagkabanhaw ug pagkayab ngadto sa langit. Karong adlawa, si Hesus nag-andam sa usa ka dapit alang kanato sa langit sa pag-ingon Kaniya nga, *"Moadto Ako aron sa pagandam ug dapit lang kaninyo?"* (Juan 14:2)

Ang Paraiso sa Bag-ong Kasabotan nga mga panahon

Ang naluwas nga mga kalag wala na sa Ibabaw nga Lubnganan human nga halapad nga giablihan ni Hesus ang ganghaan sa kaluwasan. Sila nagpuyo sa mga hilit sa Paraiso, ang Huwatanan nga Dapit sa langit hangtud sa katapusan sa pagpaugmad sa tawo. Ug unya human ang Paghukom sa Dakung Trono nga Maputi, ang matag-usa kanila ang magasulod sa iyang kaugalingong dapit sa langit sumala sa gidak-on sa indibiduwal nga pagtoo ug mabuhi ngadto sa kahangtoran.

Ang tanan nga naluwas nga mga kalag naghulat sa Paraiso sa Bag-ong Kasabotan. Ang pipila ka mga katawohan mahimong mahibulong kung kini posible nga daghan kaayong mga katawohan ang mopuyo sa Paraiso kay ang dili-maihap nga mga katawohan ang natawo na sukad ni Adan. "Pastor Lee! Unsa man kini ka posible nga daghan kaayong mga katawohan ang mopuyo sa Paraiso? Akong gikakuyawan nga dili kini igo ang kadakuon alang sa tanan nga mga katawohan nga mopuyo bisan pa nga kini lawang."

Ang solar nga sistema kon hain ang yuta nahisakop usa lang ka pat-ak kumpara sa usa ka galactic nga sistema. Imo bang mahanduraw kung unsa kadaku ang galactic nga sistema? Bisan pa niana, ang usa ka galactic nga sistema usa lang ka pat-ak kumapara sa tibuok nga uniberso. Imo bang mahanduraw kung unsa ka halapad ang tibuok nga uniberso?

Sa dugang pa, ang pagkadaku nga uniberso kung hain kita nagpuyo usa lang sa dili-maihap nga mga uniberso, ug ang kalapdon sa tibuok nga uniberso lapas ang kalayuon sa atong imahinasyon. Busa, kung kini imposible kanimo nga tungkaron ang kalapdon sa pisikal nga mga uniberso, unsaon man kanimo paghakgom sa kalapdon sa langit sa espirituhanon nga kalibutan?

Ang Paraiso mismo sa iyang kaugalingon halapad kayo lapas sa imahinasyon. Kini dili matakos ang kalayuon gikan sa pinakaduol nga dapit sa Unang Gingharian ngadto sa ngilit sa Paraiso. Imo ba karong mahanduraw kung unsa ka lapad ang Paraiso sa iyang kaugalingon mismo?

Ang mga kalag makakuha og espirituhanon nga kahibalo sa Paraiso

Bisan pa nga ang Paraiso usa ka hulatanan nga dapit padulong sa langit, dili kini mapig-ot o laay nga dapit. Kini maanyag kayo nga dili kini makumpara sa pinakamakahingangha nga talanawon niining kalibutan.

Ang naghulat nga mga kalag sa Paraiso nakukuha og kahibalo gikan sa pipila ka mga profeta. Nagtuon sila mahitungod sa

Dios ug langit, espirituhanon nga kasugoan, ug uban pang kinahanglan nga espirituhanon nga kahibalo. Walay kinutoban sa espirituhanon nga kahibalo. Ang pagtuon ngadto hingpit nga lahi gikan sa niining kalibutan. Dili kini lisod o laay. Sa kadaghan nga ilang matun-an mas kadaghan nga grasya ug kalipay ang ilang madawat.

Ang katong dalisay ug maaghop sa kasingkasing makakuha og daku kaayo nga espirituhanon nga kahibalo pinaagi sa pakigkomunikasyon sa Dios bisan pa niining kalibutan. Imo sad masabtan ang daghang mga butang pinaagi sa inspirasyon sa Espiritu Santo kung imong makita ang mga butang gamit ang imong espirituhanon nga mga mata. Imong masinati ang espirituhanon nga gahom sa Dios bisan pa niining kalibutan kay imong masabtan ang espirituhanon nga mga kasugoan sa pagtoo ug ang Dios motubag sa imong pag-ampo sa kadakuon sa imong pagsirkunsisyon sa imong kasingkasing.

Unsa ka kamalipayon ug puno sa pagkahimuot kung imong matun-an ang espirituhanon nga mga butang ug masinatian kini sila niining kalibutan? Handurawa kung unsa ka mas malipayon ug mas masadya kung makaangkon ka og mas halawom nga espirituhanon nga kahibalo sa Paraiso nga nahisakop sa langit.

Asa, man unya, ang katong mga profeta nagpuyo? Nagpuyo ba sila sa Paraiso? Wala. Ang mga kalag nga kwalipikado nga magasulod sa Bag-ong Herusalem wala naghulat sa Paraiso apan anaa sa Bag-ong Herusalem, nga nagtabang sa Dios sa Iyang mga buhat ngadto.

Si Abraham ang nitabang sa Ibabaw nga Lubnganan sa

wala pa si Hesus nalansang. Apan, human sa pagkabanhaw ug pagkayab ni Hesus, si Abraham niadto sa Bag-ong Herusalem kay nahuman na kaniya ang iyang katungdanan sa Ibabaw nga Lubnganan. Unya, asa man si Moises ug Elias samtang si Abraham anaa sa Ibabaw nga Lubanganan? Wala sila sa Paraiso apan anaa na sa Bag-ong Herusalem kay sila kwalipikado na nga magasulod sa Bag-ong Herusalem (Mateo 17:1-3).

Ang Ibabaw nga Lubnganan sa Daang Kasabotan nga mga panahon

Mahimo makatan-aw ka og usa ka sine kung asa ang kalag sa usa ka tawo nga anggid sa iyang pisikal nga lawas nahimulag sa iyang lawas human pagkamatay ug nagsunod sa bisag asa sa mga anghel gikan sa langit o mga mensahero gikan sa Impiyerno. Sa katinuoran, ang usa ka naluwas nga kalag dal-on sa langit sa duha ka mga anghel nga nagsul-ob og maputi ug tag-as nga mga bisti human mahimulag ang iyang kalag gikan sa iyang lawas sa diha siyang mamatay. Ang usa nga nakahibalo o nakatuon niini dili mahipugwat bisan pa nga ang iyang kalag mahimulag gikan sa iyang lawas inig kamatay kaniya. Ang usa ka tawo nga wala gayud nakahibalo ini, nan, mapugwat nga makita ang usa ka tawo nga kapareho og itsura kaniya, mahimulag gikan sa iyang lawas.

Ang usa ka kalag nga mahimulag gikan sa pisikal nga lawas mobati og kabaligho ug dili-kasagaran sa una. Ang estado niini lahi kayo gikan sa miaagi nga usa kay kini nakasinati na karon og daku nga pagbaylo, nga mipuyo sa tulo-ka-dimensiyonal apan karon anaa na sa upat-ka-dimensiyonal nga kalibutan.

Ang nahimulag nga kalag dili mobati og kabug-at sa lawas ug mahimong matental nga maghagyong palibot kay ang lawas nagbati og kagaan. Mao kini nganong nagkinahanglan kini og panahon aron matun-an ang mahitungod sa sukaron nga mga butang alang sa pagpasibo sa espirituhanon nga kalibutan. Busa, ang naluwas nga mga kalag sa Bag-ong Kasabotan nga mga panahon magpuyo og temporaryo ug magpasibo sa espirituhanon nga kalibutan sa Ibabaw nga Lubnganan una mosulod sa Paraiso.

5. Ang Ubos nga Lubnganan, usa ka Hulatan nga Dapit Padulong sa Impiyerno

Ang pinakataas nga bahin sa Impiyerno mao ang Ubos nga Lubnganan. Sa pagkanaog sa usa ka kalag sa mas ubos sa sulod sa Impiyerno, anaa ang linaw nga kalayo, ang linaw sa nagsilaob nga asupri, ug ang Bung-aw, ang pinakailalom nga bahin sa Impiyerno. Ang wala-naluwas nga mga kalag sukad sa sinugdanan nga panahon wala pa sa Impiyerno apan anaa gihapon sa Ubos nga Lubnganan.

Daghang mga natawo ang niangkon nga nakaadto na sa Impiyerno. Akong maingon nga sila sa aktuwal nakakita sa pagpaaantos nga mga talan-awon sa Ubos nga Lubnganan. Mao kini tungod kay ang wala maluwas nga mga kalag nabutang sa lahi nga mga bahin sa Ubos nga Lubnganan sumala sa kadakuon sa ilang mga sala ug kadaot ug sa ulahi, sila igatambog ngadto sa linaw nga kalayo o sa linaw sa nagsilaob nga asupri human sa

Paghukom sa Dakung Trono nga Maputi.

Mga pag-antos sa wala-naluwas nga mga kalag sa Ubos nga Lubnganan

Sa Lucas 16:24, ang pag-antos nga gipadapat ngadto sa walamaluwas nga dato nga tawo sa Ubos nga Lubnganan gihubit og pag-ayo. Sa paghingutas, ang dato nga tawo nangayo og usa ka tulo nga tubig nga nag-ingon, *"Amahan kong Abraham, kaloy-i intawon ako, ug sugoa si Lazaro sa pagtuslob sa tumoy sa iyang tudlo diha sa tubig aron ipabugnaw sa akong dila, kay ania ako sa kasakit dinhi niining nagadilaab nga kalayo."*

Nganong ang mga kalag dili man mahadlok ug mangurog sa limbawot nga kahadlok kay sila kanunay nga gipasakitan taliwala sa mga pagtiyabaw sa ubang mga katawohan nga anaa sa paghingutas sa nagdilaob nga kalayo nga walay bisan usa ka paglaum sa kamatayon ngadto sa Impiyerno, kung asa ang mga ulod dili mamatay, ug ang kalayo dili mapalong?

Ang mantas nga mga mensahero sa Impiyerno nagpa-antos sa mga kalag sa maitom-kaayo nga kangitngit, sa Ubos nga Lubnganan. Ang tibuok nga dapit gilibotan sa kadugoan ug kangil-ad nga baho gikan sa naagnas nga mga minatay, nga lisod kini kaayo nga moginhawa. Apan, ang pagsilot sa Impiyerno dili makumpara ngadto sa Ubos nga Lubnganan.

Gikan sa kapitulo 3 pasaka, akong hisgotan sa detalye kauban ang piho nga mga panganglitan og unsa kamakahaladlok ang usa ka dapit sa Ubos nga Lubnganan ug unsang klase sa dili-maantos nga mga pagsilot ang gipadapat sa linaw nga kalayo ug sa linaw sa nagsilaob nga asupri.

Ang wala-maluwas ng mga kalag naghinulsol og pagayo sa Ubos nga Lubnganan

Sa Lucas 16:27-30, ang dato nga tawo wala magtoo nga adunay Impiyerno apan siya nakahibalo sa iyang pagkagaral ug mibati og paghinulsol sa kalayo pagkahuman sa iyang kamatayon. Ang dato nga tawo mipakiluoy ni Abraham nga ipadala si Lazaro sa iyang mga igsoon aron sila makahibalo mahitungod sa Impiyerno.

"Sa ingon niana, mangamuyo ako kanimo, amahan, nga imo siyang paadtoon sa balay sa akong amahan, kay aduna akoy lima ka mga igsoong lalaki, aron iyang pasidan-an sila, basi usab unyag mahianhi sila niining dapita sa kasakit." Apan si Abraham mitubag kaniya, "Atua na kanila si Moises ug ang mga Profeta; papatalinghuga sila kanila." Ug siya miingon, "Dili kana, amahan kong Abraham, apan kon kanila adunay moadto nga gikan sa mga nangamatay, sila managhinulsol gayud!"

Unsa man ang isulti sa dato nga tawo sa iyang mga igsoon nga mga lalaki kung siya hatagan og usa ka higayon nga makighisgot kanila sa personal? Gayud moingon siya kanila nga, "Nakahibalo na ako gayud nga adunay Impiyerno. Palihog, seguroha nga mabuhi kamo sumala sa pulong sa Dios ug aron dili mahiadto sa

Impiyerno kay ang Impiyerno usa ka limbawot ug kangil-ad nga dapit."

Bisan sa walay-katapusan nga panghingutas sa kasakit ug pag-antos, ang dato nga tawo gustong tinuod nga maluwas ang iyang mga igsoon nga lalaki nga mahiadto sa Impiyerno, ug kini'y walay duda nga siya adunay maayo nga kasingkasing. Unya, unsa man ang mga katawohan karon?

Sa kausa gipakita ko sa Dios sa usa ka mag-asawa nga gipaantos sa Impiyerno kay ilang gipasagdan ang Dios ug nibiya sa iglesia. Sa Impiyerno, ilang gibasol, gipanunglo, og gikadumtan ang usa og usa, ug gusto pa gani og dugang nga kasakit nga ihatag sa iyang esposo.

Ang dato nga tawo gustong maluwas ang iyang mga igsoon nga mga lalaki kay siya maorag adunay maayo nga kasingkasing. Apan, imong kinahanglan nga hinumdumon nga ang dato nga tawo bisan pa niana gilabay ngadto sa Impiyerno. Imong kinahanglan nga hinumdumon sad nga dili ka makaangkon og kaluwasan sa pag-ingon lang nga, "Ako nagtoo."

Ang tawo nadestino nga mamatay og moadto bisag asa sa langit o Impiyerno pagkahuman nga mamatay. Busa, kinahanglan nga dili ka magpahangal-hangal apan mahimong tinuod nga tumuluo.

Ang maalam nga tawo mag-andam alang sa kinabuhi human ang kamatayon

Ang maalam nga mga katawohan tinuod nga mag-andam sa ilang mga kaugalingon alang sa kinabuhi human ang kamatayon samtang ang kadaghanan nga mga katawohan nagtrabaho og maayo aron maangkon ug matukod ang kadungganan, gahom, bahandi, kabulahanan, ug ang kadugayon niining kalibutan.

Ang maalam nga mga katawohan tipigan ang ilang bahandi sa langit sumala sa pulong sa Dios kay nakahibalo gayud sila pag-ayo nga wala sila'y dal-on nga bisan unsang butang ngadto sa ilang mga lubnganan.

Mahimong imo nang nadungog ang pipila ka mga testimonya sa katong dili makaplagan ang ilang mga balay sa langit sa ilang pagbisita ngadto bisan pa nga kunohay sila nagtoo sa Dios ug nagdala sa ilang kinabuhi kang Kristo. Mahimo kang makabalay og daku ug maanyag sa langit kung kugihan kang magtipig sa imong bahandi sa langit samtang nabuhi sa malahalon nga anak sa Dios niining kalibutan!

Ikaw tinuod nga gipakabulahan ug maalam kay nangimbisog ka nga makaangkon ug mapadayon ang usa ka masaligon nga pagtoo aron makasulod sa maanyag nga langit kay kugihan ka nga nagtipig sa imong premyo sa langit sa pagtoo, nga giandam ang imong kaugalingon isip nga usa ka pangasaw-onon sa Ginoo nga magabalik sa dili madugay.

Sa dihang mamatay na ang usa ka tawo, dili na niya usab mabalik ang iyang kinabuhi. Busa, palihog pag-angkon og pagtoo ug hibaloa nga adunay mga langit ug Impiyerno. Dugang pa, kay nahibaloan na nga ang dili-maluwas nga mga kalag anaa sa daku nga kasakit sa Langit, kinahanglan kanimong iproklama ang langit ug Impiyerno sa tanan nga imong maatubang niining kinabuhi. Handurawa kung unsa kaha kahimuot ang Dios kanimo!

Ang katong nagproklamar sa gugma sa Dios, nga gustong dalon ang tanang katawohan sa dalan sa kaluwasan, pagabulahan niining kinabuhi ug magsilak sama sa Adlaw sa langit usab.

Akong gilaum nga magatoo ka sa buhi nga Dios nga magahukom ug magabalos kanimo, ug sulayan nga mahimong usa ka tinuod nga anak sa Dios. Nag-ampo ko sa pangalan sa Ginoo nga madala kanimo ang pinakadaghang katawohan nga posible balik sa Dios ug kaluwasan, ug kalipayan kaayo sa Dios.

overeenstemming met het Woord van God, omdat ze heel goed weten dat ze toch niets meenemen in het hun graf.

Misschien heb je getuigenissen gehoord van degene die niet hun eigen huis in de hemel konden vinden toen ze een bezoek brachten, ondanks dat ze beweerden in God te geloven en een leven in Christus geleidden. Je kan een groot en mooi huis in de hemel hebben, als je ijverig je rijkdom verzameld in de hemel, terwijl je leeft als een kostbaar kind van God in deze wereld!

Je bent echt gezegend en wijs, omdat je gestreden hebt en een vast geloof hebt om de mooie hemel binnen te gaan en omdat je ijverig je prijzen hebt verzameld in de hemel, in geloof, en jezelf hebt voor bereid als een bruid van de Here, die spoedig wederkomt.

Eens een mens sterft, kan hij zijn leven niet opnieuw leven. Dus heb alstublieft geloof en weet dat er een hemel en een hel zijn. Bovendien, wetende dat ongeredde zielen in grootte kwelling verblijven in de hel, zou je de hemel en de hel aan iedereen moeten verkondigen die je tegenkomt in je leven. Veronderstel je eens hoeveel welgevallen God in je zal hebben!

Degene die de liefde van God verkondigen, die alle mensen op de weg van redding willen leiden, zullen gezegend worden in dit leven en zij zullen ook schijnen als de zon in de hemel.

Ik hoop dat je zal geloven in de levende God, die je oordeelt en beloond, en probeer een echt kind van God te worden. Ik bid in de naam van de Here dat je zoveel mogelijk mensen naar God zal leiden en tot redding, en een vreugde voor God zal zijn.

Kapitulo 2

Ang Dalan sa Kaluwasan alang sa Katong Wala Gayud Nakadungog sa Maayong Balita

1. Paghukom sa Konsensya
2. Wala Matawo nga mga Bata Gikan sa Aborsyon o Pagkahulog
3. Mga Bata gikan sa Pagkatawo ngadto sa Edad nga Lima
4. Mga Bata gikan sa Edad nga Unom ngadto sa ayha-magtinedyer nga mga Tuig
5. Naluwas ba si Adan ug Eba?
6. Unsa man ang Nahinabo sa Unang Mamumuno nga sa Cain?

"Kon tuman sa kinaiya ang mga Gentil nga walay Kasugoan magabuhat sa gimbut-an sa Kasugoan, nan, sila kasugoan na sa ilang kaugalingon, bisan wala silay Kasugoan nga sila nagapakita nga ang gimbut-an sa Kasugoan nahisulat diha sa ilang mga kasingkasing, ug ang ilang tanlag usab magapamatuod niini ug ang ilang nagakasumpaki nga mga hunahuna magasumbong o tingali magapangulipas ba kanila.
- Mga Taga-Roma 2:14-15 -

"Ug ang GINOO miingon kaniya: 'Sa tungod niana bisan kinsa nga magapatay kang Cain, ang panimalus ipahamtang kaniya sa pito ka pilo.' Ug gibutangan sa GINOO ug patik si Cain aron siya dili pagapatyon ni bisan kinsa nga makakita kaniya."
- Genesis 4:15 -

Gipamatud-an sa Dios ang Iyang gugma alang kanato pinaagi sa paghatag sa Iyang usa ug bugtong nga Anak nga si Hesukristo aron ilansang alang sa kaluwasan sa tanang mga tawo.

Ang mga ginikinan nahigugma sa ilang gagmay nga mga anak apan gusto nila nga mahamtong ang ilang mga anak nga igo aron makasabot sa ilang kasingkasing ug ipa-ambit ang ilang kalipay ug kasakit nga magkauban.

Sama niini, ang Dios gusto nga ang tanang katawohan maluwas. Dugang pa, gusto sa Dios nga ang Iyang mga anak mahamtong og igo sa pagtoo aron mailhan ang kasingkasing sa Dios nga Amahan ug mapa-ambit ang halawom nga gugma kauban Kaniya. Mao kini nganong ang apostol nga si Pablo nagsulat sa 1 Timoteo 2:4 nga gusto sa Dios nga maluwas ang tanang tawo ug mahibaloan ang kamatuoran.

Imong kinahanglan nga mahibaloan nga ang Dios nagpakita sa Impiyerno ug sa espirituhanon nga kalibutan sa detalye kay ang Dios sa Iyang gugma gusto nga makadawat og kaluwasan ang tanan nga tawo ug mahimong hingpit nga hamtong sa pagtoo.

Niining kapitulo, akong ipatin-aw sa detalye kung kini posible alang sa katong nangamatay nga wala nakaila ni Hesukristo nga maluwas.

1. Paghukom sa Konsensya

Daghang mga tawo nga wala magtoo sa Dios ang niila nga porlomenos adunay langit ug Impiyerno, apan dili sila makasulod sa langit kay tungod nga ilang giila ang langit ug Impiyerno.

Sumala sa gisulti kanato ni Hesus sa Juan 14:6, *"Ako mao ang dalan, ug ang kamatuoran, ug ang kinabuhi; walay bisan kinsa nga makaadto sa Amahan, gawas kon pinaagi Kanako,"* maluwas ka lang ug makasulod sa langit pinaagi kang Hesukristo.

Unsaon man, unya, kanimong maluwas? Ang apostol nga si Pablo sa Mga Taga-Roma 10:9-10 nagpakita kanato sa usa ka paagi padulong sa konkreto nga kaluwasan:

> *Kay kon pinaagi sa imong baba magasugid ikaw nga si Hesus mao ang Ginoo, ug magatoo sa sulod sa imong kasingkasing nga siya gibanhaw sa Dios gikan sa mga patay, nan, maluwas ikaw; kay ang tawo magatoo diha sa iyang kasingkasing aron mamatarung siya, ug siya magasugid pinaagi sa iyang baba aron maluwas siya.*

Atong kunohay hunahunaon nga adunay pipila ka mga katawohan nga wala nakaila ni Hesukristo. Isip nga resulta, wala sila nagkompisal nga, "Si Hesus mao ang Ginoo." Ni nagtoo sila kang Hesukristo diha sa ilang kasingkasing. Nan, dili ba kini tinuod nga sila tanan dili maluwas?

Daghan kaayong mga katawohan ang nabuhi sa wala pa si Hesus niari sa yuta. Bisan pa sa Bag-ong Kasabotan nga panahon, adunay mga katawohan nga nangamatay nga wala nakadungog sa Maayong Balita. Maluwas ba ang katong mga katawohan?

Unsa man ang padulngan sa pipila ka mga katawohan nga nangamatay og sayo nga wala gayud mahamtong o nagmaalam og igo aron mailhan ang pagtoo? Unsa man ang wala matawo nga mga bata nga nangamatay gikan sa aborsyon o pagkahulog? Sila ba kinahanglan nga mupadulong sa Impiyerno nga walay kondisyon kay wala sila nagtoo ni Hesukristo? Dili, dili sila. Ang Dios sa gugma nag-abli sa ganghaan sa kaluwasan alang sa tanan sa Iyang katarung pinaagi sa "paghukom sa tanlag."

Ang katong nagpangita sa Dios ug nabuhi nga adunay maayong tanlag

Ang Mga Taga-Roma 1:20 nagproklamar nga *"Kay sukad pa sa pagkatukod sa kalibutan ang Iyang dili makita nga kinaiya, nga mao ang Iyang dayong gahum ug pagka-Dios, sa tin-aw naila na pinaagi sa mga butang nga iyang nabuhat, busa wala silay ikapangulipas."* Mao kini nganong ang mga katawohan nga adunay maayo nga mga kasingkasing nagtoo nga adunay Dios pinaagi sa mga butang nga nabuhat.

Ang Ecclesiastes 3:11 nagsugid kanato nga ang Dios nagbutang sa pagkawalay-katapusan sa sulod sa mga kasingkasing sa tawo. Busa ang maayo nga mga katawohan nagpangita sa Dios sa ilang kinaiya ug dili-tin-aw nga nagtoo sa kinabuhi human ang kamatayon. Ang maayo nga mga tawo nahadlok sa mga langit ug nagsulay nga magdala og maayo ug matarung nga mga kinabuhi bisan pa nga sila wala gayud nakadungog sa Maayong Balita. Busa, sila nabuhi sumala sa ila kabubut-on sa ilang mga dios-dios sa tino nga paagi. Kung ila lang unta nadunggan ang Maayong Balita, segurado nga ilaha gayud nga dawaton ang Ginoo ug magsulod sa langit.

Alang niining tukma nga rason, ang Dios mitugot sa maayong mga kalag nga magpabilin sa Ibabaw nga Lubnganan isip nga usa ka paagi nga sila pagadal-on sa langit hangtud sa pagkamatay ni Hesus sa krus. Pagkahuman sa paglansang ni Hesus, ang Dios midala kanila ngadto sa kaluwasan pinaagi sa dugo ni Hesus paagi sa pagtugot kanila nga madunggan ang Maayong Balita.

Pagdungog sa Maayong Balita sulod sa Ibabaw nga Lubnganan

Ang Biblia nagsugid kanato nga si Hesus nagproklamar sa Maayong Balita sa Ibabaw nga Lubnganan human Siya namatay sa krus.

Sumala sa giingon sa 1 Pedro 3:18-19 nga, *"Kay si Kristo usab namatay sa makausa alang sa tanan tungod sa mga sala, ang matarung alang sa mga dili matarung, aron kita Iyang madala ngadto sa Dios, sa lawasnong bahin sa iyang kinaiya, siya gipatay apan nabuhi diha sa espiritu; nga niini siya miadto ug miwali sa mga espiritu nga didto sa sulod sa bilanggoan,"* Si Hesus miwali sad sa Maayong Balita sa mga kalag sa Ibabaw nga Lubnganan aron nga sila maluwas pinaagi sa Iyang dugo.

Sa dihang nakadungog na sa Maayong Balita, ang mga katawohan nga wala gayud nakadungog niini sa ilang tibuok kinabuhi midawat sa ulahi og higayon nga mailhan kung kinsa si Hesukristo ug naluwas.

Walay lain nga ngalan nga gihatag ang Dios gawas sa kang

Hesukristo nga dal-on ang tawo sa kaluwasan (Mga Buhat 4:12). Bisan pa sa sulod sa Bag-ong Kasabotan nga mga panahon, ang katong walay higayon nga madunggan ang Maayong Balita ang naluwas pinaagi sa paghukom sa tanlag. Sila nagpabilin sa Ibabaw nga Lubnganan alang sa tulo ka adlaw aron madunggan ang Maayong Balita ug unya magasulod sa langit.

Ang mga katawohan nga adunay hugaw nga mga tanlag wala gayud mangita sa Dios ug nabuhi sa sala, nga nagpatuyang sa ilang kaugalingon nga pagbati. Dili sila motoo sa Maayong Balita bisan pa nga ila kining madunggan. Human sa kamatayon, sila ipadala ngadto sa Ubos nga Lubnganan aron mabuhi sa pagsilot ug sa katapusan mahagbong ngadto sa Impiyerno human ang Paghukom sa Dakung Trono nga Maputi.

Paghukom sa Tanlag

Imposible kini nga ang usa ka tawo maghukom og tukma sa tanlag sa uban nga tawo kay ang usa ka tawo lamang dili makabasa sa mga kasingkasing sa ubang mga katawohan og tukma. Apan, ang gamghanan nga Dios makaaninag sa kasingkasing sa tanang tawo ug makabuhat og patas nga mga paghukom.

Ang Mga Taga-Roma 2:14-15 nagpatin-aw sa paghukom sa tanlag. Ang mga maayo nga mga katawohan nakahibalo kung unsa ang maayo o dautan kay ang ilang mga tanlag nagtugot kanila nga mahibaloan ang mga panginahanglanon sa Kasugoan.

"Kon tuman sa kinaiya ang mga Gentil nga walay Kasugoan magabuhat sa gimbut-an sa Kasugoan,

nan, sila kasugoan na sa ilang kaugalingon, bisan wala silay Kasugoan nga sila nagapakita nga ang gimbut-an sa Kasugoan nahisulat diha sa ilang mga kasingkasing, ug ang ilang tanlag usab magapamatuod niini ug ang ilang nagakasumpaki nga mga hunahuna magasumbong o tingali magapangulipas ba kanila."

Busa, ang maayo nga mga katawohan wala magsunod sa dalan sa dautan apan nagsunod sa dalan sa maayo sa ilang kinabuhi. Busa, sumala sa paghukom sa tanlag, sila magapabilin sa Ibabaw nga Lubnganan alang sa tulo ka adlaw, sulod niini sila makadungog sa Maayong Balita ug maluwas.

Imong mahinganlan si Admiral Soonshin Lee* isip nga sulundon nga nabuhi sa kamaayo pinaagi sa iyang maayo nga tanlag (*Tanda sa Editor: Si Admiral Lee mao ang supremo nga kumander sa navy nga pwersa alang sa Chosun Dynasty sa Korea sa panahon sa ika-16 nga siglo). Si Admiral Lee nabuhi sa kamatuoran bisan pa nga wala siya nakaila ni Hesukristo. Siya kanunay nga maunongon sa iyang hari, sa iyang nasod, ug sa mga katawohan nga iyang gipanalipdan. Siya maayo ug matinuohon sa iyang mga ginikanan ug gihigugma ang iyang mga igsoon nga mga lalaki. Wala gayud kaniya gibutang ang iyang kaugalingon nga interes nga una kaysa uban, ug wala gayud nagpangita og dungog, awtoridad, o mga bahandi. Siya mialagad lang ug gisakripisyo ang iyang kaugalingon alang sa iyang mga silingan ug sa mga katawohan.

Dili ka makakaplag og bisan unsang agi sa dautan diha kaniya. Si Admiral Lee gihiklin nga walay bisan unsang pagmulo o intensyon aron manimalos sa iyang kaaway sa katong siya sad-an nga gisumbong. Wala siya nagbagulbol sa hari bisan pa sa katong ang hari, nga nagpalagpot kaniya sa pahiklin, gimandoan siya nga makig-away sa usa ka gubatanan. Hinoon, iyang gipasalamatan ang hari sa tanan kaniyang kasingkasing, nag-andam sa mga tropa sa maayo nga pagtuman og usab, ug nakig-away sa iyang mga pakig-away bisan sa pagbutang sa peligro sa iyang kinabuhi. Dugang pa, siya nagreserba og panahon aron sa pag-ampo sa iyang dios sa iyang pagluhod kay siya nakaila nga adunay usa. Unsa man nga mga rason nganong dili siya dal-on sa Dios ngadto sa langit?

Ang katong wala-mahiapil gikan sa paghukom sa tanlag

Ang mga katawohan ba nga nakadungog sa Maayong Balita apan wala nagtoo sa Dios mabutang sa paghukom sa tanlag?

Ang mga miyembro sa imong pamilya dili mabutang sa paghukom sa tanlag kung wala kanila dawata ang Maayong Balita bisan pa human kanila kini madunggan gikan kanimo. Kini patas alang kanila nga dili maluwas kung ilang gisalikway ang Maayong Balita bisan pa nga sila adunay daghang kahigayonan aron madunggan kini.

Bisan pa niana, kinahanglan kugihan kanimo nga iwali ang Maayong Balita tungod kay bisan ang mga katawohan nga igo ang pagkamadinaoton aron mopadulong sa Impiyerno, imo silang tugotan og mas daghang mga kahigayonan aron madawat ang kaluwasan pinaagi sa imong buhat.

Ang matag-usa nga anak sa Dios usa ka mangungutang sa Maayong Balita ug adunay obligasyon aron ipakatap kini. Ang Dios mangutana kanimo sa Adlaw sa Paghukom kung wala gayud kanimo maproklamar ang Maayong Balita sa imong pamilya, apil ang imong ginikanan, mga igsoon, ug ang imong mga paryente, ug uban pa. "Nganong wala man ka nagpasangyaw sa imong mga ginikanan ug mga igsoon?" "Nganong wala ka man nagpasangyaw sa imong mga anak?" "Nganong wala ka man nagpasangyaw sa imong mga anak?" ug uban pa.

Busa, kinahanglan kanimong ipakatap ang Maayong Balita sa mga katawohan adlaw ug gabii kung imong tinuod nga nasabtan ang gugma sa Dios kung kinsa gisakripisyo bisan ang Iyang usa ug bugtong nga Anak, ug kung tinuod nga nahibaloan kanimo ang gugma sa Ginoo nga namatay sa krus alang kanato.

Ang pagluwas sa mga kalag ang usa lang ka paagi aron matagbaw ang kauhaw sa Ginoo nga misinggit sa krus, "Nauhaw ako," ug aron mabayaran ang presyo sa dugo sa Ginoo.

2. Wala Matawo nga mga Bata Gikan sa Aborsyon o Pagkahulog

Unsa man ang kapalaran sa wala matawo nga mga bata nga namatay gikan sa pagkahulog una pa sila matawo? Human ang pisikal nga pagkamatay, ang espiritu sa usa ka tawo nadestino nga mupadulong bisan diin sa langit o Impiyerno kay ang espiritu sa tawo, bisan pa kini gamay pa kaayo, dili maguba.

Ang espiritu gihatag 5 ka bulan human ang pagpanamkon

Kanus-a man gihatag ang usa ka espiritu ngadto sa fetus? Ang espiritu dili ihatag ngadto sa fetus hangtud sa ika-unom nga buwan sa pagmabdos.

Sumala sa medical nga siyensiya, human ang lima ka bulan gikan sa pagpanamkon, ang usa ka fetus magpalambo og mga organo sa pagdungog, mga mata, ug mga ubaob. Ang mga cerebral lobe nga mao ang nagpa-aktibo sa paglihok sa cerebrum giporma sad lima asta sa unom ka bulan human ang pagpanamkon.

Inig unom ka buwan sa fetus, usa ka espiritu ang ihatag niini ug kini haduol na sa porma sa usa ka tawo. Ang fetus dili mopadulong sa Impiyerno o sa langit inig kahulog sa wala pa ang espiritu mahatag niini kay ang usa ka fetus nga walay espiritu parehas lang sa usa ka mananap.

Nag-ingon ang Ecclesiastes 3:21 nga, *"Kinsa bay nasayud sa espiritu sa tawo kong kana mosaka ba sa itaas, ug ang espiritu sa mananap kong kana manaug ba padulong sa yuta?"* "Ang espiritu sa tawo" nganhi nagpaila kung unsa ang gikombinar kauban sa espiritu sa tawo nga gihatag sa Dios ug magadala sa tawo nga magpangita sa Dios ug ang iyang kalag nga maoy hinungdan nga siya makahunahuna ug magmatinumanon sa pulong sa Dios, samtang "ang espiritu sa mananap" nagpasabot lang sa kalag, nga mao ang sistema nga maoy hinungdan niini nga maghunahuna og maglihok.

Ang usa ka partikular nga mananap mawala na inig kamatay niini kay kini aduna lang og usa ka kalag apan walay usa ka espiritu. Ang usa ka fetus nga minos kaysa lima ka bulan sa pagmabdos walay usa ka espiritu. Busa, kung kini mamatay, kini mawagtang sama sa usa ka mananap.

Ang aborsyon usa ka bug-at nga sala isip nga pagpatay

Unya, dili ba usa kini ka sala nga ipahulog ang usa ka fetus nga minos sa lima ka bulan ang edad kay kini wala man og espiritu sulod niini? Kinahanglan dili ka magbuhat og usa ka sala nga pagpahulog sa usa ka fetus, walay bali sa panahon kung kanus-a ang usa ka espiritu igahatag ngadto sa fetus, sa paghinumdom nga ang Dios lang ang nagdumala sa kinabuhi sa tawo.

Sa Mga Salmo 139:15-16, ang Salmista misulat nga, *"Ang akong lawas wala hisalipdi gikan Kanimo, sa diha nga sa tago gibuhat ako, ug sa pagbuhat nga kahibulongan didto sa mga dapit nga labing ubos sa yuta; sa wala pa mahingpit ang lawas ko, nakita na sa Imong mga mata; ug diha sa Imong libro nahasulat na ang tanan, bisan pa ngani ang mga adlaw nga natudlo alang kanako, sa diha nga wala pay miabut kanila."*

Ang Dios sa gugma nakaila sa matag-usa kaninyo sa wala ka pa naporma sa tagoangkan sa imong inahan ug adunay kahibulongan nga mga ideya ug mga plano alang kanimo ngadto sa kadakuon nga gisulat ang mga kini sa Iyang libro. Mao kini nganong ang usa ka tawo, nga usa lang ka linalang sa Dios, dili makontrol ang kinabuhi sa usa ka fetus, bisan pa nga kini minos sa lima ka buwan.

Ang pagpahulog sa fetus pareho sa pagbuhat og pagpatay kay imong gisupak ang awtoridad sa Dios nga magdumala sa kinabuhi, kamatayon, kabulahan, ug pagpanunglo. Dugang pa, nganong imo mang gihagit nga ipugos nga kini usa ka dili mahinungdanon nga sala kung imong patyon ang imong kaugalingong anak nga lalaki o babaye?

Mga pagbayad sa sala ug mga pagtilaw nga resulta

Sa ilalom sa bisan unsang mga sirkumstansiya ug bisan unsang kalisud, kinahanglan dili ka maglapas sa kagahom sa Dios sa kinabuhi sa tawo. Dugang pa, dili kini tarung nga imong ihulog ang imong anak sa paggukod og kalami. Imong kinahanglan nga himatngonan nga imong paga-anihon ang unsang imong gipugas, ug imong bayaran ang unsang imong gibuhat.

Kini mas seryoso kung imong ipahulog ang usa ka fetus human ang unom ka buwan o sobra pa sa pagkamabdos. Kini pareho sa pagpatay sa daku nga tawo kay ang usa ka espiritu nahatag na niini.

Ang aborsyon nagbuhat og usa ka daku nga bungbong nga sala taliwala kanimo ug sa Dios. Ang resulta, ikaw gidapatan og mga sakit gikan sa naglain-lain nga mga pagtilaw ug mga kahasol. Anam-anam, ikaw nga magkalayo gikan sa Dios tungod sa bungbong nga sala kung dili kanimo resolbahon ang problema sa sala, ug sa ulahi mahimong mapahilayo ka na og pag-ayo nga dili na makabalik.

Bisan ang katong wala magtoo sa Dios pagasilotan ug ang tanang mga klase sa mga pagtilaw ug mga kahasol igahatag kanila kung sila magbuhat og pagpahulog kay kini usa ka pagpatay. Ang mga pagtilaw ug mga kahasol kanunay nga magkuyog kanila kay ang Dios dili makapanalipod kanila ug lisuon ang Iyang nawong gikan kanila kung dili kanila gision ang bungbong sa sala.

Hingpit nga maghinulsol sa imong mga sala ug gision ang bungbong sa sala

Ang Dios naghatag sa Iyang mga kasugoan nga dili kondenahon ang mga tawo apan ipadayag ang Iyang kabubut-on, dal-on sila sa paghinulsol, ug luwasan sila.

Ang Dios sab nagtugot kanimo nga masabtan ang kining mga butang nga may kalabotan sa aborsyon aron nga dili ka magbuhat niining sala ug mahimo nga gub-on ang bungbong sa sala pinaagi sa paghinulsol sa imong mga sala nga gibuhat sa miagi.

Kung imong gipahulog ang imong anak sa miagi, seguroha nga hingpit nga maghinulsol ug gision ang bungbong sa sala pinaagi sa paghatag og pagdait nga halad. Unya, ang mga pagtilaw ug kahasol mawala kay dili na hinumdumon sa Dios ang imong mga sala.

Ang pagkagrabe sa sala lahi kada kaso kung imong ipahulog ang imong bata. Pananglitan, kung imong gipahulog ang imong anak kay ikaw namabdos gikan sa paglugos, ang imong sala mas gaan. Kung gipahulog sa usa ka mag-asawa ang dili gusto nga anak, ang ilang sala mas grabe.

Kung dili kanimo gusto ang usa ka bata tungod sa nagkalain-lain nga mga rason, kinahanglan kanimong ihatag ang imong anak sa imong tagoangkan sa Dios sa pag-ampo. Sa niining kaso, kinahanglan kanimong ipanganak ang imong anak kung ang Dios wala nagbuhat sumala sa imong gipangampo.

Ang kadaghanan sa mga bata nga gipahulog maluwas apang adunay dili-apil

Unom ka buwan human ang pagpanamkon, ang usa ka fetus, bisan pa kini gihatagan og usa ka espiritu, dili makahunahuna, makasabot, o magtoo sa usa ka butang sa iyang kaugalingong kabubut-on. Busa, ang Dios magluwas sa kadaghanan sa mga fetus nga mamatay niining panahona walay-bali sa ilang pagtoo o sa pagtoo sa ilang mga ginikanan.

Matikda kung giunsa kanako pag-ingon sa "kadaghanan" – dili "ang tanan" – sa mga fetus kay sa talagsaon nga mga panahon, ang usa ka fetus mahimong dili maluwas.

Ang usa ka fetus mahimong makapanunod sa dautan nga kinaiya gikan sa panahon sa pagpanamkon kung ang mga ginikanan niini o mga katigulangan mitindog og daku batok sa Dios ug nagpundok og mga kadautan. Niining kaso, ang fetus dili maluwas.

Pananglitan, mahimo kini usa ka anak sa madyikiro o usa ka anak sa dautan nga mga ginikanan nga gipanunglo ug nagpangandoy og dili maayo alang sa ubang tawo ingon ni Heebin Jang* sa Koryano nga kasaysayan (*Nota sa Editor: Si Lady Jang mao ang usa ka kabit ni Haring Sook-jong kaniadtong ikanapulog-pito nga siglo, nga, tungod sa panibubho, gipanunglo ang Reyna). Iyang gipanunglo ang iyang karibal pinaagi sa pagtusok sa usa ka larawan nga karibal gamit ang mga pana sa hilabihan nga panibubho. Ang mga anak sa giingon nga dautan nga mga ginikanan dili maluwas kay ang ilang gipanunod ang dautan nga kinaiya sa ilang mga ginikanan.

Aduna sad og hilabihan nga dautan nga mga katawohan sa katong nag-angkon nga nagtoo. Kining mga katawohan nagbatok, sad-an nga naghukom, nagkondena, ug nagbabag sa buhat sa Espiritu Santo. Sa panibubho, ila sad gisulayan nga patyon ang usa nga naghimaya sa ngalan sa Dios. Kung ang mga anak niining mga ginakanan mahulog, dili kini sila maluwas.

Pwera lang niining talagsaon nga mga kaso, ang kadaghanan sa wala matawo nga mga bata ang maluwas. Nan, dili sila makasulod sa langit, bisan pa ang Paraiso kay sila wala gayud mapaugmad niining yuta. Sila magpuyo sa Ibabaw nga Lubnganan bisan pa human sa Paghukom sa Dakung Trono nga Maputi ang mahinabo.

Dayong Dapit alang sa naluwas nga wala matawo nga mga bata

Ang mga fetus nga gipahulog unom ka buwan o daku pa ngadto sa pagkamabdos sa Ibabaw nga Lubnganan pareho lang sa usa ka blangko nga papel kay sila wala mapaugmad niining yuta. Busa, sila magapabilin sa Ibabaw nga Lubnganan ug magsul-ob og lawas nga angay alang sa ilang mga kalag sa panahon sa pagkabanhaw.

Ilang isul-ob ang lawas nga magbaylo ug magtubo dili sama sa ubang naluwas nga mga katawohan nga magsul-ob og espirituhanon ug walay katapusan nga lawas. Busa, bisan nga anaa sila sa estado ug korte sa mga bata sa una, sila magatubo hangtud nga maabot nila ang tarung nga estado.

Kining mga bata, bisan pa pagkahuman nilang magtubo,

magpabilin sa Ibabaw nga Lubnganan, nga magapuno sa ilang mga kalag sa kahibalo sa kamatuoran. Imo kining masabtan og sayon kung maghunahuna ka mahitungod sa inisyal nga estado ni Adan sa Hardin sa Eden ug sa iyang proseso sa pagtuon.

Si Adan gigambalay sa espiritu, kalag, ug lawas sa pagbuhat kaniya isip nga usa ka buhi nga linalang. Apan, ang iyang lawas lahi gikan sa espirituhanon nga nabanhaw nga lawas ug ang iyang kalag ignorante pareho sa usa ka bag-ong natawo nga bata. Busa, Ang Dios sa Iyang kaugalingon ang naghatag kang Adan og espirituhanon nga kahibalo, nga naglakaw kauban kaniya alang sa taas nga panahon.

Kinahanglan kanimong mahibaloan nga si Adan sa Hardin sa Eden gibuhat nga walay bisan unsang dautan diha kaniya apan ang mga kalag sa Ibabaw nga Lubnganan dili sama sa kamaayo ni Adan, kay gipanunod na kanila ang makakasala nga kinaiya gikan sa ilang mga ginikanan nga nakasinati na sa pagpaugmad sa tawo alang sa mga henerasyon.

Sukad sa Pagkahagbong ni Adan, ang tanan kaniyang mga kaliwat pagkahuman niana gipanunod ang orihinal nga sala gikan sa ilang mga ginikanan.

3. Mga Bata gikan sa Pagkatawo ngadto sa Edad nga Lima

Unsaon man sa mga bata nga hangtud sa lima ka tuig ang edad, nga dili makaila kung unsa ang maayo ug dili-maayo ug wala pa makaila sa pagtoo, maluwas? Ang kaluwasan sa mga bata niining pang-edaron nakadepende sa pagtoo sa ilang ginikanan – hilabi na, ang ilang mga inahan.

Ang usa ka anak makadawat sa kaluwasan kung ang mga ginikanan sa bata adunay klase sa pagtoo nga maluwas ug gipadaku ang ilang anak sa pagtoo (1 Mga Taga-Corinto 7:14). Bisan pa niana, dili kini tinuod nga ang usa ka anak dili maluwas nga walay kondisyon kay tungod ang mga ginikanan sa bata walay pagtoo.

Nganhi, imong masinatian ang gugma sa Dios og usab. Ang Genesis 25 nagpakita kanato nga ang Dios nakahibalo og una nga si Jacob mahimong daku ang kaugmaon kaysa sa iyang maguwang nga lalaki nga si Esau sa katong sila nag-away sa tago-angkan sa ilang inahan. Ang nakahibalo-sa-tanan nga Dios magadala sa tanan nga anak nga nangamatay sa wala pa ang edad sa lima ngadto sa kaluwasan sumala sa paghukom sa tanlag. Kini posible tungod kay ang Dios nakahibalo kung modawat ba o dili ang mga bata sa Ginoo, kung sila mabuhi ba lapas sa katong mga edara, kung ilang mabatian ang Maayong Balita sa ulahi sa ilang mga kinabuhi.

Bisan pa niana, ang mga bata nga adunay mga ginikanan nga walay pagtoo ug wala sad makapasa sa paghukom sa tanlag dili-malikayan nga mahagbong ngadto sa Ubos nga Lubnganan nga nahisakop sa Impiyerno ug paantuson ngadto.

Ang paghukom sa tanlag ug ang pagtoo sa ilang mga ginikanan

Ang kaluwasan sa mga bata bug-at nga nakadepende sa pagtoo sa ilang mga ginikanan niining paagi. Busa, ang mga ginikanan kinahanglan nga padakuon ang ilang mga anak sumala sa kabubut-on sa Dios aron nga ang ilang mga anak dili moadto sa ulahi sa Impiyerno.

Sa taas nga panahon sa una, usa ka tino nga mag-asawa nga walay anak nanganak sa usa ka bata nga adunay panaad sa pagampo. Apang, ang bata namatay og sayo sa usa ka aksidente sa trapiko.

Akong nakita ang rason sa pagkamatay sa ilang anak sa pagampo. Kini tungod nabugnaw ang pagtoo sa mga ginikanan sa bata ug sila nagpahilayo gikan sa Dios. Ang bata dili makatambong sa kindergarten nga kaanib sa iglesia kay ang iyang mga ginikanan mipatuyang sa kalibutanon nga dalan sa kinabuhi. Nan, ang bata nagsugod og kanta sa mga sekular nga mga kanta imbes nga mga kanta sa pagdayaw sa Dios.

Nianang panahona, ang bata adunay pagtoo nga makadawat og kaluwasan apan dili siya maluwas kung siya magtubo sa ilalom sa impluwensiya sa iyang mga ginikanan. Niining sitwasyon, ang Dios, paagi sa aksidente sa trapiko, gitawag ang bata sa dayong kinabuhi ug gihatagan ang iyang mga ginikanan og higayon nga maghinulsol. Kung ang mga ginikanan unta naghinulsol ug nibalik sa Dios nga wala makita ang bata nga bayolente nga namatay, dili unta Kaniya buhaton katong paagi.

Ang responsibilidad sa mga ginikanan alang sa espirituhanon nga pagtubo sa mga bata

Ang pagtoo sa mga ginikanan adunay direkta nga impluwensiya sa kaluwasan sa ilang mga anak. Ang pagtoo sa mga bata dili makatubo og maayo kung ang ilang mga ginikanan walay kabalaka alang sa espirituhanon nga pagtubo sa ilang mga anak nga ibilin lang ang ilang mga anak sa Dominggo nga eskwela.

Ang mga ginikanan kinahanglan nga mag-ampo alang sa ilang mga anak, eksaminon kung sila kanunay nga nagsimba sa espiritu ug sa tinuod nga kasingkasing, ug tudloan sila nga magdala sa usa ka kinabuhi sa pag-ampo sa balay pinaagi sa pagkamaayo nga mga ehemplo para kanila.

Akong giawhag ang tanang mga ginikanan nga magmata sa ilang kaugalingong pagtoo ug padakuon ang ilang pinalangga nga mga anak sa Ginoo. Akong gipakabulahan nga ang imong pamilya mahimong kauban nga mangalipay sa walay-katapusan nga kinabuhi sa langit.

4. Mga Bata gikan sa Edad nga Unom ngadto sa ayha-magtinedyer nga mga Tuig

Unsaon man sa mga bata gikan sa edad nga unom ngadto sa ayha-magtinedyer nga mga tuig – mga dose anyos and edad – maluwas?

Kining mga bataa makasabot sa Maayong Balita kung ila kining madunggan ug sila makadesisyon kung unsa ang tuohan sa ilang kaugalingong kabubut-on ug hunahuna, dili sa kinatibuk-an apan sa pinakaminos sa tino nga kadakuon.

Ang edad sa mga bata nga gitukod nganhi, nan, mahimong gamay nga lahi sa kaso sa kada bata kay ang kada bata magtubo, maglambo, ug maghamtong sa lain-lain nga lakat. Ang importante nga pahat mao nga sa kasagaran niining edara, ang mga bata makatoo sa Dios sa ilang kaugalingon nga kabubut-on ug hunahuna.

Pinaagi sa ilang kaugalingong pagtoo walay-bali sa pagtoo sa ilang mga ginikanan

Ang bata nga unom ngadto sa dose ka tuig ang edad adunay maayo nga hangkag aron magpili sa pagtoo. Pinaagi sa ilang kaugalingong pagtoo walay-bali sa pagtoo sa ilang mga ginikanan

Ang imong mga anak, busa, makaadto lang sa Impiyerno kung wala kanimo sila gipadaku sa pagtoo bisan pa nga ikaw mismo adunay mabaskog nga pagtoo. Adunay mga bata nga ang ilang mga ginikanan dili mga tumuluo. Niining mga kasoha, mas lisud kini alang sa mga bata nga makadawat og kaluwasan.

Ang rason nga akong gisahi ang kaluwasan sa mga bata sa wala pa ang kahingkoran nga mga tuig gikan sa human ang kahingkoran nga mga tuig kay tungod pinaagi sa ka-abunda sa Dios ug nag-awas nga gugma, ang paghukom sa tanlag mahimong mabuhat sa naunang grupo.

Ang Dios mahimong maghatag og usa pa ka higayon niining mga bata nga makadawat og kaluwasan kay ang mga bata sa niining edad dili hingpit nga makadesisyon sa mga butang pinaagi lang sa ilang kaugalingon nga kabubut-on ug hunahuna kay sila anaa pa gihapon sa impluwensiya sa ilang mga ginikanan.

Ang maayong mga bata modawat sa Ginoo kung ilang madunggan ang Maayong Balita ug dawaton ang Espiritu Santo. Sila sad motambong sa iglesia apan dili makatambong sa iglesia sa ulahi tungod sa grabe nga paglutos gikan sa ilang mga ginikanan nga nagsimba og mga dios-dios. Bisan pa niana, sa ilang sayo nga mga tuig sa pagka-tinedyer, sila makapili og unsa ang insakto ug unsa ang sayop pinaagi sa ilang kaugalingon nga kabubut-on walay-bali sa intensiyon sa mga ginikanan. Sila makapabilin sa ilang pagtoo kung sila tinuod nga nagtoo sa Dios bisan unsa pang grabe nga pagpanupak ug pagpanglutos sa ilang mga ginikanan.

Pananglitan ang usa ka bata, nga mahimong mag-angkon og mabaskog nga pagtoo kung siya gitugotan lang nga mabuhi og mas taas, namatay nga batan-on pa. Unsa man, unya, ang mahinabo kaniya? Ang Dios magadala kaniya ngadto sa kaluwasan pinaagi sa kasugoan sa paghukom sa tanlag kay Siya nakahibalo sa kailadman sa kasingkasing sa bata.

Apang, kung ang usa ka bata wala modawat sa Ginoo ug wala makapasa sa paghukom sa tanlag, siya wala na'y higayon ug dili-kalikayan moadto sa Impiyerno. Dugang pa, masabtan kini nga ang kaluwasan sa mga katawohan nga lapas sa kahingkoran nga mga tuig nag-usa nga nakadepende sa ilang kaugalingong pagtoo.

Ang mga bata nga natawo sa dili-maayo nga mga kahimtangan

Ang kaluwasan sa usa lang ka bata nga dili makabuhat og lohikal ug maayo nga paghukom daku nga nakadepende sa mga espiritu (kinaiya, enerhiya, o pwersa) sa mga ginikanan ug mga katigulangan.

Ang usa ka bata mahimong matawo nga adunay sakit sa

hunahuna o nasudlan sa mga demonyo gikan sa gamay pa kaayo nga mga edad sa kinabuhi tungod sa pagkadautan ug pagsimba og dios-dios sa iyang mga katigulangan. Kini tungod kay ang mga kaliwat anaa sa ilalom sa impluwensiya sa ilang mga ginikanan ug mga katigulangan.

Mahitungod niini, ang Deuteronomio 5:9-10 nagpasidaan kanato sa mga masunod:

> *Dili mo iyukbo ang imong kaugalingon kanila, ni mag-alagad kanila, kay Ako, ang Ginoo nga imong Dios, mao ang Dios nga abughoan, nga nagaduaw sa pagkadautan sa mga amahan sa ibabaw sa mga anak, ug sa ibabaw sa ikatolo ug sa ikaupat nga kaliwatan sa mga nagadumot Kanako ug nagapakita Ako sa mahigugmaong-kalolot sa mga linibo, sa mga nahigugma Kanako ug nagabantay sa Akong mga sugo.*

Ang 1 Mga Taga-Corinto 7:14 usab napanid-an nga *"Kay ang bana nga dili magtotoo ginabalaan pinaagi sa iyang asawa nga magtotoo, ug ang asawa nga dili magtotoo ginabalaan pinaagi sa iyang bana; kay kon wala pa, nan, ang inyong mga anak dili unta mga binalaan, apan kini sila karon mga binalaan."*

Sama niini, lisud kini kayo alang sa bata nga maluwas kung ang ilang mga ginikanan dili mabuhi sa pagtoo.

Kay tungod ang Dios mao ang gugma, wala Siya magliso pahilayo gikan sa katong nagtawag sa Iyang pangalan bisan pa nga sila natawo nga adunay dautan nga kinaiya gikan sa ilang mga ginikanan ug mga katigulangan. Sila mahimo nga madala ngadto sa kaluwasan kay ang Dios magatubag sa ilang mga pag-ampo kung sila maghinulsol, magsulay nga mabuhi pinaagi sa Iyang pulong sa tanang panahon, ug kapunay nga tawagon ang Iyang pangalan.

Ang Sa Mga Hebreohanon 11:6 nagsulti kanato nga *"Ug kon walay pagtoo dili gayud mahimo ang pagpahimuot Kaniya, kay bisan kinsa nga magaduol sa Dios kinahanglan magatoo sa Iyang pagkaanaa ug nga Siya magabalus ra sa mga magapangita Kaniya."* Bisan pa nga ang mga katawohan matawo nga adunay dautan nga kinaiya, ang Dios nagbaylo sa ilang dautan nga kinaiya ngadto sa maayo ug magadala kanila sa langit kung sila magapahimuot Kaniya kauban ang maayo nga mga buhat ug mga sakripisyo sa pagtoo.

Ang katong dili makapangita sa Dios sa ilang kaugalingon

Ang pipila ka mga katawohan dili makapangita sa Dios sa pagtoo kay sila adunay sakit sa hunahuna o gisudlan sa mga demonyo. Unsa man, unya, ang ilang buhaton?

Niining kasoha, ang ilang mga ginikanan o mga miyembro sa ilang pamilya kinahanglan nga magpadayag sa igo nga kadakuon sa pagtoo alang sa katong mga katawohan sa atubangan sa Dios. Ang Dios sa gugma unya maga-abli sa ganghaan sa kaluwasan, kay nakita ang ilang pagtoo ug katim-os.

Ang mga ginikanan ang basolon alang sa destinasyon sa ilang

mga anak kung ang ilang anak mamatay nga wala pa mahatagan og higayon nga dawaton ang kaluwasan. Busa, giawhag kita nga masabtan nga ang pagkabuhi sa pagtoo importante kayo dili lang alang sa mga ginikanan sa ilang mga kaugalingon apang usab sa ilang anak.

Imo sad kinahanglan nga masabtan nga ang kasingkasing sa Dios kung kinsa naghatag og balor sa usa ka kalag kaysa tibuok kalibutan. Giawhag kita nga maka-angkon og dagaya nga gugma aron dili lang maatiman ang imong mga anak apan usab ang mga anak sa imong mga silingan ug mga paryente sa pagtoo.

5. Naluwas ba si Adan ug Si Eba?

Si Adan ug si Eba gipagula ngadto sa yuta human kanila og kaon gikan sa kahoy sa pag-ila sa maayo ug sa dautan sa pagkamasupilon ug wala kanila gayud madunggan ang Maayong Balita. Naluwas ba sila? Tugoti ko nga magpatin-aw kung ang unang tawo nga si Adan ug si Eba midawat ba sa kaluwasan.

Si Adam ug Eba misupil sa Dios

Sa sinugdanan, ang Dios nagbuhat sa unang tawo nga si Adan ug ni Eba sa Iyang kaugalingon nga imahe ug gihigugma sila og pag-ayo. Giandam sa Dios ang tanang butang og una alang sa ilang dagaya nga pagkabuhi ug gidala sila ngadto sa Hardin sa Eden. Ngadto, si Adan og Eba walay kakulang.

Dugang pa, gihatag sa Dios ni Adan ang dakung gahom ug

awtoridad aron magdumala sa tanang butang sa uniberso. Si Adan ang nagdumala sa tanang butang niiing yuta, sa kalangitan, ug sa ilalom sa tubig. Ang kaaway nga si Satanas ug yawa dili gayud maghagit nga mosulod sa Hardin kay kini gibantayan ug gipanalipdan sa ilalom sa pagpanguna ni Adan.

Sa paglakaw uban kanila, ang Dios sa Iyang kaugalingon mangiluluy-on nga mihatag kanila og espirituhanon nga edukasyon – sama sa paagi nga ang usa ka amahan magtudlo sa iyang pinalangga nga mga anak sa tanang butang gikan sa A ngadto sa Z. Walay kakulangan si Adan ug Eba apan sila gitental sa malimbongon nga serpente ug gikaon ang gidili nga bunga.

Sila nakatilaw sa kamatayon sumala sa pulong sa Dios nga sila mamatay gayud (Genesis 2:17). Sa ubang mga pulong, ang ilang espiritu namatay bisan pa nga sila buhi nga mga espiritu. Ang resulta, sila gipagula ngadto sa yuta gikan sa maanyag nga Hardin sa Eden. Ang pagpa-ugmad sa tawo nagsugod niining gipanunglo nga yuta ug ang tanang butang sa ibabaw niini gipanunglo usab.

Naluwas ba si Adan ug Si Eba? Ang pipila ka mga tawo mahimong maghunahuna nga dili sila makadawat og kaluwasan kay ang tanang butang gipanunglo ug ang ilang mga kaliwat nagantos tungod sa ilang pagkamasupilon sa una. Apang, ang Dios sa gugma gipabilin ang ganghaan sa kaluwasan nga abli bisan pa kanila.

Ang hingpit nga paghinulsol ni Adan ug Eba

Ang Dios magpasaylo kanimo basta ikaw maghinulsol sa tibuok kanimong kasingkasing ug magbalik Kaniya bisan pa nga ikaw gidahigan sa tanang mga klase sa orihinal nga sala ug aktuwal nga mga sala ang gibuhat samtang nabuhi niining kalibutan nga puno sa kangitngit ug kadautan. Ang Dios magpasaylo kanimo basta ikaw maghinulsol diha sa kailadman sa imong kasingkasing ug magbalik Kaniya bisan pa nga ikaw mipatay og tawo.

Kumpara sa mga katawohan karon, imong mahibaloan nga si Adan ug Eba tinuod nga adunay putli ug maayo nga mga kasingkasing. Dugang pa, gitudloan sila sa Dios sa Iyang kaugalingon kauban ang malumo nga gugma alang sa taas nga panahon. Unya, nganong ipadala man sa Dios si Adan ug Eba ngadto sa Impiyerno nga dili sila pasayluon sa dihang sila maghinulsol gikan sa kailadman sa ilang mga kasingkasing?

Si Adan ug Eba miantos og pag-ayo samtang sila gipa-ugmad sa ibabaw sa yuta. Sila nabuhi sa kadait ug kanunay nga nagkaon sa tanang klase sa bunga sa bisan unsang orasa sa Hardin sa Eden; karon, dili sila makakaon og walay pagkayod ug singot. Si Eba manganak kauban ang mas daku nga kasakit. Sila mihilak ug miantos gikan sa kaguol nga resulta gikan sa ilang mga sala. Si Adan ug Eba misaksi sad sa usa nila ka anak nga lalaki nga gipatay sa usa ka igsoon.

Unsa kaha kadaku ang ilang pag-iliw sa ilang kinabuhi sa ilalom sa panalipod ug gugma sa Dios sa Hardin sa Eden sa ilang pagsinati sa ingong nga panghingutas niining kalibutan? Sa katong sila nagpuyo sa Hardin, wala nila mailhi ang kalipay ug wala nagpasalamat sa Dios kay wala nila gibali ang ilang kinabuhi, ang pagkadagaya, ug gugma sa Dios.

Nan, karon ila nang masabtan kng unsa kalipay sila kaniadtong panahona ug sila nagpasalamat sa Dios alang sa iyang nag-awas nga gugma nga Iyang gihatag kanila. Sa ulahi, sila hingpit nga naghinulsol sa ilang mga sala sa miagi.

Ang Dios miabli sa ganghaan sa kaluwasan alang kanila

Kay ang suhol gikan sa sala mao ang kamatayon, apang ang Dios nga nagdumala kauban ang gugma ug katarung magpasaylo sa sala basta ang mga katawohan hingpit nga maghinulsol.

Ang Dios sa gugma mitugot ni Adan ug ni Eba aron makasulod sa langit human nga madawat ang ilang paghinulsol. Apan, sila haloson nga naluwas aron magpuyo sa Paraiso kay ang Dios usab matarung. Ang ila sala—nga nagpasibaya sa daku nga gugma sa Dios—dili usa ka walay-hinungdan ra. Si Adam ug Eba mao ang responsable alang sa pagkakinahanglan sa pagpa-ugmad sa tawo kauban ang pag-antos, kasakit, ug kamatayon sa ilang mga kaliwat tungod sa ilang pagkamasupilon.

Bisan pa kung ang probidensiya sa Dios mitugot ni Adan ug Eba nga magkaon gikan sa kahoy sa pag-ila sa maayo ug dautan, ang kining mismo nga paglihok sa pagkamasupilon midala sa dili-maihap nga mga katawohan sa pag-antos ug kamatayon. Busa, si Adan ug si Eba dili makasulod sa mas maayo nga dapit sa sulod sa langit kaysa Paraiso ug lagi, dili sila makadawat og bisan unsang kahimayaon nga balos.

Ang Ginoo nagbuhat kauban ang gugma ug katarung

Atong hunahunaon ang mahitungod sa gugma sa Dios ug katarung pinaagi sa kaso ni apostol Pablo.

Ang Dalan sa Kaluwasan alang sa Katong Wala Gayud Nakadungog sa Maayong Balita

Ang apostol nga si Pablo sa una mao ang panguna nga namuno sa paglutos sa mga tumuluo ni Hesus ug gibilanggo sila sa katong wala pa siya nakaila og tarung ni Hesus. Sa katong si Esteban nahimong martyr samtang siya nagsaksi sa Ginoo, si Pablo mitan-aw samtang si Esteban gibato hangtud mamatay ug kini gihunahuna nga tarung.

Bisan pa niana, nailhan ni Pablo ang Ginoo ug nidawat Kaniya sa dalan ngadto sa Damascus. Nianang panahona, ang Ginoo miingon kaniya nga siya mahimong usa ka apostol alang sa mga Hentil ug mag-antos og daku. Sukad niato, ang apostol nga si Pablo hingpit nga naghinulsol ug misakripisyo sa nahabilin niyang kinabuhi alang sa Ginoo.

Makasulod siya sa Bag-ong Herusalem kay iyang gituman ang iyang misyon kauban ang kalipay bisan sa daghang pag-antos, ug igo nga nagmatinuohon aron ihatag ang iyang kinabuhi alang sa Ginoo.

Kini mao ang kasugoan sa naturalisa nga imong anihon kung unsa ang imong gipugas niining kalibutan. Sama sad kini sa espirituhanon nga kalibutan. Maga-ani ka og kamaayo kung imong gipugas ang kamaayo ug maga-ani ka og dautan kung imong gipugas ang dautan.

Sumala sa imong makita pinaagi sa kaso ni Pablo, busa, kinahanglan kanimong bantayan ang imong kasingkasing, ug ipabilin sa hunahuna nga ang mga pagtilaw magasunod kanimo alang sa imong dautan nga mga buhat gikan sa miagi bisan pa nga ikaw gipasaylo na kanila pinaagi sa maikagon nga paghinulsol.

6. Unsa man ang Nahinabo sa Unang Mamumuno nga sa Cain?

Unsa man ang nahinabo sa unang mamumuno nga si Cain, nga namatay nga wala gayud madunggan ang Maayong Balita? Atong eksaminon kung naluwas ba siya o wala pinaagi sa paghukom sa tanlag.

Ang Magsuon nga si Cain ug Abel mihatag og halad sa Dios

Si Adam ug Eba nagpanganak sa mga bata sa ibabaw sa yuta human kanilang gipagula sa Hardin sa Eden: Si Cain mao ang unang anak nga lalaki ug si Abel ang manghod nga lalaki. Sa pagkadaku kanila, sila mihatag og halad sa Dios. Si Cain midala sa pipila ka mga bunga sa yuta isip nga halad sa Dios apan si Abel midala sa tambok nga mga bahin gikan sa pipila ka unang natawo sa iyang panon.

Ang Dios mitan-aw og pabor sa kang Abel ug ang iyang mga halad apang dili sa kang Cain ug ang iyang halad. Unya nganong mitan-aw man ang Dios og pabor sa kang Abel ug ang iyang halad?

Kinahanglan dili ka maghatag og halad sa Dios batok sa Iyang kabubut-on. Sumala sa kasugoan sa espirituhanon nga kalibutan, kinahanglan kanimong magsimba sa Dios kauban ang dugo nga sakripisyo nga mahimong makapasaylo sa mga sala. Busa, sa Daang Kasabotan nga mga panahon, ang mga tawo misakripisyo ug baka o mga karnero aron magsimba sa Dios ug sa Bag-ong

Kasabotan nga panahon, Si Hesus ang Kordero sa Dios nahimong usa ka pambayad nga sakripisyo pinaagi sa pagpatulo sa Iyang dugo.

Ang Dios modawat kanimo kauban ang pagkahimuot, magatubag sa imong pag-ampo, og magpakabulahan kanimo kung ikaw magsimba Kaniya kauban ang pagsakripisyo nga dugo, kana mao ang, kung ikaw magsimba Kaniya sa espiritu. Ang espirituhanon nga sakripisyo nagpasabot sa pagsimba sa Dios sa espiritu ug sa kamatuoran. Ang Dios dili modawat sa imong pagsimba kauban ang pagkahimuot kung ikaw makatulog o paminawan ang mensahe nga naglibot-libot ang mga hunahuna sa panahon sa mga serbisyo sa pagsimba.

Ang Dios mitan-aw lang og pabor kang Abel ug sa iyang halad

Si Adan ug Eba natural nga nakahibalo og maayo sa espirituhanon nga kasugoan mahitungod sa kasugoan sa pagsakripisyo nga halad kay ang Dios mitudlo sa kasugoan kanila sa Hardin sa Eden sa taas nga panahon samtang naglakaw kauban kanila. Gayud, tingali tinuod nga sila mitudlo sa ilang mga anak kung unsa ang tarung nga paghatag og halad sa Dios.

Sa usa ka bahin, Si Abel nga nagsimba sa Dios kauban ang pagsakripisyo nga dugo sa pagkamatinumanon sa panudlo sa iyang mga ginakanan. Sa pikas nga bahin, si Cain wala midala sa pagsakripisyo nga paghalad apang midala sa pipila ka mga bunga sa yuta isip nga usa ka halad sa Dios pinaagi sa iyang kaugalingon nga rason.

Mahitungod niini, ang Sa Mga Hebreohanon 11:4 nagingon nga, *"Tungod sa pagtoo si Abel mihalad ngadto sa Dios sa labaw pa ka hinalangpon nga sakripisyo kay sa kang Cain, nga pinaagi niini siya nahiuyonan ingon nga tawong matarung, nga gipanghimatud-an sa Dios diha sa pagdawat niya sa iyang mga halad; siya patay na, ngani tungod sa iyang pagtoo siya karon nagasulti pa gihapon."*

Ang Dios midawat sa halad ni Abel kay siya espirituhanon nga misimba sa Dios sa pagkamatinumanon sa Iyang kabubut-on uban ang pagtoo. Apang, ang Dios wala modawat sa halad ni Cain kay wala siya nagsimba Kaniya sa espiritu apang siya misimba Kaniya sumala sa iyang kaugalingong mga sukdanan ug mga pamaagi.

Gipatay ni Cain sa Abel tungod sa kaibog

Sa pagkakita nga ang Dios midawat sa halad sa iyang bugtong nga igsoon nga lalaki apan dili ang iyaha, nasuko og pag-ayo si Cain ug ang iyang nawong nahugpoy. Sa katapusan, iyang giatake si Abel ug gipatay siya.

Sa sulod lang sa usa ka henerasyon sukad nga misugod ang pagpa-ugmad sa tawo sa ibabaw sa yuta, ang pagkamasupilon nanamkon og kaibog, ang kaibog nanamkon og kahakog ug kadumot, ug ang kahakog ug kadumot mibuskad ngadto sa pagpatay. Unsa kini kangil-ad?

Imong makita kung unsa kadali sa katawohan sa pagdahig sa ilang mga kasingkasing sa sala sa dihang ilang tugotan ang sala sa sulod sa ilang mga kasingkasing. Mao kini nganong kinahanglan dili kanimo tugotan ang bisan unsang magagmay nga sala nga makasulod sa imong kasingkasing apan kini tangtangon dayon.

Unsa man ang Nahinabo sa Unang Mamumuno nga sa Cain? Ang pipila ka mga tawo naglalis nga si Cain dili gayud maluwas kay iyang gipatay ang iyang matarung nga igsoon nga si Abel.

Si Cain nakaila kung kinsa ang Dios pinaagi sa iyang mga ginikanan. Kumpara sa mga katawohan karon, ang mga tawo sa panahon ni Cain gipanunod ang kung ikumpara gaan ra nga orihinal nga sala gikan sa iyang mga ginikanan. Si Cain, bisan pa nga iyang dihadiha nga gipatay ang iyang igsoon nga lalaki tungod sa kaibog, hinlo sad ang iyang tanlag.

Busa, bisan pa nga siya mibuhat og usa ka pagpatay, si Cain mahimong maghinulsol pinaagi sa pagsilot sa Dios ug ang Dios mipakita og kaluoy kaniya.

Si Cain naluwas human ang hingpit nga paghinulsol

Sa Genesis 4:13-15, si Cain nagpangaliyupo sa Dios nga ang iyang pagsilot bug-at kayo ug mihangyo sa Iyang kaluoy sa katong siya gipanunglo ug nahimong usa ka naghiwasa nga naglaag-laag sa ibabaw sa yuta. Ang Dios mitubag kaniya, *"Sa tungod niana bisan kinsa nga magapatay kang Cain, ang panimalus ipahamtang kaniya sa pito ka pilo"* ug mibutang og usa ka marka ang Dios kang Cain aron walay makapatay kaniya.

Nganhi, imong kinahanglan nga himatngonon unsa kahingpit si Cain nga naghinulsol human pagpatay sa iyang igsoon nga lalaki. Kini lang nga paagi, nga mahimo siyang maka-angkon og paaagi aron makig-ambit sa Dios ug kanang ang Dios magabutang kaniya og usa ka marka isip nga usa ka timaan sa

Iyang pagpasaylo. Kung si Cain usa na ka nawala nga kawsa ug gidestino nga mahagbong ngadto sa Impiyerno, unya nganong paminawan man sa Dios ang hangyo ni Cain sa una, og sa pinakagamay magbutang pa og marka kaniya?

Si Cain kinahanglan nga mahimong usa ka naghiwasa nga naglaag-laag sa ibabaw sa yuta isip nga pagsilot sa pagpatay sa iyang igsoon nga lalaki apang sa ulahi midawat og kaluwasan pinaagi sa paghinulsol sa iyang sala. Bisan pa niana, sama sa kaso ni Adan, si Cain haloson nga naluwas ug gitugotan nga mopuyo sa pinakagawas nga ngilit – dili bisan sa tunga – sa Paraiso.

Ang Dios sa katarung dili makatugot ni Cain nga mosulod sa usa ka mas maayo nga dapit sa sulod sa langit lapas sa Paraiso. Bisan pa nga si Cain nabuhi sa usa ka makumpara nga mas hinlo ug gamay-ang pagpakasala nga edad, siya sa gihapon igo ang kadautan aron patyon ang iyang kaugalingong igsoon nga lalaki.

Apang, si Cain mahimo unta nga makasulod sa usa ka mas maayo nga dapit sa langit kung iya untang gipa-ugmad ang iyang dautan nga kasingkasing ngadto sa usa ka maayo nga klase ug gibuhat ang iyang pinakamaayo aron mapahimuot ang Dios gamit ang tanan kaniyang kusog ug sa tanan niyang kasingkasing. Apang, ang tanlag ni Cain dili gani ingon ana kamaayo ug kaputli.

Nganong dili man silotan dayon sa Dios ang mga dautan nga mga katawohan?

Mahimong mag-angkon ka og daghang mga pangutana samtang nagpadulong ka sa usa ka kinabuhi sa pagtoo. Ang pipila ka mga tawo dautan kaayo apan ang Dios wala dayon magsilot kanila. Ang uban nag-antos gikan sa mga sakit o mamatay tungod sa ilang pagkadautan. Sa gihapon ang uban mamatay sa hingkod nga edad bisan pa nga mora sila og matinuohon kaayo sa Dios.

Pananglitan, si Haring Saul igo ang kadaot sa kasingkasing aron sulayan nga patyon si David bisan pa nga nakahibalo siya nga si David dihinog sa Dios. Sa gihapon, gipabilin sa Dios si Haring Saul nga walay pagsilot. Ang resulta, gilutos ni Saul og samot si David.

Kini usa ka pananglit sa probidensiya sa gugma sa Dios. Gusto sa Dios nga bansayon si David aron mahimo siyang usa ka daku nga sudlanan ug sa katapusan aron mahimong siyang hari pinaagi sa dautan nga si Saul. Mao kini nganong si Haring Saul namatay sa panahon nga nakumpleto na ang disiplina sa Dios kang David.

Sama niini, depende sa kada indibiduwal, ang Dios magasilot sa mga katawohan dayon o magatugot kanila nga mabuhi nga walay pagsilot. Ang tanang butang magahisakop sa probidensiya ug gugma sa Dios.

Kinahanglan kanimong kahidlawan ang mas maayo nga dapit sa langit

Sa Juan 11:25-26, miingon si Hesus nga, *"Ako mao ang pagkabanhaw ug ang kinabuhi; ang motoo Kanako, bisan siya mamatay, mabuhi siya, ug ang tanan nga buhi ug nagatoo Kanako dili na gayud mamatay. Motoo ba ikaw niini?"*

Ang katong nagtoo sa kaluwasan pinaagi sa pagdawat sa Maayong Balita gayud mabanhaw, magsul-ob og espirituhanon nga lawas, ug mangalipay sa walay katapusan nga himaya sa langit. Ang katong buhi sa gihapon sa ibabaw sa yuta magkayab sa panganod aron sugaton ang Ginoo sa kahanginan sa Iyang pagpanaog gikan sa langit. Sa pagkadaghan sa pag-anggid kanimo sa imahe sa Dios, mas maayo nga dapit sa langit ang imong okupahon.

Mahitungod niini, si Hesus nag-ingon kanato sa Mateo 11:12 nga *"Sukad sa mga adlaw ni Juan nga Bautista hangtud karon, ang gingharian sa langit nakaagum na sa mga paglugos, ug kini ginaagaw sa mga manglolugos pinaagig kusog."* Si Hesus mihatag og usa pa ka saad sa Mateo 16:27, *"Kay uban sa kahimayaan sa iyang Amahan, moanhi ang Anak sa Tawo uban sa Iyang mga manolunda, ug unya pagabalusan niya ang matag-usa sa tumbas sa iyang mga binuhatan."* Ang 1 Mga Taga-Corinto 15:41 nag-obserba sad nga *"Lain ang kasanag sa Adlaw, ug lain usab ang kasanag sa Bulan, ug lain ang kasanag sa mga bitoon; kay ang usa ka bitoon lahi man ug kasanag sa laing bitoon."*

Dili kanimo mapunggan nga magkahidlaw alang sa mas maayo nga dapit sa sulod sa langit. Kinahanglan kanimong sulayan nga mahimong mas balaan ug mas matinumanon tuod diha sa tibuok balay sa Dios aron nga matugotan ikaw nga makasulod sa Bag-ong Herusalem kung asa nahamtang ang Trono sa Dios. Sama sa usa ka mangunguma sa tig-ani, ang Dios gusto nga magdala sa pinakadaghang mga katawohan ngadto sa mas maayo nga gingharian sa langit pinaagi sa pagpa-ugmad sa tawo sa ibabaw sa yuta.

Kinahanglan kanimong mailhan ang espirituhanon nga kalibutan og maayo aron makasulod sa langit

Ang mga katawohan nga wala makaila sa Dios ug ni Hesukristo ang lisud nga makasulod sa Bag-ong Herusalem bisan pa nga sila naluwas pinaagi sa paghukom sa tanlag.

Daghang mga katawohan ang dili tin-aw nga nakaila sa probidensiya sa pagpa-ugmad sa tawo, sa kasingkasing sa Dios, ug sa espirituhanon nga kalibutan bisan pa nga ilang nadunggan ang Maayong Balita. Busa, sila wala nakahibalo nga ang makusog nga mga tawo ang naghupot sa gingharian sa langit mi aduna sila'y paglaum alang sa Bag-ong Herusalem.

Ang Dios nag-ingon kanato nga mahimong *"Himoa ang pagkamatinumanon Kanako bisan pa sa kamatayon, ug hatagan ko ikaw sa korona nga kinabuhi"* (Ang Pinadayag 2:10). Ang Dios dagaya nga magabalos kanimo sa langit sumala sa imong gipugas. Ang balos malahalon kaayo kay kini molangtud ug magpabilin nga himayaon sa kahangtoran.

Kung kini ipabilin kanimo diha sa imong hunahuna, imong maandam og pag-ayo ang imong kaugalingon isip nga usa ka maanyag nga palangasaw-onon sa Ginoo sama sa lima ka maalam nga mga birhen ug tumanon ang tibuok nga espiritu.

Ang 1 Mga Taga-Tesalonica 5:23 mabasa nga, *"Ang Dios sa kalinaw magabalaan unta sa inyong tibuok nga pagkatawo; ug ang inyong bug-os nga espiritu, kalag, ug lawas pagabantayan unta nga kini dili masalawayon inig-abut sa atong Ginoong Hesukristo."*

Busa, imong kinahanglan nga kugihan nga iandam ang imong

kaugalingon isip nga usa ka palangasaw-onon sa Ginoo aron tumanon ang bug-os nga espiritu sa dili pa magbalik ang Ginoong Hesukristo, o ang pagtawag sa Dios sa imong kalag kung hain ang mahauna.

Dili kini igo nga muadto sa iglesia kada Dominggo ug mangumpisal, "Nagatoo ako." Kinahanglan kanimong tangtangon ang bisan unsang klase sa dautan ug magmatinumanon tuod diha sa tibuok balay sa Dios. Sa mas kadaghan kanimong pahimut-on ang Dios, mas maayo nga dapit sa langit ang imong mahimong masudlan.

Ako kitang giawhag nga mahimong usa ka tinuod nga anak sa Dios gamit kining kahibalo. Sa pangalan sa Ginoo, nag-ampo ako alang kanimo nga dili lang maglakaw kauban ang Ginoo nganhi sa ibabaw sa yuta apan usab mopuyo nga mas duol sa Trono sa Dios sa langit sa kahangtoran.

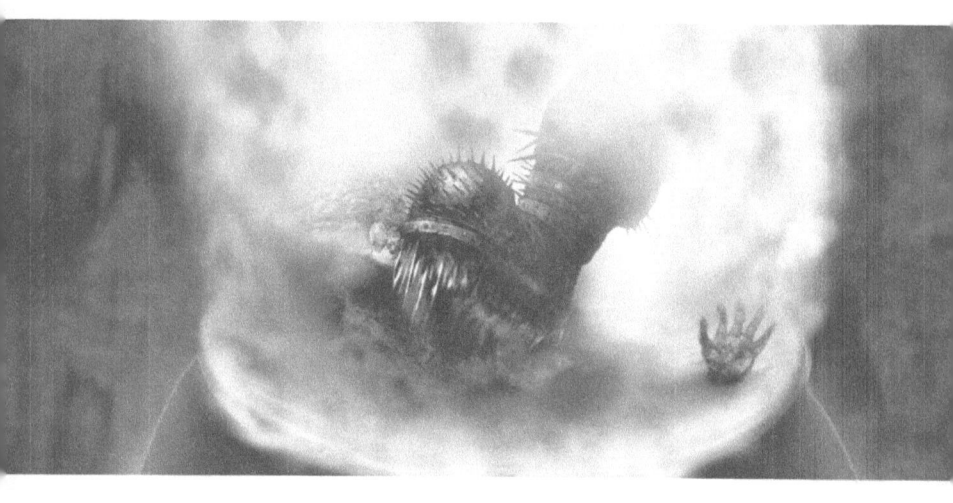

Kapitulo 3

Ubos nga Lubnganan ug ang Kailhanan sa mga Mensahero sa Impiyerno

1. Ang mga Mensahero sa Impiyerno Magdala sa mga Katawohan ngadto sa Ubos nga Lubnganan
2. Usa ka Huwatanan nga Dapit ngadto sa Kalibutan sa Dautan nga mga Espiritu
3. Nagkalain-lain nga mga Pagsilot sa Ubos nga Lubnganan alang sa Nagkalain-lain nga mga Sala
4. Si Lucifer ang Nagdumala sa Ubos nga Lubnganan
5. Ang Kailhanan sa mga Mensahero sa Impiyerno

*"Kay kon ang mga anghel wala kaloy-i
sa Dios sa diha nga nakasala sila,
hinonoa iyang gitambog sila ngadto sa impiyerno
ug gibalhog ngadto sa mga lungib nga mangiob
aron igatagana hangtud sa pagpanghukom."*
- 2 Pedro 2:4 -

*"Ang mga dautan pabalikon ngadto sa Sheol,
Lakip ang tanang mga nasud
nga nalimot sa Dios."*
- Mga Salmo 9:17 -

Sa pag-ani kada tuig, ang mga mangunguma malipayon kauban ang pagpaabot sa maayo nga mga ani. Bisan pa niana, lisud kini para kanila nga mag-ani og una-nga-grado nga trigo sa tanan nga panahon bisan pa nga sila nagtrabaho og pag-ayo sa kada adlaw, sa kada gabii, pagtanom sa mga abono, pag-ibot sa sagbot, ug uban pa. Sa mga ani, adunay ikaduha-nga-grado, ikatulo-nga-grado, ug bisan pa ang uhot.

Ang mga katawohan dili makakaon sa uhot isip nga ilang pagkaon. Usab, ang uhot dili matipon kauban ang trigo kay ang uhot magapan-os sa trigo. Mao kini nganong ang mga mangunguma nagtipon sa uhot ug sunogon kini o gamiton kini isip nga abono.

Kini sama sa pagpa-ugmad sa mga tawo sa yuta. Ang Dios nagpangita og tinuod nga mga anak nga adunay usab balaan ug hingpit nga imahe sa Dios. Bisan pa niana, adunay pipila ka mga tawo ang dili hingpit nga gisalikway ang ilang mga sala o ang uban tibuok nga gikonsumo sa dautan ug giwala ang katungdanan sa tawo. Gusto sa Dios ang balaan ug tinuod nga mga anak apan Iya sad gitipon ngadto sa langit ang bisan katong nangamatay nga dili pa hingpit nga nasalikway ang ilang mga sala basta gisulayan nga mabuhi sa pagtoo.

Sa usa ka bahin, ang Dios dili magpadala sa mga tawo sa makahaladlok nga Impiyerno kung sila adunay pagtoo nga sama sa kadakuon sa usa ka liso sa mustasa nga magdepende sa dugo ni Hesukristo walay-bali sa Iyang orihinal nga katuyoan aron mapaugmad ug kolektahon lang ang tinuod nga mga anak. Sa pikas nga bahin, ang katong wala magtoo ni Hesukristo ug nakig-away batok sa Dios hangtud sa ulahi walay ubang kapilian apan magaadto sa Impiyerno kay sila mipili sa dalan sa kagub-anan pinaagi sa ilang kadautan sa sulod kanila.

Unya, unsaon man pagdala sa wala maluwas nga mga kalag ngadto sa Ubos nga Lubnganan ug unsaon man pagsilot kanila ngadto? Akong ipatin-aw sa detalye ang Ubos nga Lubnganan nga nahisakop sa Impiyerno ug ang ilhanan sa mga mensahero sa Impiyerno.

1. Ang mga Mensahero sa Impiyerno Magdala sa mga Katawohan ngadto sa Ubos nga Lubnganan

Sa pikas nga bahin, kung ang usa ka naluwas nga tawo nga adunay pagtoo mamatay, duha ka mga anghel ang moanha aron dal-on siya sa Ibabaw nga Lubnganan nga nahisakop sa langit. Sa Lucas 24:4, atong makita ang duha ka mga anghel nga naghulat kay Hesus human ang Iyang lubong ug pagkabanhaw. Sa pikas nga bahin, kung ang usa ka wala maluwas nga tawo ang mamatay, duha ka mga mensahero sa Impiyerno ang moanha aron dal-on siya sa Ubos nga Lubnganan. Kini sa kasagaran posible nga mailhan kung ang usa ka tawo sa iyang kamatayon maluwas o dili pinaagi sa pag-obserba sa ekspresyon sa iyang nawong.

Ayha pa inig kamatay

Ang espirituhanon nga mga mata sa mga katawohan maabli ayha pa inig kamatay. Ang tawo mamatay sa pagdait nga nagyuhom kung siya makakita og mga anghel sa kahayag ug ang patay nga lawas dili dayon mogahi. Bisan pa pagkahuman og duha o tulo ka adlaw, ang patay nga lawas dili madunot og magbaho, ug ang tawo morag buhi pa tan-awon.

Unsa kaha, nan, kangil-ad ug pangurog ang mabati sa wala maluwas nga mga katawohan inig kakita sa makahaladlok nga mga mensahero sa Impiyerno? Sila mamatay sa kangil-ad nga kahadlok, nga dii masira ang ilang mga mata.

Kung ang kaluwasan sa usa ka tawo dili matino, ang mga anghel ug mga mensahero sa Impiyerno mag-away sa usa og usa aron makuha ang katong kalag sa ilang linain nga dapit. Mao kana nganong ang tawo nagkabalaka pag-ayo hangtud sa pagkamatay. Unsa kaha kahadlok ug kabalaka kining tawhana kung iyang makita ang mga mensahero sa Impiyerno nga magdala og mga pagsumbong batok kaniya, nga sa kanunay nag-ingon nga, "Wala siya og pagtoo aron maluwas"?

Kung ang usa ka tawo nga adunay maluya nga pagtoo anaa na diha sa iyang kamatayon, ang mga katawohan nga adunay lig-on nga pagtoo kinahanglan nga motabang kaniya nga mag-angkon og mas dakung pagtoo pinaagi sa pagsimba ug pagdayaw. Siya unya mahimong makadawat sa kaluwasan bisan pa diha sa iyang pagkamatay pinaagi sa pag-angkon og pagtoo, bisan pa nga siya nagdawat lang sa makaulaw nga kaluwasan ug ngadto magpadulong sa Paraiso.

Imong makita ang tawo diha sa iyang pagkamatay nga makidaiton kay iyang nadawat ang pagtoo aron maluwas samtang ang mga katawohan nagsimba ug nagdayaw alang kaniya. Kung ang usa ka tawo nga adunay malig-on nga pagtoo anaa na diha sa iyang kamatayon, dili na kanimo kinahanglan tabangan siya aron magpatubo o mag-angkon og pagtoo. Mas maayo nga maghatag kaniya og paglaum ug kalipay.

2. Usa ka Huwatanan nga Dapit ngadto sa Kalibutan sa Dautan nga mga Espiritu

Sa usa ka bahin, bisan pa nga ang usa ka tawo nga adunay maluya kaayo nga pagtoo mahimong maluwas kung siya adunay pagtoo pinaagi sa pagsimba ug pagdayaw diha sa iyang kamatayon. Sa pikas nga bahin, kung siya wala maluwas, ang mga mensahero sa Impiyerno magadala kaniya ngadto sa huwatanan nga dapit nga nahisakop sa Ubos nga Lubnganan ug kinahanglan kaniyang pahiuyonon ang iyang kaugalingon ngadto sa kalibutan sa dautan nga mg espiritu.

Sama sa naluwas nga mga kalag nga adunay tulo ka adlaw sa pagpahiuyon nga panahon sa Ibabaw nga Lubnganan, ang wala maluwas nga mga kalag magapabilin sad alang sa tulo ka adlaw sa huwatanan nga dapit nga nag-anggid sa usa ka daku nga lungag sa Ubos nga Lubnganan.

Tulo ka adlaw nga pagpahiuyon sa huwatanan nga dapit

Ang huwatanan nga dapit sa Ibabaw nga Lubnganan, kung asa ang naluwas nga mga kalag magapabilin alang sa tulo ka adlaw, puno sa kasadyaan, kadait, ug paglaum alang sa mahimayaon nga kinabuhi sa palaabuton. Ang huwatanan nga dapit sa Ubos nga Lubnganan, nan, mao ang kaatbang.

Ang wala maluwas nga mga kalag mabuhi sa dili-maantos nga sakit, nga nagdawat og lahi-lahi nga mga klase sa pagsilot sumala sa ilang mga buhat niining kalibutan. Sa dili pa mahagbong ngadto sa Ubos nga Lubnganan, ilang iandam ang ilang mga kaugalingon alang sa kinabuhi sa kalibutan sa dautan nga mga espiritu sa huwatanan nga dapit alang sa tulo ka adlaw. Kining tulo ka adlaw sa huwatanan nga dapit dili masadya apan sinugdanan lang sa ilang timgas nga masakit nga kinabuhi.

Lahi-lahi nga mga klase sa mga langgam nga adunay daku ug talinis nga mga sungo ang nagtusik sa ilang mga kalag. Kining mga langgam ngil-ad kaayo ug makaluod nga mga espirituhanon nga mga butang dili sama sa mga langgam niining kalibutan.

Ang wala maluwas nga mga kalag nahimulag na gikan sa ilang mga lawas ug busa, imong hunahunaon nga dili kanila mabati ang bisan unsang sakit. Apan, kining mga langggama mapasakitan sila kay ang mga langgam sa huwatanan nga dapit mga espirituhanon sad nga mga linalang.

Inig tusik sa mga langgam sa mga kalag, ang ilang mga lawas mangagisi kauban ang pagdugo ug makuha ang panit. Ang mga kalag magsulay sa paglikay sa nagtusik nga mga langgam apan dili kini kanila mahimo. Sila makigbisog ug maghupo kauban ang mga pagsinggit. Usahay, ang mga langgam maglukit sa ilang mga mata.

3. Nagkalain-lain nga mga Pagsilot sa Ubos nga Lubnganan alang sa Nagkalain-lain nga mga Sala

Human ang tulo ka adlaw nga pagpabilin sa hulatanan nga dapit, ang wala maluwas nga mga kalag ibutang sa nagkalain-lain nga mga dapit sa pagsilot sa Ubos nga Lubnganan sumala sa ilang mga sala gikan niining kalibutan. Ang langit lapad kaayo. Ang Impiyerno sad lapad kaayo nga adunay dili-maihap nga nahimulag nga mga dapit nga magpahiluna sa wala maluwas nga mga kalag bisan pa sa Ubos nga Lubnganan, kung diin usa lang ka bahin sa Impiyerno.

Nagkalain-lain nga mga dapit sa pagsilot

Sa kinatibuk-an, ang Ubos nga Lubnganan madulom ug alibango, ug mabati sa mga kalag ang nag-uros nga init ngadto. Ang wala maluwas nga mga kalag kanunay nga paantuson sa pagbunal, pagtusik, ug paggisi.

Niining kalibutan, kung ang imong batiis o butkon ang maputol, kinahanglan kanimong mabuhi nga wala ang imong batiis o butkon. Inig kamatay kanimo, ang imong pag-antos ug kahasol mawala kauban sa kamatayon. Sa Ubos nga Lubnganan, bisan pa niana, kung maputol ang imong liog, ang imong liog motubo og usab. Bisan pa kung aduna ka'y usa ka parte sa imong lawas nga maputol, ang imong lawas sa dili madugay magabalik og katibuok. Sama sa dili kanimo mahiwa ang tubig sa pinakatalinis nga espada o kutsilyo, walay tortyur, pagtusik, o paggisi sa mga parte sa lawas ngadto sa magagmay nga mga piraso ang makaundang sa pasakit.

Ang imong mga mata mahiuli sa dili madugay human kini tusikon sa mga langgam. Bisan pa nga ikaw nasamad ug ang imong mga tinai nanggawas, ikaw sa dili madugay mahiuli. Ang imong dugo magtulo nga walay katapusan samtang ikaw gipaantos, apan dili ka mamatay ngadto kay ang dugo sa dili madugay mapun-an og usab. Kining makahaladlok nga inandan ang magsige og pasakit kanimo.

Mao kana nganong adunay usa ka suba sa dugo nga naggikan sa pagpatulo sa dugo sa mga kalag sa Ubos nga Lubnganan. Hinumdumi nga ang usa ka espiritu imortal. Kung kini sige-sige nga pasakitan sa kahangtoran, ang kasakit niini molungtad sad sa kahangtoran. Ang mga kalag magpakiluoy nga mamatay apan dili kini mahinabo ug dili sila tugotan nga mamatay. Ang Ubos nga Lubnganan puno sa mga pagsinggit, pag-agulo, ug nadunot nga baho sa dugo sa mga katawohan.

Panghingutas nga mga paghilak sa Ubos nga Lubnganan

Akong gihunahuna nga ang pipila kaninyo direkta nga nasinatian ang giyera. Kung wala, mahimo aduna ka'y nakita nga makahaladlok nga mga talan-awon nga naghulagway sa mga paghilak ug kasakit sa giyera nga mga sine o mga kasaysayan sa mga dokumentaryo. Ang mga nasamaran nga mga katawohan nagkatag nganhi ug ngadto. Ang pipila kanila nawala ang ilang mga batiis o mga butkon. Ang ilang mga mata nadugmok ug bisan pa ang mga unod sa ilang mga utok nawasak. Wala'y nakahibalo kung kanus-a ang mga artileriya mobuto og maguwan diha kaniya. Kanang dapita puno sa makatuklo nga aso sa artileriya, baho sa dugo, mga pag-agulo, ug mga pagsinggit. Ang mga katawohan mahimong motawag niini nga talan-awon nga usa ka "impiyerno sa ibabaw sa yuta."

Apan, kining katalagman nga eksena sa Ubos nga Lubnganan mas miserable pa kaysa kinadautan nga eksena sa bisan unsang gubatanan niining kalibutan. Dugang pa, ang ma kalag sa Ubos nga Lubnganan mag-antos dili lang sa pagkakaron nga pagpasakit apan usab gikan sa kahadlok sa mga pagpasakit nga umabot.

Ang tortyur sobra ra kaayo alang kanila ug sila magsulay sa pag-eskapo niini apan mapakyas. Dugang pa, ang naghulat kanila mao lang ang nadilaab nga kalayo ug asupri sa ilalom sa Impiyerno.

Unsa kaha ka makapahinuklog ug paghinugon sa mga kalag sa ilang pagtan-aw sa nagsunog nga asupri sa Impiyerno, nga nag-ingon, "Unta ako nagtoo sa katong sila nagproklama sa Maayong Balita....Wala unta ako nagpakasala...!" Apan, wala na'y ikaduha nga higayon ug wala na'y dalan sa kaluwasan alang kanila.

4. Si Lucifer ang Nagdumala sa Ubos nga Lubnganan

Ang usa ka tawo dili posible nga makatugkad sa klase ug kadakuon sa pagsilot sa Ubos nga Lubnganan. Sama sa mga paagi sa tortyur ang nagkalahi niining kalibutan, ang pareho mahimong masulti sa mga tortyur sa Ubos nga Lubnganan.

Ang pipila mahimong mag-antos gikan sa ilang lawas nga madunot. Ang uban mahimong kan-on ang ilang mga lawas o usapon o ang dugo supsopon sa nagkalain-lain nga mga mamang o mga insekto. Sa gihapon ang uban maipit sa nagsilaob nga mainit nga mga bato o magpabilin nga nagtindog sa mga balas nga ang temperatura pito ka beses mas taas kaysa katong makita sa mga baybayon o mga desyerto niining kalibutan. Sa ubang mga kaso, ang mga mensahero sa impiyerno mao ang magpaantos sa mga kalag. Ang uban nga mga pag-tortyur nga mga pamaagi naglambigit sa tubig, kalayo, ug uban pang dilimahanduraw nga mga pamaagi ug aparato.

Ang Dios sa gugma wala magdumala niining dapita alang sa wala maluwas nga mga kalag. Gihatag sa Dios sa dautan nga mga espiritu ang awtoridad aron maghari niining dapita. Ang punoan sa tanan nga dautan nga mga espiritu, si Lucifer, magadumala sa Ubos nga Lubnganan, kung asa ang wala maluwas nga mga kalag sama sa uhot ang magapabilin. Wala kaluoy o hinugon nganhi, ug si Lucifer ang adunay kontrol sa kada aspeto sa Ubos nga Lubnganan.

Ang ilhanan ni Lucifer, ang punoan sa tanang dautan nga espiritu

Kinsa man si Lucifer? Si Lucifer mao ang usa sa mga arkanghel, nga gihigugma kaayo sa Dios ug gitawag siya nga ang "anak sa kabuntagon" (Isaias 14:12). Bisan pa niana, siya misupak batok sa Dios ug nahimong punoan sa dautan nga mga espiritu.

Ang mga anghel sa langit wala'y pagkatawo ug kabubut-on.

Busa, dili sila makapili sa mga butang pinaagi sa ilang kaugalingon nga kabubut-on ug sila magsunod lang sa mga sugo sama sa usa ka robot. Bisan pa niana, ang Dios espesyal nga naghatag sa pipila ka mga anghel og pagkatawo ug nakig-ambit og gugma kauban kanila. Si Lucifer, nga usa sa ingon niining mga anghel, responsable alang sa langitnon nga musika. Si Lucifer midayaw sa Dios sa iyang maanyag nga tingog ug mga instrumento sa musika ug gipahimuot ang Dios sa iyang pagkanta sa himaya sa Dios.

Apang, siya nagka-anam-anam sa pagka-arogante tungod sa espesyal nga gugma nga gihatag alang kaniya sa Dios ug ang iyang kaibog nga mahimong mas mataas ug mas makagagahum kaysa Dios midala kaniya nga magrebelde batok Kaniya sa ulahi.

Si Lucifer nihagit ug nirebelde batok sa Dios

Ang Biblia nagsulti kanato nga usa ka pagkadaku nga gidaghanon sa mga anghel ang misunod ni Lucifer (2 Pedro 2:4; Judas 1:6). Adunay usa ka dili-maihap nga mga anghel sa langit ug ang usa sa tulo ka bahin ang misunod ni Lucifer. Imong mahanduraw ug unsa kadaghan nga mga anghel ang miapil ni Lucifer. Si Lucifer nirebelde batok sa Dios sa iyang pagka-arogante.

Unsa man kini ka posible alang sa dili-maihap nga mga anghel nga mosunod ni Lucifer? Imong masabtan kini og sayon kung imong hinumdumon ang katinuoran nga ang mga anghel motuman lang sa mga sugo sama sa paagi nga buhaton sa mga makina o mga robot.

Una, gidaog ni Lucifer ang suporta sa pipila ka punoan nga

mga anghel, nga anaa sa ilalom sa iyang impluwensiya, ug unya sayon nga gidaog ang mga anghel nga anaa sa ilalom sa pangulohan niining mga anghel.

Walay labot sa mga anghel, mga dragon ug usa ka bahin sa kerubin nga nahiapil sa espirituhanon nga mga linalang misunod sad sa pagrebelde ni Lucifer. Si Lucifer, nga mihagit sa Dios sa pagrebelde, pagkahuman sa tanan, gipildi ug gitambog kauban ang iyang mga sumulunod gikan sa langit kung asa siya orihinal nga anaa. Unya sila gibilanggo sa Bung-aw hangtud nga sila gigamit alang sa pagpa-ugmad sa tawo.

Naunsa ang pagkahulog mo gikan sa langit, Oh kabugason, anak sa kabuntagon! Ikaw gipagkalumpag ngadto sa yuta, nga ikaw man unta ang nagalumpag sa mga nasud! Apan ikaw miingon diha sa imong sa kasingkasing, "Ako mokayab ngadto sa langit; ituboy ko ang akong trono sa ibabaw sa mga bitoon sa Dios, ug ako magalingkod sa bukid nga tigumanan sa kinatumyang mga dapit sa amihanan. Mokayab ako sa ibabaw sa mga kahitas-an sa mga panganod; himoon ko nga ang akong kaugalingon mahasama sa Hataas Uyamut." Silabon ikaw pagadad-on ngadto sa Sheol, sa kinahiladmang mga dapit sa langub (Isaias 14:12-15).

Si Lucifer maanyag kaayo lapas sa paghulagway samtang atua siya sa langit kauban ang nag-awas nga gugma sa Dios. Human ang pagrebelde, nan, siya nibaylo sa maot ug makahaladlok.

Ang mga tawo nga nakakita kaniya sa ilang espirituhanon nga mga mata nag-ingon nga si Lucifer maot kaayo nga imo siyang matan-aw nga mangilngig kung imo lang siya makita. Tan-awon siya nga masim-ong sa iyang sagum-ot nga buhok nga gitina sa nagkalain-lain nga mga kolor nga ingon sa pula, puti, ug dalag, nga naglupad og taas ngadto sa kalangitan.

Karon, si Lucifer nagdala sa mga katawohan nga kopyahon siya sa pamisti ug ang estilo sa buhok. Kung ang mga katawohan mosayaw, sila kilas kaayo, nagdibal, ug maot, nga nagtudlo sa ilang mga kamot.

Kini mao ang mga pag-uso sa atong panahon nga gibuhat ni Lucifer ug sila mikatap pinaagi sa masa nga medya ug kultura. Kining mga pag-uso makasakit sa emosyon sa katawohan ug magdala kanila sa kagubot. Dugang pa, kining mga pag-uso maglimbong sa mga katawohan aron ipalayo ang ilang mga kaugalingon gikan sa Dios ug bisan pa gani ilimod Siya.

Ang mga anak sa Dios kinahanglan nga hilain ug dili mahagbong ngadto sa kalibutanon nga mga pag-uso. Kung ikaw mahagbong ngadto sa kalibutanon nga mga pag-uso, natural lang kanimo nga ipahilayo ang gugma sa Dios gikan kanimo kay ang kalibutanon nga mga pag-uso magakuha sa imong kasingkasing ug hunahuna (1 Juan 2:15).

Ang dautan nga mga espiritu nagbuhat sa Ubos nga Lubnganan nga usa ka makakuyaw nga dapit

Sa usa ka bahin, ang Dios sa gugma mao ang kamaayo mismo. Iyang giandam ang tanang mga butang alang kanato sa Iyang maalam ug maayo nga hunahuna ug paghukom. Gusto Kaniya nga kita mabuhi sa kahangtoran sa pinakataas nga kalipay sa maanyag nga langit. Sa pikas nga bahin, si Lucifer mao ang kadautan mismo. Ang dautan nga mga espiritu isip nga mga sumulunod ni Lucifer kanunay nga naghunahuna sa mga paagi aron paantuson ang mga katawohan og mas kapig-ot. Sa ilang dautan nga kaaalam, ilang buhaton ang Ubos nga Lubnganan nga mas makalilisang nga dapit pinaagi sa pag-inu-ino sa tanang mga klase sa tortyur nga mga pamaagi.

Bisan niining kalibutan, sa tibuok nga kasaysayan ang mga katawohan mag-inu-ino og nagkalain-lain nga madagmalon nga mga pamaagi sa pag-tortyur. Sa katong ang Korea anaa sa ilalom sa pagdumala sa Japan, ang mga Haponese mitortyur sa mga Koryano nga mga punoan sa nasyunal nga independensiya nga mga kawsa pinaagi sa pagtuslok sa ilalom sa ilang mga kuko gamit ang usa ka dagum nga kawayan o ibton og usa-usa ang ilang mga kuko sa kamot o tiil. Ila sad ibubo ang usa ka miksla sa pula nga sili ug tubig sa ilang mga mata ug mga ilong sa mga punoan sa mga kawsa samtang sila gibitay og suhi. Ang mangilngig nga baho sa nagsunog nga unod nagpuliki sa kuwarto sa pagtortyur kay ang mga Haponese nga mga nagtortyur magsunog sa daghang parti sa ilang mga lawas sa mainit nga mga piraso sa metal. Ang ilang mga tinai manggawas sa ilang mga tiyan sa grabe nga pagbunal kanila.

Giunsa man pagpasakit sa mga katawohan sa mga kriminal sa tibuok nga kasaysayan sa Korea? Ilahang balion ang mga tiil sa kriminal isip nga usa ka porma sa pag-tortyur. Ang kriminal gihigtan sa iyang mga buko-buko ug mga tuhod ug duha ka pangtusok ang gisal-ot sa tunga sa ilang duha ka tiil. Ang mga bukog sa mga tiil sa kriminal mangadugmok ngadto sa mga piraso sa pagliso sa nagpa-antos sa duha ka pangtusok. Imo bang mahanduraw og unsa kasakit kato?

Ang mga pag-tortyur nga gibuhat sa mga tawo sama sa kamadagmalon kung asa kita dal-on sa atong kaugalingong imahinasyon. Unya, unsa kaha ka mas madagmalon ug miserable kini kung ang dautan nga mga espiritu nga adunay mas daghang makagagahom nga kaalam ug abilidad mag-tortyur sa wala maluwas nga mga kalag? Ila kining kalami nga magpalambo og nagkalain-lain nga mga pamaagi sa pag-tortyur ug ibutang ang wala maluwas nga mga kalag sa kining mga paagi.

Mao kini nganong kinahanglan kanimong mahibaloan ang kalibutan sa dautan nga mga espiritu. Unya mahimo kanimong madumala, makontrol, ug magapi kini sila. Sayon ra kanimong mapildi kini sila kung imong ipabilin ang imong kaugalingon nga balaan ug hinlo nga dili magkomporme sa mga inandan niining kalibutan.

5. Ang Kailhanan sa mga Mensahero sa Impiyerno

Kinsa man kining mga mensahero sa impiyerno nga nagtortyur sa wala maluwas nga mga katawohan sa Ubos nga Lubnganan? Sila ang mga nahagbong nga sakubos nga mga anghel nga misunod kang Lucifer sa pagrebelde sa wala pa ang sinugdanan sa kalibutan.

Ug ang mga anghel nga wala managpabilin diha sa ilang nahimutangan, hinonoa nanagpamiya sa ilang angay nga puloy-anan, kini sila iyang gikapahimutang diha sa mga talikala nga dayon ilalum sa kangitngit alang sa paghukom unya sa dakung adlaw (Judas 1:6).

Ang mga nahagbong nga mga anghel dili makagawas og libre sa kalibutan kay gihigot sila sa Dios sa kangitngit hangtud sa Paghukom sa Dakung Trono nga Maputi. Ang pipila ka mga tawo mopatigbabaw nga ang mga demonyo mao ang mga nahagbong nga mga anghel apan kini dili tinuod. Ang mga demonyo mao ang wala maluwas nga mga kalag nga gipagula gikan sa Ubos nga Lubnganan nga buhaton ang ilang trabaho sa ilalom sa espesyal nga mga sirkumstansya. Ako kining ipatin-aw sa detalye sa kapitulo 8.

Ang mga anghel nga nahagbong kauban ni Lucifer

Gihigot sa Dios ang mga nahagbong nga mga anghel sa kangitgit – ang Impiyerno – alang sa Paghukom. Busa, ang nahagbong nga mga anghel dili makagula sa kalibutan gawas lang sa espesyal nga mga okasyon.

Sila maanyag kaayo hangtud sa sila nirebelde batok sa Dios. Bisan pa niana, ang mga mensahero sa impiyerno dili maanyag ni masilakon gayud sukad sa sila nahagbong ug gipanunglo.

Sila tan-awon nga masim-ong nga ikaw magluod kanila. Ang ilang imahe anggid sa mga nawong sa mga tawo, o sila morag sama sa nagkalain-lain nga salawayon nga mga mananap.

Ang ilang mga hitsura anggid sa katong salawayon nga mga mananap ingon sa mga baboy sa Biblia (Levitico 11). Apang sila adunay gipanunglo, maot nga mga imahe. Ila sad gidekorasyonan ang ilang mga lawas sa kumaw nga mga kolor ug inandan.

Sila nagsul-ob og puthaw nga armadura ug sapatos sa militar. Ang mahait nga mga instrumento sa pag-tortyur nabutang og hugot diha sa ilang mga lawas. Kanunay silang adunay usa ka kutsilyo, usa ka bangkaw, o usa ka latigo sa ilang mga kamot.

Sila adunay hariharion nga pamatasan ug imong mabati ang ilang makusog nga gahom kung sila maglihok kay sila nagbuhat sa ilang hingpit nga gahom ug awtoridad sa kangitngit. Ang mga katawohan hadlok kaayo sa mga demonyo. Apan, ang mga mensahero sa impiyerno mas makahaladlok kaysa mga demonyo.

Ang mga mensahero sa impiyerno nag-tortyur sa mga kalag

Unsa man ang tukma nga papel sa mga mensahero sa impiyerno? Primarya mao ang pag-tortyur sa wala maluwas nga mga kalag sa ilang pagdumala sa Impiyerno.

Ang mas tino nga mga pag-tortyur ang buhaton sa mga mensahero sa impiyerno alang sa katong adunay mas mabug-at nga mga pagsilot sa Ubos nga Lubnganan. Panganglitan, usa ka maot nga gihulma-sa-baboy nga mensahero sa impiyerno ang maghiwa sa mga lawas sa mga kalag o paburuton sila sama sa mga lobo ug pabuthon o latiguhon sila.

Dugang pa, mag-tortyur sila sa mga katawohan gamit ang nagkalain-lain nga mga pamaagi. Bisan pa ang mga bata apil sa pag-tortyur. Ang unsang nagpaguba sa atong mga espiritu mao ang katinuoran nga ang mga mensahero sa impiyerno magtuslok ug maglatos sa mga bata alang sa ilang kalingawan. Busa, kinahanglan kanimong buhaton ang imong pinakamaayo nga punggan ang bisan usa ka kalag nga mahagbong ngadto sa Impiyerno kung hain usa ka madagmalon, miserable, ug makahaladlok nga dapit nga gipuno sa walay-katapusan nga kasakit ug pag-antos.

Ako anaa sa bakanan sa kamatayon gikan sa sobra kaayo nga stress ug pagtrabaho atong 1992. Nianang panahona, gipakita kanako sa Dios ang daghan sa akong mga miyembro sa iglesia nga nagsunod sa inandan niining kalibutan. Akong mahidlawon nga gilaum nga makigkuyog sa Ginoo hangtud sa nakita kanako ang kining eksena. Apang dili na nako gustong makigkuyog sa Ginoo kay nakahibalo ko nga daghan sa akong mga kordero ang mahagbong ngadto sa Impiyerno.

Busa, giusab kanako ang akong hunahuna ug nihangyo sa Dios nga ako ipahiuli. Gihatag kanako sa Dios dayon ang akong kusog ug sa akong kasorpresa, ako nakabangon gikan sa akong katre sa kamatayon ug hingpit nga naaayo. Ang gahom sa Dios ang nihiuli kanako. Kay nakahibalo ko og pag-ayo og kadaghan mahitungod sa Impiyerno, akong makugi nga giproklama ang mga sekreto sa Impiyerno nga gipadayag kanako sa Dios sa paglaum nga maluwas ang bisan usa pa ka kalag.

Kapitulo 4

Mga Pagsilot sa Ubos nga Lubnganan sa Wala pa Matawo nga mga Bata

1. Fetus ug Pinasuso
2. Mga Gagmay pa nga mga Bata
3. Mga Bata nga Igo na sa Edad aron Makalakaw ug Makasulti
4. Mga Bata gikan sa Edad nga Unom ngadto sa Dose
5. Ang mga Batan-on nga Mitamay sa Manalagna nga si Eliseo

"Padalia ang kamatayon sa pag-abut sa ibabaw nila: Pakanauga silang mga buhi ngadto sa Sheol, kay ang kadautan anaa sa ilang puloy-anan, sa kinataliwad-an nila."
- Mga Salmo 55:15 -

"Ug mitungas siya gikan didto ngadto sa Beth-el; ug sa diha nga nagapaingon pa siya diha sa dalan, may mga batan-on nga lalake nga nanggula gikan sa siyudad ug nagtamay kaniya, ug ming-ingon kaniya: Tumungas ka, ikaw upawon; tumungas ka, ikaw upawon!' Ug siya milingi sa iyang likod ug nakita sila, ug nagtunglo kanila sa ngalan sa GINOO. Ug may nanggula nga duha ka oso nga baye gikan sa kakahoyan ug mingkunis-kunis sa kap-atan ug duha ka mga batan-on."
- 2 Mga Hari 2:23-24 -

Sa miaging kapitulo, akong gihulagway kung giunsa sa nahagbong nga arkanghel nga si Lucifer pagdumala sa Impiyerno ug giunsa sa nahagbong nga mga anghel pagdumala sa ilalom sa pangulohan ni Lucifer. Ang mga mensahero sa impiyerno nagtortyur sa wala maluwas nga mga kalag sumala sa ilang mga sala. Sa kinatibuk-an, ang pagsilot sa Ubos nga Lubnganan gibahinbahin ngadto sa upat ka lebel. Ang pinakagaan nga pagsilot gipadapat diha sa mga katawohan nga nahagbong ngadto sa Impiyerno isip nga resulta sa paghukom sa tanlag. Ang pinakabug-at nga pagsilot gipadapat diha sa mga katawohan kung kinsa ang mga tanlag gimarkahan gamit ang mainit nga puthaw ug kung kinsa nga nagkonpronta sa Dios sama sa paagi nga gibuhat ni Hudas Iscariote pinaagi sa pagbaligya ni Hesus alang sa iyang personal nga katuboan.

Sa masunod nga mga kapitulo, akong ipatin-aw sa detalye ang mga klase sa mga pagsilot nga gipadapat diha sa wala maluwas nga mga kalag sa Ubos nga Lubnganan nga nahisakop sa Impiyerno. Ayha pa utingkayon ang mga pagsilot nga gipadapat diha sa mga hamtong, akong ipasabot ang mga klase sa mga pagsilot nga gipadapat diha sa wala maluwas nga mga bata sa nagkalain-lain nga mga grupo sa edad.

1. Fetus ug Pinasuso

Bisan pa ang walay hunahuna nga bata mahimong moadto sa Ubos nga Lubnganan kung dili sila makapasa sa paghukom sa tanlag tungod sa makakasala nga kinaiya diha sa sulod kaniya nga iyang gipanunod gikan sa iyang dili-tumuluo nga mga ginikanan. Ang bata modawat og usa ka makumpara nga gaan nga pagsilot kay ang iyang sala gaan kung ikumpara diha sa usa ka hamtong apan siya sa gihapon mag-antos gikan sa kagutom ug dili-maantos nga kasakit.

Ang mga nagsuso motiyabaw ug mag-antos gikan sa kagutom

Ang gilutas nga mga bata nga dili pa makalakaw o makasulti himulag nga gikatergorya ug gipahimutang sa usa ka daku nga dapit. Dili sila makahunahuna, makalihok, o makalakaw sa ilang kaugalingon kay ang wala maluwas nga mga bata magpabilin sa sama nga mga panagway ug tanlag nga ilang naangkon sa panahon sa ilang kamatayon.

Dugang pa, wala sila nakahibalo nganong anaa sila sa Impiyerno kay wala narehistro nga kahibalo diha sa ilang mga utok. Sila mohilak lang sa kagutom sa kinaiya nga wala nakaila sa ilang mga inahan o mga amahan. Usa ka mensahero sa impiyerno ang motusok sa usa ka puya sa iyang tiyan, butkon, tiil, mata, kuko sa kamot o tiil gamit ang usa ka talinis nga butang nga nag-anggid sa usa ka biriking. Ang puya unya magpagula sa usa ka alingiis nga hilak ug ang mensahero sa impiyerno mokatawa lang sa puya sa iyang kalami. Bisan pa nga sila kanunayon nga mohilak, wala magatiman niining mga puya. Ang ilang paghilak magpadayon ngadto sa kakapoy ug grabe nga sakit. Dugang pa, ang mga mensahero sa impiyerno usahay magpundok-pundok, magkuha og usa ka puya, ug bugahan og hangin sa sulod ang puya sama sa usa ka lobo. Unya ila kining ilabay, patiran, o saw-on-saw-on ang puya para sa kasadyaan. Unsa kini kamadagmalon ug makahaladlok?

Ang gipasagdan nga mga fetus gikuhaan og kainit ug kasulhay

Unsa man ang kapalaran sa mga fetus nga namatay ayha pa sila matawo? Sumala sa ako nang gipatin-aw, ang kadaghanan kanila maluwas apang adunay pipila ka mga dili-apil. Ang ubang mga fetus dili maluwas kay sila gipanamkon nga adunay pinakadautan nga kinaiya nga gipanunod gikan sa ilang mga ginikanan nga seryoso nga nakigbatok sa Dios ug nagbuhat og dautan kaayo nga mga buhat. Ang mga kalag sa wala maluwas nga mga fetus gipahimutang sa usa ka dapit sama sa katong usa nga adunay naglutas nga mga puya.

Sila wala gi-tortyur og pag-ayo sama sa mga kalag sa mas tigulang nga mga katawohan kay sila walay konsensiya ug wala magbuhat og sala sa panahon sa ilang kamatayon. Ang ilang pagsilot ug panunglo mao ang kanang sila gipasagdan nga wala ang kainit o ang kasulhay nga ilang gibati sa tagoangkan sa ilang mga inahan.

Mga korte sa lawas sa Ubos nga Lubnganan

Sa unsang mga korte man ang wala maluwas nga mga kalag sa Ubos nga Lubnganan? Sa usa ka bahin, kung ang usa ka naglutas nga bata mamatay, siya gipahimutang ngadto sa korte sa usa ka naglutas nga bata. Kung ang usa ka fetus mamatay sa tago-angkan sa inahan, siya gipahimutang sa Ubos nga Lubnganan sa korte sa usa ka fetus. Sa pikas nga bahin, ang naluwas nga mga kalag sa langit magsul-ob og bag-o nga nabanhaw nga lawas sa ikaduha nga pag-ari ni Hesukristo bisan pa nga aduna sila og sama nga korte susama niining kalibutan. Nianang panahona, ang tanang tawo mausab ngadto sa usa ka maanyag nga 33-anyos-ang edad nga tawo sama sa Ginoong Hesus ug magsul-ob og espirituhanon nga lawas. Ang mubo nga tawo motaas og pag-ayo ug ang usa ka tawo nga nawala ang usa ka tiil o kamot mahiuli ang kining mga parte nga lawas kaniya.

Bisan pa niana, ang wala maluwas nga mga kalag sa Impiyerno dili makasul-ob og bag-o, nabanhaw nga lawas human ang Ikaduhang Pag-ari sa Ginoo. Dili kini sila mabanhaw kay sila walay kinabuhi nga naangkon gikan kang Hesukristo ug busa, sila anaa sa samang korte sa katong panahon nga sila namatay. Ang ilang mga nawong ug mga lawas luspad ug madulom nga asul – sama sa mga patay – ug ang ilang mga buhok sagum-ot tungod sa kalisang sa Impiyerno. Ang pipila nagsul-ob ug mga trapo, ang uban ginagmay lang nga mga piraso sa panapton, ug sa gihapon ang uban walay itabon sa ilang mga lawas.

Sa langit, ang naluwas nga mga kalag nagsul-ob ug puti nga mga tag-as nga sinina ug masilakon nga mga korona. Dugang pa, ang kasidlakon sa mga sinina nga tag-as ug ang mga dekorasyon nagkalahi-lahi sumala sa himaya ug premyo sa kada usa. Sa pagbalit-ad, sa Impiyerno, ang mga hitsura sa wala maluwas nga mga kalag nagkalahi-lahi sumala sa kadakuon ug mga klase sa ilang mga sala.

2. Mga Gagmay pa nga mga Bata

Ang bag-ong natawo nga mga bata magtubo ug magtuon nga motindog, maglakaw-lakaw, ug magsulti og gamay nga mga pulong. Inig kamatay niining mga gagmay pa nga mga bata, unsa man ang mga klase sa mga pagsilot ang ipadapat diha kanila?

Ang gagmay pa nga mga bata gipundok sa usa ka dapit. Sila nag-antos sa gawi kay sila dili sarang nga makahunahuna og lohikal o maghukom sa mga butang sa buot nianang panahon sa ilang kamatayon.

Ang mga gagmay nga bata maghilak alang sa ilang mga ginikanan sa dili-maantos nga kalisang

Ang mga gagmay nga bata duha o tulo lang katuig ang edad. Busa, dili nila mailhan bisan ang ilang kamatayon ug wala nakahibalo nganong anaa sila sa Impiyerno, apan ila sa gihapon mahindumduman ang ilang mga inahan ug mga amahan. Mao kana nganong magsige sila og tiyabaw, "Asa ka na, mommy? Daddy? Gusto na nakong mopauli! Nganong nia man ko dinhi?"

Samtang sila nabuhi niining kalibutan, ang ilang mga inahan moanha dayon ug gakson sila og hugot sa ilang dughan kung, panaglitan, madagma sila og masamad ang ilang mga tuhod. Bisan pa niana, ang ilang mga inahan dili moanha aron sila hatagan og kaharuhay bisan pa nga sila magsinggit ug maghilak kung ang ilang mga lawas natumog sa dugo. Dili ba ang usa ka bata magsinggit sa pagluha kauban ang kahadlok kung mawala kaniya ang iyang inahan sa usa ka supermarket o sa usa ka department store?

Dili kanila mapangita ang ilang mga ginikanan nga magpanalipod kanila gikan niining kalisang nga Impiyerno. Kining nag-inusara nga katinuoran igo nga makahaladlok nga magdala kanila sa dili-maantos nga kalisang. Dugang pa, ang mahulgaon nga mga tingog ug mangilngig nga katawa sa mga mensahero sa impiyerno magpugos sa mga bata nga magsinggit sa pagluha og mas kusog apan ang tanan walay-pulos.

Aron magpalipas sa panahon, ang mga mensahero sa impiyerno molagpak sa likod sa mga bata, ug yatakan o latuson sila. Unya ang mga gagmay nga bata, sa kakugang ug kasakit, magsulay nga mohupo o modagan palayo gikan kanila. Bisan pa niana, sa ingon sa usa ka daghan kaayong katawohan nga dapit, ang mga gagmay nga mga bata dili makadagan palayo ug sa usa ka kagubot nga pagluha ug hingos-hingos, sila masambod sa usa og usa, yatakan, ug mabun-og ug gision aron magpatulo og dugo sa tibuok nga dapit. Sa ilalom niining miserable nga mga sirkumstansya, ang mga bata magsige-sige og hilak kay sila gihidlaw sa ilang mga inahan, nagutom ug gikalisang. Ang ingon niini nga mga kondisyon lang mao ang "impiyerno" alang niining mga bat-ana.

Haloson kini posible alang sa mga bata nga nag-edad og duha o tulo ka tuig nga makabuhat og seryoso nga mga sala ug mga krimen. Bisan niining katinuoran, sila miserable nga gisilotan sama niini tungod sa ilang orihinal nga sala ug kinaugalingon-nga-pagbuhat sa mga sala. Unya unsa kaha ka mas miserable ang sa mga hamtong, nga nagbuhat og mas seryoso nga mga sala kaysa mga bata, pagasilotan sa Impiyerno?

Bisan pa niana, ang bisan kinsa malibre gikan sa pagsilot sa Impiyerno kung iyang dawaton si Hesukristo nga namatay sa krus ug gilukat kita, ug mabuhi sa kahayag. Siya mahimo nga madala sa langit kay siya gipasaylo sa mga sala sa miagi, sa pagkakaron, ug sa kaugmaon.

3. Mga Bata nga Igo na sa Edad aron Makalakaw ug Makasulti

Ang mga gagmay nga bata nga nagsugod sa paglakaw ug pagsulti og usa o duha ka mga pulong, nagdagan ug nagsulti na og maayo kung makaabot na sila sa edad nga tulo ka tuig. Unsang mga klase sa mga pagsilot ang madawat niining mga gagmay nga bata, gikan sa tulo hangtud sa lima ka tuig ang edad, sa Ubos nga Lubnganan?

Ang mga mensahero sa impiyerno maggukod kanila gamit ang mga bangkaw

Ang mga bata gikan sa edad nga tulo hangtud sa lima gihimulag sa usa ka madulom ug halapad nga dapit ug gibilin ngadto aron pagasilotan. Sila magdagan sa kakusgon nga ilang masarangan sa bisan asa nga maadtoan kanila aron nga malikayan ang mga mensahero sa impiyerno nga naggukod kanila gamit ang tulo-ka-sanga nga mga bangkaw sa ilang mga kamot.

Ang tulo-ka-sanga nga bangkaw mao ang usa ka bangkaw

Impiyerno

kung asa ang mga tumoy niini gibahibahin ngadto sa tulo ka mga parte. Ang mga mensahero sa impiyerno maggukod sa mga kalag niining mga bata, nga nagtusok kanila gamit ang mga bangkaw sama sa paagi nga ang usa ka tigpangayam maggukod sa iyang gipangayam. Sa ulahi, kining mga bata makaabot sa usa ka pangpang, ug diha sa ilalom sa pangpang, makita kanila nag nagbukal nga tubig sama sa lava gikan sa usa ka aktibo nga bulkan. Sa una, kining mga bata magpanagana sa pag-ambak pailalom gikan sa pangpang apan mapugos nga moambak ngadto sa nagbukal nga tubig aron malikayan ang mga mensahero sa impiyerno nga naggukod kanila. Sila'y walay lain nga kapilian.

Mangimbisog aron makagula sa nagbukal nga tubig

Ang mga bata mahimo nga makalikay gikan sa nagtusok nga mga bangkaw sa mga kamot sa mga mensahero, apan sa karon anaa sila sa nagbukal nga tubig. Imo bang mahanduraw kung unsa kaha kasakit kini? Ang mga bata mangimbisog nga makuhang mapaibabaw ang ilang mga nawong sa nagbukal nga tubig, kay kini nagsulod sa ilang mga ilong ug mga baba. Sa pagkakita niini sa mga mensahero, ilang sungugon ang mga bata, "Dili ba kini makalingaw?" o "Oh, kini makalilipay kaayo!" Unya ang mga mensahero magsinggit, "Kinsa man ang nagtugot niining mga bata nga mahagbong sa impiyerno? Atuang dal-on ang ilang mga ginikanan ngadto sa kamatayon, dal-on sila nganhi inig kamatay nila, ug patan-awon sa ilang mga anak nga gipa-antos ug gipasakitan!"

Mga Pagsilot sa Ubos nga Lubnganan sa Wala pa Matawo nga mga Bata

Unya, ang mga bata sa pagpangimbisog nga maka-eskapo sa nagbukal nga tubig madakpan sa usa ka pukot sama sa mga isda nga madakpan sa usa ka pukot ug ibalik ngadto sa orihinal nga dapit kung asa sila misugod og dagan palayo. Gikan niining panahon, ang masakit nga proseso sa mga pagdagan sa mga bata palayo gikan sa mga mensahero sa impiyerno nga naggukod gamit ang mga bangkaw ug ang ilang pag-ambak ngadto sa nagbukal nga tubig magbalik-balik sa kada panahon og usab nga walay katapusan.

Kining mga bata tulo asta sa lima ka tuig lang ang edad; dili kini sila makadagan og pag-ayo. Apan, sila mosulay sa pagdagan og mas kusog kutob sa ilang masarangan aron makalikay sa naggukod nga mga mensahero sa impiyerno nga nagsunod kanila gamit ang mga bangkaw ug sila maabot sa pangpang. Sila moambak ngadto sa nagbukal nga tubig ug usab mangimbisog nga makagula niini. Unya sila madakpan sa usa ka daku nga pukot ug ibalik ngadto sa orihinal nga dapit. Kining naandan magbalik-balik sa kahangtoran. Unsa ka miserable ug ka masulub-on kini!

Napaso na ba kanimo ang imong tudlo gikan sa usa ka mainit nga plantsa o usa ka mainit nga kaldero? Mahimo na nimo unya mahibaloan kung unsa ka init ug kasakit kana. Karon, handurawa nga ang tibuok nimong lawas natumog sa nagbukal nga tubig, o nga ikaw gisaop sa nagbukal nga tubig sa daku nga kaldero. Kini masakit ug kangil-ad bisan hunahunaon lang.

Kung ikaw nakaangkon sukad og usa ka ikatulo-nga-grado nga pagkasunog, imong mahanumdoman og pag-ayo kung unsa kana kasakit kaayo. Imo sad mahinumdoman ang mapula-pula nga sulod sa unod, ang nagsunog nga baho sa unod, ug ang kangil-ad ug mabaho nga baho sa nagkadunot nga patay nga mga selyula sa kanang nasunog nga unod.

Bisan pa nga ang nasunog nga parte naayo na, ang maot nga mga uwat ang kanunay nga magpabilin. Kadaghanan sa mga katawohan adunay kalisud sa pakig-uban sa mga katawohan tungod niining mga uwat. Usahay, bisan pa ang mga miyembro sa pamilya sa biktima dili makauban og kaon kuyog kaniya. Sa panahon sa pagtambal, ang pasyente mahimo nga dili maagwanta ang pagkiskis sa nasunog nga unod, ug sa kinadautan nga mga kaso, ang ingon nga pasyente magpalambo og mga sakit sa huhanuha o maghikog tungod sa kaalindanga nga sensasyon ug ang panghingutas nga nalambigit sa pagtambal. Kung ang usa ka bata mag-antos gikan sa usa ka paso, ang kasingkasing sa iyang mga ginikanan mobati sad sa kasakit.

Unya, ang kinadautan nga paso niining kalibutan dili makumpara sa mga pagsilot nga madawat sa wala maluwas nga mga gagmay nga bata sa impiyerno nga walay katapusan. Ang kadakuon sa kasakit ug ang kapintasan niining mga pagsilot nga gidul-it diha niining mga bata sa impiyerno yanong nga lapas sa atong imahinasyon.

Walay kadaganan o taguan gikan niining nag-usab-usab nga mga pagsilot

Ang mga bata magdagan ug magdagan aron malikayan ang mga mensahero sa impiyerno nga naggukod kanila gamit ang tulo-ka-sanga nga mga bangkaw sa ilang mga kamot, ug sila mahagbong ngadto sa nagbukal nga tubig gikan sa usa ka pangpang. Sila hingpit nga nahumol sa nagbukal nga tubig. Ang nagbukal nga tubig nagpilit sa lawas sama sa espeso nga lava ug nanimaho og maot. Dugang pa, ang makaluod ug nagpilit nga nagbukal nga tubig magsulod sa mga ilong ug mga baba samtang sila nangimbisog nga makagula sa nagbukal nga tubig nga linaw. Unsaon kini makumpara sa bisan unsang klase sa paso niining kalibutan, walay bali og unsa kini kaseryoso?

Kining mga bat-ana dili mabanga sa ilang mga hangkag bisan pa nga sila usab-usab nga gipasakitan nga walay undang. Sila dili mabuang, malipong o makalimot o malampingasan sa kasakit bisan sa kadali lang, o maghikog aron malikayan ang kasakit sa impiyerno. Unsa kini ka miserable!

Mao kini kung unsa ang mga bata nga nag-edad og mga tulo, upat, o lima ka tuig mag-antos gikan niining pagkadaku nga gidaghanon sa kasakit sa Ubos nga Lubnganan isip nga usa ka pagsilot alang sa ilang mga sala. Imo ba, unya, mahanduraw ang klase ug kadakuon sa mga pagsilot nga naandam alang sa mas guwang nga mga katawohan sa ubang mga parte sa impiyerno?

4. Mga Bata gikan sa Edad nga Unom ngadto sa Dose

Unsang mga klase sa mga pagsilot ang ipadapat diha sa wala maluwas nga mga bata gikan sa edad nga unom hangtud dose sa Ubos nga Lubnganan?

Gilubong sa suba nga dugo

Sukad sa pagbuhat sa kalibutan, ang dili-maihap nga wala maluwas nga mga kalag ang nagpaagas sa ilang dugo samtang kangil-ad nga gipasakitan sa Ubos nga Lubnganan. Unsa kadaghan sa dugo ang ilang ipatulo hilabi na nga ang ilang mga butkon ug mga tiil ipahiuli gilayon pagkahuman kini putlon?

Ang gidaghanon sa ilang dugo paigo aron magbuhat og usa ka suba kay ang ilang pagsilot giusab-usab nga walay katapusan walay bali sa gidaghanon sa dugo nga gipaagas. Bisan niining kalibutan, human ang usa ka daku nga giyera o masaker, ang mga dugo sa mga katawohan magporma og usa ka linaw o usa ka gamay nga dahinggay. Ingon anang kasoha, ang hangin napuno sa ngil-ad nga baho nga naggikan sa nadunot nga dugo. Sa mainit nga mga inadlaw, ang baho mas maot, ug ang daghang mga klase sa dautan nga mga insekto ang magpanugok ug makatakod nga mga sakit ang mahimong epidemya.

Sa Ubos nga Lubnganan, walay usa ka gamay nga linaw o gamay nga dahinggay apan usa ka daku ug halawom nga suba sa dugo. Ang mga bata nga nag-edad gikan sa mga unom hangtud sa dose gisilotan sa tampi ug gilubong ngadto. Sa mas kaseryoso nga sala nga ilang gibuhat, mas duol sa suba ug mas halawom sila nga ilubong.

Nagkawot sa yuta

Ang mga bata nga halayo gikan sa suba sa dugo wala gilubong sa yuta. Sa gihapon, sila gutom kaayo nga sila nagpadayon nga nagkawot sa gahi nga yuta gamit ang ilang mga kamot aron makakita og unsang ilang makaon. Sila desperado nga nagkawot sa kapakyas hangtud nga mangatangtang ang ilang mga kuko ug ang mga tumoy sa ilang mga tudlo mahimong dumpol. Ang ilang mga tudlo madugmok ngadto sa katunga sa ilang orihinal nga kadakuon ug natumog sa dugo. Bisan pa ang mga bukog sa ilang mga tudlo manggawas. Sa ulahi, ang ilang mga palad sama sa ilang mga tudlo mangadugmog sad. Apan, bisan pa niining kasakit, kining mga bata mapugos sa pagkawot sa utas nga paglaum nga makakita og pagkaon.

Sa imong pag-adto'g duol sa suba, imong sayon nga madiparahan ang mga bata nga mas dautan. Sa pagkasamot sa pagkadautan sa mga bata, mas duol sa suba sila gipahimutang. Sila mag-away pa gani aron paakon ang unod sa usa og usa tungod sa sobra kaayo nga kagutom samtang gilubong kutob sa hawak sa yuta.

Ang pinakadautan nga mga bata gisilotan diha dapit sa tukoran sa suba ug sila gilubong kutob sa liog sa yuta. Ang mga katawohan niining kalibutan sa ulahi mamatay kung sila ilubong kutob sa liog sa yuta, kay ang dugo dili makalibot sa tibuok nga lawas. Ang katinuoran nga walay kamatayon nagpasabot lang nga usa ka walay katapusan nga panghingutas alang sa wala maluwas nga mga kalag nga gisilotan sa impiyerno.

Sila mag-antos gikan sa ngil-ad nga baho sa suba. Ang tanang mga klase sa makadaot nga mga insekto sama sa mga lamok o mga langaw gikan sa suba mopaak sa mga nawong sa mga bata apang dili sila makahapak sa mga insekto kay sila nalubong sa yuta. Sa katapusan, ang ilang mga nawong manghubag hangtud sa sila dili na mailhan.

Miserable nga mga bata: mga duwaan sa mga mensahero sa impiyerno

Dili kini buot ipasabot nga mao ang katapusan sa pag-antos sa mga bata. Ang ilang mga samin-samin mahimong mibuto tungod sa kakusog sa mga katawa sa mga mensahero sa impiyerno samtang sila nagpahulay sa tampi, nga nagkatawa ug nakighinabi sa usa og usa. Ang mga mensahero sa impiyerno, sa ilang pagpahulay, usab moyatak o lingkuran ang mga ulo niining mga bata nga gilubong sa yuta.

Ang mga bisti ug mga sapatos sa mga mensahero sa impiyerno adunay kinahaitan nga mga butang. Busa, ang mga ulo sa mga bata mapisat, ang ilang mga nawong magilis, o ang ilang mga buhok buknol nga mangaibot inig yatak o lingkod sa mga mensahero niining mga bata. Dugang pa, ang mga mensahero motigbas sa mga nawong sa mga bata o yatak-yatakan ang ilang mga ulo sa ilang mga tiil. Unsa ka madagmalon niining pagsilot?

Mahimong matingala ka, "Posible ba alang sa mga anaa-sa-elementarya nga edad nga mga bata nga makabuhat sa mga sala nga angay aron makadawat sa ingon niining madagmalon nga pagsilot?" Bisan unsa kabatan-on niining mga bata, aduna sila'y orihinal nga sala ug mga sala nga ilang tinuyo nga gibuhat. Ang espirituhanon nga kasugoan, kung asa nagdikta nga "kay ang suhol gikan sa sala mao ang kamatayon," malukpanon nga aplikable sa matag tawo walay bali sa iyang edad.

5. Ang mga Batan-on nga Mitamay sa Manalagna nga si Eliseo

Ang 2 Mga Hari 2:23-24 naghulagway sa usa ka eksena kung asa ang Manalagna nga si Eliseo gikan sa Jericho nisaka ngadto sa Bethel. "Ug sa diha nga nagapaingon pa siya diha sa dalan, may mga batan-on nga lalake nga nanggula gikan sa siyudad, ug nagtamay kaniya nga nag-ingon, 'Tumungas ka, ikaw upawon!" Sa dili na makaagwanta kanila, si Eliseo sa ulahi mitunglo sa mga bata. Ug may nanggula nga duha ka oso nga babaye gikan sa kakahoyan ug mingkunis-kunis sa kap-atan ug duha ka mga batanon. Unsa man ang nahunahuna kanimo ang nahitabo niining kap-atan ug duha ka mga bata sa Ubos nga Lubnganan?

Gilubong kutob sa ilang liog

Duha ka oso nga babaye ang mingkunis-kunis sa kap-atan ug duha ka mga bata. Unya mahimo nimong mahanduraw kung unsa kadaghan nga mga bata ang misunod ug mitamay sa manalagna. Si Eliseo ang usa ka manalagna nga mibuhat og daghang makagagahom nga mga buhat sa Dios. Sa ubang mga pulong, dili unta sila ipanunglo ni Eliseo kung gibugalbugal siya sa diotay lang nga mga pulong.

Nagpadayon sila og sunod ug bugalbugal kaniya, nga nag-ingon, "Tumungas ka, ikaw upawon!" Usab, sila nagbato kaniya ug gitusok siya gamit ang kahoy. Ang manalagna sa una tingali maikagon nga misaway og gikasab-an sila, apang iya lang sila gipanunglo kay sila dautan ra kaayo aron pasayloon.

Kining insidente nahitabo daghan kalibo nga mga tuig nga miagi kung asa ang mga katawohan aduna pa'y mas maayo nga tanlag ug ang dautan dili pa madinaogon kaayo kay sa karon sa atong panahon. Katong mga bat-ana tingali igo ang pagkadautan aron bugalbugalon ug tamayon ang usa ka guwang nga manalagna sama ni Eliseo, kung kinsa nagbuhat sa makagagahom nga mga buhat sa Dios.

Sa ubos nga Lubnganan, kining mga bat-ana gisilotan duol sa suba sa dugo samtang gilubong kutob sa ilang liog. Sila matuok gikan sa pinakangilngig nga baho gikan sa suba, ug usab gipaak sa tanang mga klase sa makadaot nga mga insekto. Dugang pa, sila madagmalon nga gipasakitan sa mga mensahero sa impiyerno.

Ang mga ginikanan kinahanglan nga giyahan ang ilang mga anak

Unsa man ang pamatasan sa mga bata sa atong panahon? Pipila kanila mobiya sa ilang mga abyan sa gawas sa katugnaw, kuhaon ang ilang mga panggastos o kuwarta para sa paniudto, kulatahon sila, o dili ba pasuon sila sa lubot sa sigarilyo – kining tanan tungod kay dili sila ganahan kanila. Pipila ka mga bata maghikog gani tungod dili nila maagwanta kining usab-usab nga madagmalon nga mga pagpaantos. Ang ubang mga bata magporma og organisasyon nga mga gang bisan anaa pa sila sa elementary nga eskwelahan, ug mopatay pa gani og mga katawohan, nga magsunod sa usa ka notado nga kriminal.

Busa, ang mga ginikanan kinahanglan nga patubuon ang ilang mga anak sa paaagi nga magpugong kanila nga magkomporme sa mga pamaagi niining kalibutan ug hinoon dal-on sila aron magpatubo ug mabuhi sa usa ka matinumanon nga kinabuhi, nga gikahadlokan ang Dios. Unsa kangil-ad kaha kini kung makasulod ka sa langit ug makita ang imong mga anak nga gipaantos sa impiyerno? Kini kuyaw kaayo bisan pa nga maghunahuna lang mahitungod niini.

Busa, kinahanglan kanimong padakuon ang imong bilihon nga mga anak aron mabuhi sa pagtoo sumala sa kamatuoran. Pananglitan, kinahanglan kanimong tudloan ang imong mga anak nga dili mosaba o magdagan-dagan atol sa pagsimba nga serbisyo, apan mag-ampo ug magdayaw sa tibuok nilang kasingkasing, hunahuna, ug kalag. Bisan pa ang mga masuso, nga dili makasabot kung unsa ang gisulti sa ilang inahan, matulog og maayo atol sa pagsimba nga serbisyo kung ang ilang inahan mag-ampo alang kanila ug padakuon sila sa pagtoo. Kining mga masuso, usab, adunay balos sa ilang pamatasan sa langit.

Ang mga bata nga anaa sa edad gikan sa tulo o upat mahimong magsimba sa Dios ug mag-ampo kung ang ilang mga ginikanan magtudlo kanila nga buhaton kini isip nga usa ka lagda. Depende sa edad, ang kailadman sa ampo mahimong maglahi. Ang mga ginikanan makatudlo sa ilang mga anak nga patas-on ang ilang panahon sa pag-ampo ug anam-anam, kanang, gikan sa lima ka minuto hangtud sa napulo ka minuto, hangtud sa 30 ka minuto, hangtud sa usa ka oras, ug padayon pa.

Bisan unsa ka batan-on niining mga bata-a, kung tudloan sila sa ilang mga ginikanan sa pulong sumala sa ilang edad ug ang lebel sa pagsabot, ug hilamdagan sila nga mabuhi sumala niini, ang mga bata sa kanunay magsulay og mas maayo aron mosunod sa pulong sa Dios ug mabuhi sa paagi nga makapahimuot sa Kaniya. Sila usab maghinulsol ug magkompisal sa ilang mga sala nga naghilak kung ang Espiritu Santo magtrabaho diha kanila. Giawhag ko ikaw nga imo silang kongkreto nga tudloan kung kinsa si Hesukristo ug dal-on sila nga magtubo sa pagtoo.

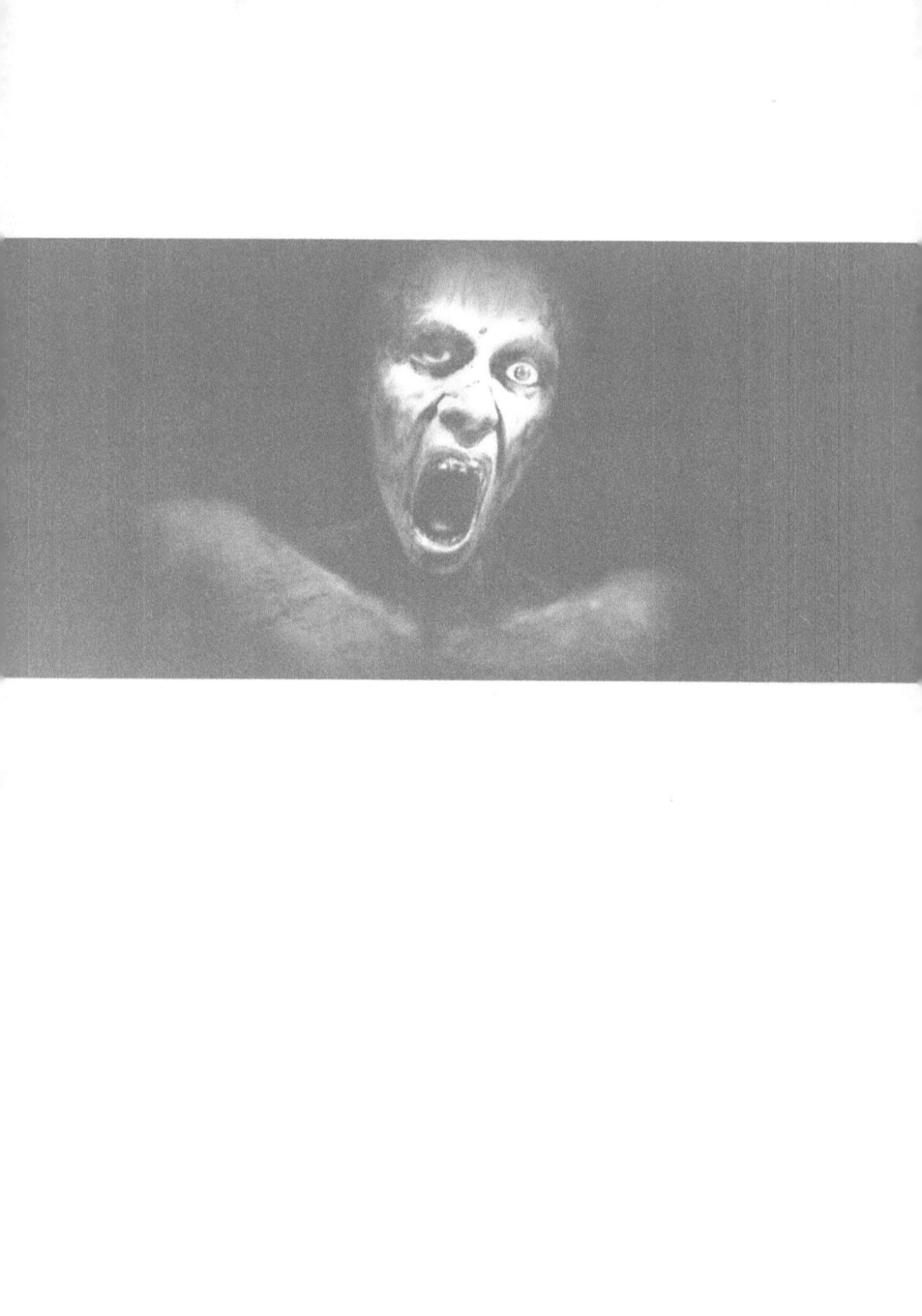

Kapitulo 5

Mga Pagsilot alang sa mga Katawohan nga Namatay human sa Kahingkoran nga mga Tuig

1. Ang Unang Lebel sa Pagsilot
2. Ang Ikaduhang Lebel sa Pagsilot
3. Ang Pagsilot kang Faraon
4. Ang Ikatulong Lebel sa Pagsilot
5. Ang Pagsilot kang Poncio Pilato
6. Ang Pagsilot kang Saul ang Unang Hari sa Israel
7. Ang Ikaupat nga Lebel sa Pagsilot kang Hudas Iscariote

"*Ang imong kabantug gidala ngadto
sa Sheol ug ang kasaba sa imong mga viola;
Ang ulod gibuklad sa ilalum nimo,
ug ang mga ulod magatabon kanimo.*"
- Isaias 14:11 -

"*Sama sa panganod nga mahurot, kini mapapas,
mao man usab ang manaug ngadto sa Sheol,
dili na mobalik sa ibabaw.*"
- Job 7:9 -

Ang bisan kinsa nga mosulod sa langit magadawat og nagkalahi nga mga balos ug himaya sumala sa iyang mga buhat niining kinabuhi. Sa sukwahi, nagkalahi nga mga pagsilot sa Ubos nga Lubnganan ang gipadapat ngadto sa usa ka indibiduwal sumala sa iyang dautan nga mga buhat niining kinabuhi. Ang mga katawohan sa impiyerno mag-antos gikan sa usa ka pagkadaku nga gidaghanon sa mahangturon nga kasakit, ug ang kagrabe sa kasakit ug panghingutas magsahi gikan sa usa ug usa nga nagdepende sa ilang kaugalingong mga binuhatan niining kinabuhi. Ang usa ka tawo, kung siya mabutang sa langit o impiyerno, maga-ani sa kung unsa ang iyang gipugas.

Sa mas kadaghan nga mga sala nga imong gibuhat, mas halawom nga bahin sa impiyerno ang imong masudlan, ug sa mas kabug-at sa imong mga sala, mas kadaghan sa panghingutas ang imong kasakit nga maangkon sa impiyerno. Depende kung unsa kadaku ang pagkasukwahi sa usa ka tawo sa kasingkasing sa Dios – sa ubang mga pulong, kung unsa kadaku ang pagka-anggid sa usa ka tawo sa makakasala nga kinaiya ni Lucifer – ang kapig-ot sa mga pagsilot nan pagadeterminahon.

Ang Mga Taga-Galacia 6:7-8 nag-ingon kanato nga, *"Ayaw kamo palimbong, ang Dios dili mabiaybiay; kay bisan unsay igapugas sa tawo, mao usab kana ang iyang pagaanihon. Kay ang magapugas alang sa iyang kaugalingong unod, gikan sa unod magaani siyag pagkadunot, apan ang magapugas alang sa Espiritu, gikan sa Espiritu magaani siyag kinabuhing dayon."* Niining paagi, ikaw gayod magaani kung unsa ang imong gipugas.

Unsang mga klase sa mga pagsilot ang madawat sa mga katawohan nga namatay human sa kahingkoran nga mga tuig sa Ubos nga Lubnganan? Niining kapitulo, akong hisgotan ang upat ka mga lebel sa mga pagsilot as Ubos nga Lubnganan nga gipadapat diha sa mga kalag sumala sa ilang mga binuhatan niining kinabuhi. Sa usa ka pagpahanumdom, palihog sabta nga dili ako makahatag og paghulagway nga mga detalye kay makadugang kini sa kabug-at sa gidaghanon sa imong kahadlok.

1. Ang Unang Lebel sa Pagsilot

Ang pipila ka mga kalag mapuwersa sa pagtindog sa balas nga pito ka beses mas mainit kaysa balas sa mga disyerto o sa mga baybay niining kalibutan. Dili kini sila maka-eskapo gikan sa pag-antos kay mora kini sila'g natanggong sa tunga-tunga sa usa ka daku nga disyerto.

Nasuwayan na ba nimo og lakaw sa nagsunog nga mainit nga balas, nga nagtiniil, sa usa ka mainit nga adlaw? Dili nimo maantos ang kasakit bisan pa nga magsulay ka nga maglakaw sa usa ka baybay nga nagtiniil sa mainit, maadlaw, nga adlaw alang sa napulo o kinse ka minuto. Ang balas sa tropikal nga mga bahin sa kalibutan mas mainit. Ibutang sa imong hunahuna nga ang balas sa Ubos nga Lubnganan pito ka beses mas mainit kaysa pinakamainit nga balas niining kalibutan.

Sa panahon sa akong panaw-duaw sa Balaan nga Yuta, imbes nga mosakay sa usa ka trolley, gisulayan nako og dagan sa naaspalto nga dalan ngadto sa Dead Sea. Misugod ko og dagan og paspas kauban ang duha pa ka magpapanaw nga mikuyog nako niining biyahe. Sa una, walay kasakit apang diha sa mga tunga-tunga na, akong mabati ang nasunog nga sensasyon diha sa pareho nakong mga lapa-lapa. Bisan pa nga gusto namong maka-eskapo gikan sa pag-antos, walay kaadtuan nga lugar; sa pikas og pikas nga bahin sa dalan adunay kabanikahan sa mga graba, kung asa pareho lang ang kainiton.

Nahuman kami og dagan ngadto sa pikas nga tumoy sa dalan, kung asa kami nakatusnob ug gihumol ang among mga tiil sa mabugnaw nga tubig sa usa ka swimming pool nga anaa sa duol. Sa kapalaron, walay mi usa kanamo ang napaso. Ang pagdagan namo milungtad lang sa napulo ka minuto, ug kini igo lang nga makahatag og dili maantos nga gidaghanon sa kasakit. Handurawa, nga ikaw mapugos nga magtindog sa kahangtoran sa balas nga pito ka beses mas mainit kaysa bisan unsang balas nga makita niining yuta. Bisan unsa ka dili maagwanta ang kainit sa balas, walay tukma nga posibilidad sa pagpaubos o pag-undang sa pagsilot. Apan, kini ang pinakagaan nga mga pagsilot sa Ubos nga Lubnganan.

Adunay usa pa ka kalag nga gi-tortyur sa lahi nga paagi. Siya gipugos nga maghigda sa bug-at nga bato, nga gipabaga nga nagpuwa-sa-kainit, ug modawat sa pagsilot nga padayon nga asalon nga walay katapusan. Ang eksena nag-anggid sa karne nga giluto sa usa ka nag-uros nga parilya. Unya, usa pa ka bato nga gipabaga nga nagpuwa-sa-kainit gihulog diha sa ibabaw sa iyang lawas, nga gipusa kini ug ang tanang butang nga anaa diha. Handurawa ang bisan unang klase sa bisti nga imong plantsahon: ang kabayo mao ang bato kung asa ang bisti – ang gikondena nga kalag – gibutang, ug ang plantsa mao ang ikaduha nga bato nga nagduot sa bisti.

Ang init usa ka bahin sa pag-tortyur; ang mga bahin sa lawas nga gipusa lahi pa. Ang mga batiis gidunot ngadto sa piraso pinaagi sa kabug-at sa tunga sa mga bato. Ang puwersa niini igo ang kabaskog aron madugmok ang iyang mga gusok ug kasudlan. Inig kapislat sa iyang bagulbagol, ang kalimutaw manggawas ug ang tanang mga likido gikan sa bagulbagol mobugwak.

Unsaon man paghubit sa iyang pag-antos? Bisan pa nga siya usa ka kalag nga walay pisikal nga porma, mahimo sa gihapon kaniyang mabati ug maantos ang pagkadaku nga gidaghanon sa kasakit sama sa paagi nga iyang gibati niining kinabuhi. Kuyog sa mga alingiis sa ubang mga kalag nga gipaantos, kining kalag, nga nabitik diha sa iyang kaugalingong kahadlok ug kalisang magguol ug motiyabaw, "Unsaon man kanako pag-eskapo gikan niining pagpaantos?"

2. Ang Ikaduhang Lebel sa Pagsilot

Pinaagi sa istorya sa datu nga tawo ug ni Lazaro sa Lucas 16:19-31, makakuha kita ug usa ka pasiplat sa kaalaot sa Ubos nga Lubnganan. Pinaagi sa gahom sa Espiritu Santo, akong nadunggan ang pag-agulo sa usa ka tawo nga gipaantos sa Ubos nga Lubnganan. Sa pagpaminaw sa masunod nga mga pagkompisal, nag-ampo ko nga makamata ka gikan sa imong espirituhanon nga pagtulog.

Ako giguyod ngadto ug nganhi
Apan kini walay katapusan.

Nagdagan ko ug nagdagan apan kini walay katapusan.
Wala ko'y makita bisag asang dapit aron makatago.
Ang akong panit nangatangtang na,
Gipuno sa pinakadautan nga baho.
Ang mga insekto nagkitkit sa akong unod.
Nagsulay ko sa pagdagan ug pagdagan pahilayo gikan kanila,
apan anaa sa gihapon ko sa sama nga dapit.
Sila sa gihapon nagpaak ug nagkaon sa akong lawas;
Nagsupsop sila sa akong dugo.
Ako nagkurog sa kakuyaw ug kahadlok.
Unsa man ang akong buhaton?

Palihog, nagpakiluoy ako kanimo,
 pahibaloa ang mga katawohan kung unsa ang nahinabo kanako.
Sultihi sila sa akong pag-antos
aron nga dili sila mahagbong nganhi.
Dili gayod nako mahibaloan kung unsa ang buhaton.
Sa ilalom sa daku nga kahadlok ug kalisang,
mag-agulo lang ko.
Walay pulos ang magpangita og dalangpan.
Sila nagkawot sa akong likod.
Sila nagpaak sa akong mga butkon.
Sila nagpanit sa akong panit.
Nagkaon sila sa akong mga kaunoran.
Sila nagsupsop sa akong dugo.
Inig kahuman niini,
Ako igalabay ngadto sa linaw nga kalayo.

Impiyerno

Unsa man ang akong mabuhat?
Unsa man ang akong buhaton?

Bisan pa nga walay ako nagtoo ni Hesus isip nga akong Manluluwas,
Gihunahuna nako nga ako usa ka tawo nga adunay maayo nga tanlag.
Hangtud sa ako gilabay ngadto sa Ubos nga Lubnganan,
Wala gayud nako nahimatngonan nga nagbuhat ko og daghan kaayong mga sala!
Karon, ako mahimo lang nga maghinulsol ug maghinulsol
alang sa mga butang nga akong gibuhat.
Palihog, seguroha
nga walay uban pang dugang nga katawohan sama kanako.
Daghang mga katawohan nganhi, samtang nabuhi,
Naghunahuna nga sila nagdala og maayo nga kinabuhi.
Apan, sila tanan anaa nganhi.
Daghan nga nagkompisal nga nagtoo
ug naghunahuna nga sila nabuhi
sumala sa kabubut-on sa Dios anaa sad nganhi,
ug sila gi-tortyur og mas madagmalon kaysa kanako.

Akong gipangandoy nga malipong aron malimtan ang mga pag-antos
bisan sa kadali lang, apang dili nako kini mahimo.
Dili ako makapahulay bisan akong isira ang akong mga mata.
Inig abri nako sa akong mga mata,
walay makita ug walay makuptan.

Samtang ako nagdagan pahilayo nganhi ug ngadto,
Anaa gihapon ako sa sama nga dapit.
Unsa man ang akong mabuhat?
Unsa man ang akong buhaton?
Nagpakiluoy ako kanimo, palihog seguroha
nga walay bisan kinsa pa
nga musonod sa akong tunob!

Kining kalag kung ikumpara maayo nga tawo, kumpara sa daghang uban pa sa Ubos nga Lubnganan. Nagpakitluoy siya sa Dios nga pahibaloon ang mga katawohan kung unsa ang nahinabo kaniya. Bisan pa sa hilabihan nga panghingutas, siya nagkabalaka sa mga kalag nga mahimong mahagbong ngadto. Sama sa paagi nga ang datu nga tawo mipatkiluoy nga ang iyang mga igsoon nga mga lalaki nga pasidan-an aron nga sila dili "usab moadto sa niining dapit sa panghingutas," kining kalag usab naghangyo sa Dios (Lucas 16).

Bisan pa niana, ang katong nahagbong sa ikatulo ug ikaupat nga lebel sa mga pagsilot sa Ubos nga Lubnganan wala mag-angkon sa bisan niining klase sa pagkamaayo. Busa, ilang gihagit ang Dios ug mangtas nga gibasol ang uban.

3. Ang Pagsilot kang Faraon

Si Faraon, ang hari sa Ehipto nga mikontra kang Moises, nagdawat sa ikaduha nga lebel sa pagsilot, apang ang kadakuon sa iyang pagsilot nautlanan ngadto sa ikatulo nga lebel sa pagsilot.

Unsang klase sa kadautan ang gibuhat ni Faraon niining kinabuhi aron angkonon kining klase sa pagsilot? Nganong gipadala man siya sa Ubos nga Lubnganan?

Sa katong ang mga Israelinhon gidaogdaog isip nga mga ulipon, si Moises gitawag sa Dios aron dal-on ang Iyang katawohan pagula sa Ehipto ug dal-on sila sa Yuta sa Promisa sa Canaan. Si Moises niadto ni Faraon ug giingnan siya nga buy-an ang mga Israelinhon gikan sa Egipto. Apan, kay nakasabot sa balor sa pwersa nga pagpatrabaho sa mga Israelinhon, si Faraon nibalibad nga buy-an sila.

Pinaagi ni Moises, gipadala sa Dios ang Napulo ka mga Salot kang Faraon, sa iyang mga opisyal, ug sa iyang mga katawohan. Ang tubig sa Nile nahimo og dugo. Mga baki, mga tagnok, ug mga langaw mitabon sa iyang yuta. Dugang pa, si Faraon ug ang iyang mga katawohan miantos gikan sa salot sa mga kasapatan, ang salot sa mga hubag, sa ulan-nga-yelo, sa mga dulon, ug kangitngit. Sa matag panahon nga sila miantos gikan sa usa ka salot, misaad si Faraon nga iyang palakton ang mga Israelinhon gikan sa Egipto, aron nga mapugngan ang pag-abot sa ubang mga salot. Bisan pa niana, gibali ni Faraon ang iyang saad ug giusab-usab nga gipagahi ang iyang kasingkasing, sa kada human sa kada usa ka salot si Moises miampo sa Dios ug Iyang gikuha ang makamamatay nga mga salot gikan sa yuta. Sa uwahi gibuy-an ni Faraon ang mga Israelinhon, pagkahuman lang nga ang kada panganay nga lalaki sa Egipto, gikan sa manugpanubli sa trono hangtud sa panganay nga lalaki sa mga ulipon, ug ang mga panganay sa mga mananap gipatay.

Apan, pagkahuman lang sa ulahi nga salot, si Faraon mibaylo usab sa iyang hunahuna. Siya ug ang iyang kasundalohan nagsugod og gukod sa mga Israelinhon, kung asa mipuyo diha sa kilid sa Red Sea. Nalisang ang mga Israelinhon ug mitiyabaw sa Dios. Gialsa ni Moises and iyang tungkod ug giinat ang iyang kamot sa ibabaw sa Red Sea. Unya, usa ka milagro ang nahinabo. Ang Red Sea natunga pinaagi sa gahom sa Dios. Ang mga Israelinhon mitabok sa Red Sea sa mala nga yuta ug ang mga Ehiptohanon misunod kanila ngadto sa dagat. Sa pag-inat ni Moises sa iyang kamot sa ibabaw sa dagat og usab sa pikas nga bahin sa Red Sea, *"Ug namalik ang mga tubig, ug mingsalanap sa mga karo ug sa mga magkakabayo, bisan sa tanan nga kasundalohan ni Faraon nga misunod sa ulahi nila sa dagat; walay nahabilin kanila bisan usa"* (Exodo 14:28).

Sa Biblia, daghang maayo-nga-buot nga mga hentil nga hari mitoo ug misimba sa Dios. Apan, si Faraon adunay magahi nga hunahuna, bisan pa nga iyang nasaksihan ang gahom sa Dios sa napulo ka beses. Ang resulta, si Faraon nahagbong ngadto sa seryoso nga mga katalagman sama sa kamatayon sa iyang manununod sa trono, kagub-anan sa iyang kasundalohan, ug katimawa sa iyang nasud.

Karong adlawa, ang mga katawohan nakadungog sa makakagahom nga Dios ug direkta nga nakasaksi sa Iyang gahom. Apan, ilang gipagahi ang ilang kaugalingong mga kasingkasing sama sa paagi nga gibuhat ni Faraon. Wala kanila dawata si Hesus isip nga ilang personal nga Manluluwas. Dugang pa, sila nagbalibad sa paghinulsol sa ilang mga sala. Unsa man ang mahinabo kanila kung padayon sila nga mabuhi sa paagi nga ilang gibuhat karon. Sa ulahi, sila modawat sa samang lebel sa mga pagsilot kang Faraon sa Ubos nga Lubnganan.

Unsa man ang nahinabo ni Faraon sa Ubos nga Lubnganan?

Si Faraon gibalhog sa hinugasan nga tubig

Si Faraon gibalhog sa usa ka linaw sa hinugasan nga tubig, nga gipuno sa lan-og. Ang iyang lawas gihigot sa usa ka linaw, aron nga dili siya makalihok. Dili kini siya nag-inusara apan adunay ubang mga kalag nga gibalhog tungod sa pareho nga gidaghanon sa mga sala.

Ang katinuoran nga siya usa ka hari wala naghatag kaniya og mas maayo nga pagtagad sa Ubos nga Lubnganan. Hinoon, kay siya anaa sa posisyon sa gahom, pagka-arogante, nga gisilbihan sa ubang tawo, ug nabuhi sa dagaya nga kinabuhi, ang mga mensahero sa impiyerno nagbiay-biay ug nag-tortyur kang Faraon og mas kapig-ot.

Ang linaw kung asa si Faraon gibutang wala lang gipuno sa hinugasan nga tubig. Nakakita ka na ba sa nagkadunot ug kontaminado nga mga pondok sa tubig o agay-ayan. Unsa man ang mga pwerto kung asa ang mga barko nagdungka? Kining mga dapita napuno sa gasolina, basura, ug lan-og. Morag imposible kini alang sa bisan unsang kinabuhi nga mabuhi sa ingon anang kalikopan. Kung imong itusnob ang imong mga kamot niini, magkabalaka ka nga ang imong panit makontaminar sa tanang makaluod nga mga unod sa tubig.

Nakaplagan ni Faraon ang iyang kaugalingon niining

kahimtangan. Dugang pa, kining linaw gipuno sa dili-maihap nga magil-as nga mga insekto. Sila nag-anggid sa mga ulod apan mas dagku.

Ang mga insekto magkitkit sa mas mahumok nga mga parte sa lawas

Kining mga insekto moduol sa mga kalag nga gibalhog sa linaw, ug magsugod og kitkit sa mas mahumok nga mga parte sa ilang mga lawas og una. Sila mousap sa mga mata, ug paagi sa mga ubaog, ang mga insekto mosulod sa bagulbagol ug magsugod og kitkit sa utok mismo. Imo bang mahanduraw og unsa kini kasakit? Sa ulahi, sila magkitkit sa tanang butang gikan sa ulo hangtud sa tudlo sa tiil. Sa unsa man nato makumpara kining panghingutas?

Unsa man kasakit kini nga ang abog mosulod sa imong mga mata? Unsa man ka mas masakit kini kung ang mga insekto ang mokitkit sa imong mga mata? Imo bang matuohan nga imong maagwanta ang kasakit inig kawot niining mga insekto sa tibuok nimong lawas?

Karon, pananglitan usa ka dagum ang ipaslak sa ilalom sa imong mga tudlo sa kamot o tuslokon ang imong mga tudlo sa kamot. Kining mga insekto magpadayon sa pagpanit sa panit ug anam-anam nga kuskuson ang kaunoran hangtud nga ang mga bukog manggawas. Kining mga insekto dili moundang sa likod sa imong mga kamot. Sila dali nga mosaka ngadto sa imong mga butkon ug abaga ug manaog sa imong dughan, imong tiyan, mga batiis, ug lubot. Ang gibalhog nga mga kalag mag-antos sa pag-tortyur ug ang kasakit nga mikuyog niini.

Ang nga insekto mag-usab-usab og kitkit sa kasudlanan

Kadaghanang mga babaye, kung makakita sila og mga ulod, mahadlok kanila, og dili gayud mohikap kanila. Handurawa, karon, nga mas magil-as nga mga insekto nga mas dagku kaysa mga ulod ang mag-ikos sa gikondena nga mga kalag. Una, ang mga insekto motusok sa ilang mga lawas hangtud sa ilang tiyan. Sunod, magsugod sila og usap sa ilang unod gikan sa lima ka viscera ug sa unom ka mga tinai. Ang mga insekto unya mosupsop sa mga likido gikan sa ilang mga utok. Atol niining tibuok nga panahon, ang gikondena nga mga kalag dili makapaspas kanila, makalihok, o makadagan gikan niining makahadlok nga mga insekto.

Ang mga insekto magpadayon sa pagkitkit sa ilang mga lawas og anam-anam, nga nagtan-aw ang mga kalag nga ang ilang mga parte sa lawas gipaak ug giusap. Kung makuha kanato kining klase sa pag-tortyur sa napulo lang ka minuto, mabuang kita. Usa sa gikondena nga mga kalag niining alaot nga dapit mao si Faraon, kung kinsa mihangkat sa Dios ug sa Iyang alagad nga si Moises. Siya nag-antos niining panghingutas nga kasakit samtang siya nagmata, nga klaro nga nasaksihan ug nabati nga ang mga parte sa iyang lawas giusap ug gikuskos.

Human og kitkit sa mga insekto sa lawas sa usa ka tawo, mao ba na ang katapusan sa pag-tortyur? Dili. Sa dili madugay, ang gikuskos ug gikitkit nga mga parte sa lawas sa usa ka tawo mahiuli og tibuok, ug ang mga insekto magdali og balik ngadto sa kalag, nga mag-usap sa lahi-lahi nga mga parte sa lawas. Walay undang o katapusan niini. Ang kasakit dili mokunhod ug siya dili maanad – busa maminhod – sa pag-tortyur.

Mao kini kung unsa ngadto sa espirituhanon nga kalibutan. Sa langit, kung ang mga anak sa Dios mokaon sa bunga gikan sa usa ka kahoy, ang bunga mahiuli. Sama niini, sa Ubos nga Lubnganan, walay bali kung pila ka beses o unsa ka gidaghanon nga mokitkit kining mga insekto sa imong mga parte sa lawas, ang kada parte sa imong lawas mahiuli human kining mawasak ug mabungkag.

Bisan pa nga ang usa ka tawo nagdala og maligdong ug nakahimungawong nga kinabuhi

Ang sakop sa maligdong nga katawohan mao ang katong dili gusto o wala mopili nga dawaton si Hesus ug ang Maayong Balita. Sa gawas, sila morag maayo ug hamili, apan sila dili maayo ug hamili sumala sa kamatuoran.

Ang Mga Taga-Galacia 2:16 nagpahinumdom kanato nga *"nasayud nga ang tawo dili pagamatarungon tungod sa mga buhat sa pagbantay sa kasugoan, kondili pinaagi sa pagtoo kang Hesukristo. Ug kami mitoo kang Kristo Hesus aron kami pagamatarungon pinaagi sa pagtoo kang Kristo, ug dili pinaagi sa mga buhat sa pagbantay sa kasugoan, kay pinaagi sa buhat sa pagbantay sa kasugoan walay bisan kinsa nga pagamatarungon."* Ang matarung nga tawo mao ang usa ka tawo nga mahimong maluwas tungod sa pangalan ni Hesukristo. Mao lang, nga ang tanan kaniyang mga sala mapasaylo pinaagi sa iyang pagtoo kang Hesukristo. Dugang pa, kung nagtoo siya ni Hesukristo, siya gayud magmatinumanon sa pulong sa Dios.

Bisan pa sa dagaya nga mga ebidensiya sa pagmugna sa Dios sa uniberso ug Iyang mga kahibulongan ug gahom nga gipakita pinaagi sa Iyang mga alagad, kung ang usa sa gihapon molimod sa makakagahom nga Dios, siya walay yamo apan usa ka dautan nga tawo nga adunay magahi nga tanlag.

Gikan sa iyang kaugalingon nga perspektibo, siya mahimong nabuhi sa usa ka maligdong nga kinabuhi. Bisan pa niana, kung padayon siya nga naglimod kang Hesus isip nga iyang personal nga Manluluwas, wala siya'y lain nga adtoan kondili ang impiyerno. Apan, kay ang ingon nga mga indibiduwal nagdala og makumpara nga maayo ug maligdong nga mga kinabuhi kaysa dautan nga mibuhat og mga sala kutob sa ilang gusto nga nagsunod sa ilang makakasala nga paninguha, sila magadawat bisan asa sa una o ikaduha nga lebel sa mga pagsilot sa Ubos nga Lubnganan.

Apil atong namatay nga wala nakaangkon og higayon bisan nga magakos ang Maayong Balita, kung mapakyas sila sa paghukom sa tanlag, ang kadaghanan kanila modawat ug una o ikaduha ng lebel sa pagsilot. Ug, ang usa ka kalag nga modawat og ikatulo o ikaupat nga lebel sa pagsilot sa Ubos nga Lubnganan, mahimo kang maghunahuna, nga mas madinauton o dautan kaysa daghang uban pa.

4. Ang Ikatulong Lebel sa Pagsilot

Ang ikatulo ug ikaupat nga mga lebel sa mga pagsilot gireserba alang sa tanan nga mibatok sa Dios, nga gitandaan ang ilang mga tanlag, gidaut ug gipasipalahan ang Espiritu Santo, ug gihilabtan ang pagtindog ug pagpadaku sa gingharian sa Dios. Dugang pa, ang bisan kinsa nga gipasabot nga ang mga iglesia sa Dios "mga irihis" nga walay solido nga pruweba magadawat sad sa ikatulo o ikaupat nga lebel sa pagsilot.

Huna pa utingkayon ang ikatulo nga lebel sa pagsilot sa Ubos nga Lubnganan, atong susihon og kadali ang nagkalainlain nga mga porma sa mga pag-tortyur nga gipangisip sa tawo.

Madagmalon nga gibuhat sa tawo nga mga pag-tortyur

Atol sa panahon kung asa ang mga kinamatarung sa tawo mas pantasya pa kaysa usa ka adlaw-adlaw nga tulumanon, dili-maihap nga mga klase sa korporal nga mga pagsilot, apil ang nagkalainlain nga mga porma sa pag-tortyur ug pagpatay, ang gihunahuna ug gibuhat.

Panaglitan, sa Middle-Age nga Yuropa, ang mga guwardiya sa prisohan magdala og usa ka preso ngadto sa basement sa bilding aron nga makuha ang pagkompisal. Sa dalan padulong ngadto, ang preso makakita og mga agi sa dugo sa salog ug sa kuwarto makita ang daghang mga klase sa instrumento nga gigamit ug giandam sa pag-tortyur. Madunggan kaniya ang dili-maagwanta nga mga pagsiyagit nga nagbagting sa tibuok nga bilding, kung asa nagpuliki kaniya.

Usa sa pinakakomon nga mga paagi sa pag-tortyur mao nga gibutang sa mga tudlo sa kamot ug tiil ang magagmay nga metal nga mga iskeletas sa preso (o bisan kinsa nga ibutang sa pag-tortyur). Ang mga metal nga iskeleta gihugot hangtud nga ang iyang mga tudlo sa kamot ug tiil mawasak. Unya, ang iyang tudlo sa kamot-o tiil ibton usa-usa samtang ang mga metal nga iskeleta gihugot og anam-anam.

Kung ang preso dili mokompisal human niini, siya unya bitayon sa kahanginan nga ang iyang mga butkon gibaliko ug ang iyang lawas giliso-liso sa tanang direksiyon. Niining pagpaantos, dugang nga kasakit ang gipadapat, sa pag-alsa sa iyang lawas ngadto sa kahanginan ug buy-an sa yuta sa nagkalain-lain nga kailadmon. Sa kinadautan, usa ka bug-at nga piraso sa puthaw ang ihigot sa bukongbukong sa preso, samtang siya gibitay sa kahanginan. Ang kabug-aton sa puthaw igo aron matunga ang tanan nga kaunoran ug mga bukog sa sulod sa lawas. Kung ang preso dili gihapon magkompisal, mas makahaladlok ug malisud nga mga pamaagi sa pag-tortyur ang buhaton.

Ang preso palingkuron sa usa ka bangko nga espesyal nga gidesinyo alang sa pag-tortyur. Sa lingkoranan, ang likod ug ang mga tiil sa bangko adunay gibutang nga magagmay nga mga biriking. Sa pagkakita niining makahaladlok nga butang, ang preso mosulay og dagan alang sa iyang kinabuhi apan ang mga guwardiya sa presohan nga mas dagku ug mas kusgan kaniya magpugos kaniya og balik sa lingkoranan. Gilayon, mabati sa preso ang mga biriking nga nagtuslok sa iyang lawas.

Usa pa ka klase sa pag-tortyur mao nga ibitay ang usa ka suspetsado o preso og lintuwad. Human ang usa ka oras, ang iyang presyon sa dugo mawala sa chart, ang mga ugat sa dugo sa iyang utok mobuto, ug ang dugo manggawas sa iyang utok pinaagi sa iyang mga mata, ilong, ug mga dunggan. Dili na siya makakita, makapanimaho, o makadungog.

Usahay, ang kalayo gamiton aron pwersahon ang preso nga magkompisal. Ang opisyal moduol sa usa ka suspetsado gamit ang usa ka kandila. Iyang ibutang ang kandila sa ilalom sa iyang ilok o lapalapa. Ang mga ilok mapaso tungod kay mao kini ang pinakasensitibo nga mga parte sa lawas sa tawo samtang ang mga lapalapa mapaso kay ang kasakit mas dugay nga mabati ngadto.

Sa ubang panahon, ang usa ka suspetsado mapwersa sa pagsul-ob sa gipainit nga puthaw nga mga botas samtang sila nagtiniil. Unya, ang nag-tortyur motangtang sa napaso nga unod. O, ang manog-tortyur moputol sa dila sa preso o pasuon ang iyang dila gamit ang mainit nga puthaw kumpit. Kung ang preso gisentensiyahan nga mamatay, siya ilabay ngadto sa usa ka morag ligid nga kuwadro, nga gidesinyo nga mowasak sa usa ka lawas ngadto sa mga piraso. Ang kusog nga pagtuyok mogisi sa lawas ngadto sa mga piraso, samtang ang preso buhi pa og nakahimungawong. Sa ubang okasyon, sila patyon pinaagi sa pagbubo og gipatunaw nga tingga sa ilang mga ilong ug mga bangag sa ilang mga dunggan.

Tungod nga nakahibalo nga dili nila maagwanta ang panghingutas sa pag-tortyur, daghang mga preso ang kanunay nga nagsuhol sa mga manog-tortyur ug mga guwardiya sa presohan alang sa usa ka madali ug walay sakit nga kamatayon.

Ang mga kini pipila lang sa pag-tortyur nga mga paagi nga gibuhat sa tawo. Ang usa ka paghanduraw lang igo na aron kita mahadlok sa mental nga imahe. Unya, imo nang mahunahuna nga ang mga pag-tortyur nga gibuhat sa mga mensahero sa impiyerno, kung kinsa anaa sa estrikto nga pangulohan ni Lucifer, mahimo lang nga mas mapanghingutas kaysa bisan unsang uban nga mga porma sa pag-tortyur nga nabuhat sa tawo. Kining mga mensahero sa impiyerno walay kaluoy ug nalipay lang nga makadungog sa mga kalag nga magsinggit ug magtiyabaw sa kakuyaw sa Ubos nga Lubnganan. Sila kanunay nga nagsulay sa pagtrabaho og mas madagmalon ug mas masakit nga mga pamaagi sa pag-tortyur aron ipadapat niining mga kalag.

Masarangan pa kanimo nga moadto sa impiyerno? Masarangan ba nimo nga makita ang imong mga hinigugma, ang imong pamilya ug mga abyan sa impiyerno? Ang tanang mga Kristohanon kinahanglan nga maghunahuna sa ilang katungdanan nga ipakatap ug iwali ang Maayong Balita ug buhaton ang tanang mahimo nila aron maluwas ang usa ka dugang nga kalag gikan sa pagkahagbong ngadto sa impiyerno.

Unsa man, unya, ang tukma nga ikatulo nga lebel sa mga pagsilot?

i) Usa ka ngilngig nga giporma-sa-baboy nga mensahero sa impiyerno

Usa ka kalag sa Ubos nga Lubnganan gihigot sa usa ka kahoy, ug ang iyang unod gihiwa ngadto sa magagmay nga mga piraso og anam-anam. Tingali mahimo nimo kining makumpara sa paghiwa sa isda aron nga makaandam og sashimi. Usa ka mensahero sa impiyerno sa ngil-ad ug makakuluyaw nga dagway ang moandam sa tanang kinahanglan nga mga gamit alang sa pag-tortyur. Kining mga gamit moapil sa usa ka halapad nga pagkadaiya sa mga gamit gikan sa gamay nga punyal ngadto sa usa ka atsa. Unya ang mensahero sa impiyerno mobaid sa mga gamit sa usa ka bato. Ang mga gamit dili kinahanglan nga bairon kay ang kilid sa gamit sa Ubos nga Lubnganan magpabilin sa pagkahait. Ang tinuod nga katuyoan sa pagbaid mao nga aron magdugang ang kahadlok sa kalag nga naghulat sa iyang pag-tortyur.

Paghiwa sa unod sugod sa mga tudlo sa kamot

Inig kadungog sa kalag niining mga gamit nga magbangi ug inig duol sa mensahero sa impiyerno kaniya nga nagngisi og ngil-ad, unsa kaha siya kahadlok ug kapugwat!

'Kanang kutsilyo mohiwa sa akong unod...
Kanang atsa sa dili madugay moputol sa akong tiil...
Unsa man ang akong buhaton?
Unsaon man nako pag-agwanta sa sakit?'

Ang kalisang lang hapit magtuok kaniya. Ang kalag magpadayon sa pagpahanumdom sa iyang kaugalingon nga siya hugot nga gihigot sa punoan sa kahoy, dili makalihok, ug kanang morag mabati nga ang pisi nagtusok sa iyang lawas. Sa kadaghan nga magsulay siya nga mag-eskapo gikan sa kahoy, mas hugot nga mohigot ang pisi libot sa iyang lawas. Ang mensahero sa impiyerno moduol kaniya ug magsugod sa paghiwa sa iyang unod, sugod sa iyang mga tudlo sa kamot. Usa ka tipun-og sa iyang unod nga gitabunan sa dugo nga mitibugol ang matagak sa yuta. Ang mga kuko sa iyang tudlo ibton ug taod-taod, and mga tudlo sa kamot putlon sad. Ang mensahero mohiwa sa iyang unod gikan sa iyang mga tudlo sa kamot, sa iyang pulso, ug ngadto sa iyang abaga. Ang mahabilin lang sa iyang butkon mao ang mga bukog. Unya ang mensahero mobalhin sa pusogpusogan sa kalag ug sa iyang mga paa.

Hangtud nga ang mga kasudlan manggawas

Usa ka mensahero sa impiyerno ang magsugod og hiwa sa iyang tiyan. Inig gawas sa lima ka viscera ug sa unom ka mga tinai, iyang birahon katong mga organo ug ilabay. Iyang kuhaon sad ug gision ang ubang mga organo gamit ang hait nga mga gamit.

Hangtud niining punto, ang kalag nagmata ug nagtan-aw sa tibuok nga proseso: ang iyang unod gihiwa ug ang iyang mga tinai ilabay. Handurawa nga ang usa ka tawo ang mihigot kanimo, maghiwa sa usa ka bahin sa imong lawas sugod sa likod sa imong mga kamot, piraso-piraso, ang kadakuon sa kada piraso morag sama sa imong kuko. Inig katandog sa kutsilyo kanimo, ang dugo gilayon magtulo ug ang pag-antos gilayon magsugod, ug walay mga pulong ang igo nga makalitok sa imong kakuyaw. Sa Ubos nga Lubnganan, inig kadawat kanimo sa ikatulo nga lebel sa pagsilot, dili lang kini usa ka piraso sa imong lawas; kini mao ang panit sa imong lawas sa katibuokan, gikan sa ulo ngadto sa tiil, ug ang tanan kanimong mga tinai birahon, usa-usa.

Usab ilaraw ang sashimi, usa ka sud-an sa Hapones nga hilaw nga isda. Gihimulag lang sa kusinero ang mga bukog ug ang panit.

Ug iyang gihiwa ang unod sa pinakanipis nga posible. Ang isda morag buhi pa tan-awon ug makita pa kanimo nga ang hasang niini naglihok pa. Ang kusinero sa restaurant walay kaluoy niining isda kay kung siya naluoy, dili kaniya mahimo ang iyang trabaho.

Palihog alimaa ang imong mga ginikanan, imong esposo, imong mga paryente, ug mga abyan sa pag-ampo. Kung dili sila maluwas ug mahagbong ngadto sa impiyerno, sila mag-antos gikan sa pagpa-antos nga hiwaon ang ilang panit ug ang ilang mga bukog kuskuson sa walay kaluoy nga mga mensahero sa impiyerno. Ato kining katungdanan isip nga mga Kristohanon nga ipakatap ang Maayong Balita, kay sa Adlaw sa Paghukom, ang Dios gayud magsukot sa kada usa kanato alang sa bisan kinsa nga dili nato madala ngadto sa langit.

Pagdunggab sa mata sa kalag

Ang mensahero sa impiyerno mopunit og usa ka biriking imbes nga usa ka kutsilyo niining panahona. Ang kalag nakahibalo na kung unsa ang mahinabo kaniya kay dili kini una nga panahon nga siya magaantos gikan niini; siya gi-tortyur na niining paagiha sa gatos ug linibo nga beses gikan sa adlaw nga siya gidala sa Ubos nga Lubnganan. Ang mensahero sa impiyerno moduol sa kalag, halawom nga dunggabon ang iyang mata gamit ang usa ka biriking, ug ibilin ang biriking diha sa luyak sa iyang mata sa makadali. Unsa kaha kahadlok sa kalag sa iyang pagkakita sa biriking nga mopadulong kaniya og duol? Ang panghingutas gikan sa pagtusok sa biriking ngadto sa mata dili masaysay sa mga pulong.

Kini ba mao ang katapusan sa pag-tortyur? Dili. Ang nawong sa kalag nagpabilin. Ang mensahero sa impiyerno karon maghiwa sa iyang mga aping, ang ilong, ang agtang, ug ang nahabilin sa iyang nawong. Dili siya malimot sa paghiwa sa panit gikan sa mga dunggan, mga wait, ug liog sa kalag. Ang liog, sa paghiwa niini og anam-anam, monipis nga monipis hangtud nga kini matangtang gikan sa hataas nga lindog. Kini mohuman sa usa ka sesyon sa pag-tortyur, apang ang katapusan niini nagpatimaan sa pagsugod sa usa ka bag-o nga pag-tortyur.

Ang usa dili gani makatig-ik o makatiyabaw

Sa dili madugay, ang mga parte sa iyang lawas nga gihiwa mahiuli, nga morag wala lang may nahinabo kanila. Samtang ang lawas naghiuli sa iyang kaugalingon, adunay madali nga panahon kung hain ang kasakit ug panghingutas moundang. Apan, kining pag-undang nagpahinumdom lang sa kalag sa mas daghang mga pag-tortyur nga naghulat kaniya, ug siya gilayon magsugod og pangurog sa dili mapugngan nga kahadlok. Samtang siya naghulat sa pag-tortyur, ang tingog sa pagbaid usab madunggan. Sa kada panahon, ang mangil-ad nga giporma-sa-baboy nga mensahero mopasiplat kaniya nga magil-as nga nagngisi. Ang mensahero andam na alang sa bag-o nga pag-tortyur. Panghingutas nga mga pagpaantos ang magsugod og usab. Mahunahuna ba nimo nga kini imong maagwanta? Walay parte sa imong lawas ang maminhod sa mga instrumento sa pag-tortyur o ang padayon nga kasakit. Sa mas kadaghan nga ikaw gi-tortyur, mas kadaghan ka nga mag-antos.

Ang usa ka suspetsado nga anaa sa kustodiya o usa ka preso

nga andam nga i-tortyur nakahibalo kung unsa ang naghulat kaniya dili moluntad og dugay, apan siya sa gihapon mangurog ug mokirig gikan sa mapiogon nga kahadlok. Pananglitan, unya, usa ka maot nga giporma-sa-baboy nga mensahero sa impiyerno moduol kanimo nga adunay dala nga nagkalain-lain nga mga gamit sa iyang mga kamot, nga gibagting sa usa og usa. Ang pagtortyur usbon nga walay katapusan: ang paghiwa sa unod, pagibot sa mga kasudlan, ang pagtusok sa mga mata, ug daghan pang uban ang magpadayon.

Busa, ang usa ka kalag sa Ubos nga Lubnganan dili makasinggit o makapakitluoy sa mensahero sa impiyerno alang sa kinabuhi, kaluoy, mas gaan nga kamadagmalon, o bisan unsa pang butanga. Ang pagtig-ik sa ubang mga kalag, pagtiyabaw nga kaluy-an, ug ang pagbagting sa mga instrumento sa pag-tortyur maglibot sa kalag. Sa diha nga makita sa kalag ang usa ka mensahero sa impiyerno, siya mangluspad sama sa abo nga dili makayagubyob. Dugang pa, siya nakahibalo nga dili kaniya malibre ang iyang kaugalingon gikan sa pag-antos hangtud nga siya ilabay ngadto sa linaw nga kalayo human ang Paghukom sa Dakung Trono nga Maputi sa katapusan sa panahon (Ang Pinadayag 20:11). Ang mapig-ot nga reyalidad nagdugang lang sa kasakit nga anaa na.

ii) Ang pagsilot sa pagpaburot sa lawas sama sa usa ka lobo

Ang bisan kinsa nga adunay bisan gamay lang kaayo nga tanlag mabati ang kasal-anan kung siya makasakit sa balatian sa usa ka tawo. O, bisan unsa ang pagdumot sa usa ka indibiduwal sa usa ka tawo sa miagi, kung ang katong gikadumtan nagkatimawa ang kinabuhi sa karon, usa ka pamati sa kaluoy ang mopaibabaw samtang ang pagbati og kadumot mawala, bisan sa kadali lang.

Bisan pa niana, kung ang tanlag sa usa gipagod sama sa usa ka mainit nga puthaw, ang tawo hingpit nga walay kadasig sa panghingutas sa uban, ug aron nga matuman ang iyang kaugalingong mga katuyoan mahimo siya nga magbuhat sa pinakangil-ad nga mga kapintas.

Ang mga tawo gitratar nga binalibay o basura

Atol sa Ikaduhang Giyera nga Pangkalibutan sa Alemanya sa ilalom sa Nazi nga diktadorya, Japan, Italya, ug ubang mga nasud, dili-maihap nga mga tawo nga buhi ang gigamit isip nga mga panulun-an sa laksot ug tinago nga mga eksperimento; kining mga tawo, sa katinuoran, gibaylo sa mga ilaga, mga kuneho, ug uban pang kasagaran nga mga mananap nga gigamit.

Pananglitan, aron mahibaloan kung unsaon sa himsog nga indibiduwal moresponde, unsa kadugay siya maka-agwanta batok sa malisyoso nga mga ahente, ug unsang klase sa mga sintomas ang mouban sa nagkalain-lain nga mga sakit, kanser nga mga selyula ug ubang mga virus nga gi–transplant. Aron makuha ang pinakatukma nga impormasyon, kanunay nilang abrihan ang mga tiyan o mga bagulbagol sa usa ka buhi nga tawo. Aron madeterminar kung unsa ang kasarangan nga tawo moresponde sa hilabihan nga kabugnaw o kainit, ilang dali-dali nga pakunhuron ang temperatura sa usa ka kuwarto o dali-dali nga patas-on ang temperatura sa sudlanan sa tubig kung asa ang mga panulun-an gibalhog.

Human niining "mga panulun-an" og sirbi sa ilang katuyoan, kining mga katawohan kanunay nga ibilin aron mamatay sa panghingutas. Gamay lang ang hunahuna nga ilang ihatag sa bili ug kasakit niining mga panulun-an.

Unsa kaha ka madagmalon ug kangil-ad kining mga preso sa giyera o ubang walay mahimo nga mga indibiduwal kung kinsa nahimong notado nga mga panulun-an, nga nagtan-aw nga ang ilang mga parte sa lawas gihiwa ngadto sa mga piraso, batok sa ilang kabubut-on ang ilang mga lawas naimpeksiyon sa nagkalain-lain nga mga selyula ug mga ahente, ug literal nga nagtan-aw sa ilang mga kaugalingon nga mamatay?

Apan, ang mga kalag sa Ubos nga Lubnganan mag-atubang sa mas madagmalon nga mga pamaagi o mga pagsilot kaysa bisan unsang mga eksperimento sa mga buhing linalang nga sukad nga gihunahuna sa tawo. Kay ang mga lalaki ug mga babaye nga gimugna sa Dios sa iyang imahe ug kaanggid, apan usab mao ang katong nawala ang ilang dignidad ug balor, kining mga kalag gitratar isip nga nilabay o basura sa Ubos nga Lubnganan.

Sama sa paagi nga wala kita naghinugon sa basura, ang mga mensahero sa impiyerno wala naghinugon o naluoy niining mga kalag. Ang mga mensahero sa impiyerno wala magbati og kasal-anan o kaluoy alang kanila, ug walay pagsilot nga mag-igo gayud.

Ang mga bukog mawasak ug ang panit mobuto

Busa, ang mga mensahero sa impiyerno nakita ang mga kalag

nga mga duwaan lang. Ilang paburuton ang mga lawas sa mga kalag ug patiran ang mga lawas libot sa kada usa kanila.

Lisud kini nga handurawon kining talan-awon: Unsaon man sa usa ka taas ug patag nga lawas sa usa ka tawo mapaburot nga morag usa ka bola? Unsa man ang mahinabo sa mga organo sa sulod?

Sa pagburot sa kasudlan nga mga organo ug sa mga baga, ang mga gusok ug mga dugokan nga nagprotekta niining mga organo masawak usa og usa, parte og parte. Sa ibabaw niini mao ang nagsige-sige, malisod nga kasakit gikan sa giinat nga panit.

Ang mga mensahero sa impiyerno magdula niining gipaburot nga mga lawas sa wala naluwas nga mga kalag sa Ubos nga Lubnganan, ug sa panahon nga sila laayan na kanila, ilang pabuthon ang mga tiyan sa mga kalag gamit ang mahait nga mga bangkaw. Ang paagi nga ang usa ka gipaburot nga lobo magisi ngadto sa piraso-piraso nga goma kung kini pabuthon, ang ilang dugo ug mga piraso sa panit gikusikusi ngadto sa tanang direksiyon.

Apan, sa mubo nga panahon, kining mga lawas sa mga kalag tibuok nga mahiuli ug ibutang napod usab sa inisyal nga dapit sa pagsilot. Unsa kini ka madagmalon? Samtang sila nabuhi niining yuta, kining mga kalag gihigugma sa uban, nagpangalipay sa bisan unsang klase sa estado sa sosyedad, o bisan sa pinakagamay makaangkon og pundamental nga kinamatarung sa tawo.

Sa diha nga anaa na sa Ubos nga Lubnganan, bisan pa niana, silay walay kinamatarung nga maangkon ug gitratar lang nga morag mga graba sa yuta; ang ilang pagkaanaa walay balor.

Ang Ecclesiastes 12:13-14 nagpahanumdom kanato sa mga masunod:

> *Kini mao ang katapusan sa butang, ang tanan nadungog na: Kahadloki ang Dios, ug bantayi ang iyang mga sugo, kay kini mao ang tibook nga katungdanan sa tawo. Kay pagadad-on sa Dios ang tagsatagsa ka buhat ngadto sa paghukom uban ang tagsatagsa ka tinago nga butang, bisan ang maayo o bisan ang dautan.*

Ingon niini, sumala sa Iyang paghukom, kining mga kalag mikunhod sa mga duwaan na lang kung asa ang mga mensahero sa impiyerno nagdula.

Busa, kinahanglan mahibaloan kanato nga kung kita mapakyas sa pagtuman sa katungdanan sa tawo, kung hain mao ang kahadlokan ang Dios ug batanyan ang Iyang mga sugo, dili na kita maila isip nga mga bilihon nga kalag nga nagdala sa imahe ug kaanggid sa Dios, apan hinoon mabutang sa pinakamagdamalon nga mga pagsilot sa Ubos nga Lubnganan.

5. Ang Pagsilot kang Poncio Pilato

Sa panahon sa kamatayon ni Hesus, si Poncio Pilato usa ka gobernador sa Roma sa rehiyon nga Judea, karon ang Palestine. Gikan sa adlaw nga siya unang mitunob sa Ubos nga Lubnganan, siya midawat sa ikatulo nga lebel sa pagsilot, kung asa naglambigit og paglatigo, unsa mang mga piho nga mga rason nganong gipaantos man si Poncio Pilato?

Pagbaliwala sa kahibalo sa pagkamatarung ni Hesus

Kay si Pilato mao ang gobernador sa Judea, ang iyang pagtugot gikinahanglan aron ilansang si Hesus. Isip nga usa ka viceroy nga Romano, si Pilato mao ang tigdumala sa tibuok nga rehiyon sa Judea, ug siya adunay daghang mga espiya sa nagkalain-lain nga mga lokasyon sa tibuok nga rehiyon nga nagtrabaho alang kaniya. Busa, si Pilato nakahibalo kaayo sa dili-maihap nga mga milagro nga gibuhat ni Hesus, ang Iyang mensahe sa gugma, ang Iyang pag-ayo sa may sakit, ang Iyang pagwali sa Dios, ug sama niini, sa pagwali ni Hesus sa Maayong Balita sa tibuok nga rehiyon kung asa Siya ug si Pilato gipuy-an. Dugang pa, gikan sa mga pag-asoy nga gisumiter sa iyang mga espiya, gihukman ni Pilato nga si Jesus usa ka maayo ug inosente nga tawo.

Dugang pa, kay si Pilato nakahibalo nga ang mga Hudeo desperado nga patyon si Hesus tungod sa panibubho, siya nagsulay sa tanang paninguha nga Siya ilibre. Apan, kay si Pilato kumbinsido sad nga ang dili pagpamati sa mga Hudeo magresulta sa usa ka mayor nga kagamo sa katilingban sa iyang probinsiya, sa ulahi iyang gihatag si Hesus aron ilansang sa paghangyo sa mga Hudeo. Kung ang usa ka kaguliyang ang mahinabo diha sa sulod sa iyang poder, ang mabug-at nga responsibilidad sigurado nga baharan ang kaugalingong kinabuhi ni Pilato.

Sa ulahi, ang talawan nga tanlag ni Pilato nagdeterminar sa iyang destinasyon human pagkamatay. Sama sa paagi nga ang mga kasundalohan sa Romano mibunal ni Hesus sa sugo ni Pilato sa wala pa ang Iyang paglansang, si Pilato, sad, gikondena sa sama nga pagsilot: walay katapusan nga pagbunal sa mga mensahero sa impiyerno.

Si Pilato gilatos kada panahon nga tawagon ang iyang pangalan

Mao kini kon giunsa paglatos ni Hesus. Ang latigo adunay mga piraso sa puthaw o bukog nga gibutang sa tumoy sa usa ka taas nga kuwero nga panagkos Sa kada hampas, ang latigo molikos sa lawas ni Hesus, ug ang mga bukog ug metal nga mga piraso sa tumoy motusok sa Iyang unod. Sa pag-ibot, ang unod matangtang gikan sa mga samad, kung hain ang latigo miigo, nga nagbilin og dagku ug halawom nga mga pahak.

Sama niini, sa kada tawag sa katawohan sa ilang pangalan niining kalibutan, ang mga mensahero sa impiyerno maglatigo ni Pilato sa Ubos nga Lubnganan. Atol sa matag pagsimba nga serbisyo, daghang mga Kristohanon ang maglawag sa Kredo sa mga Apostol. Sa kada lawag sa parte nga "miantos sa ilalom ni Poncio Pilato," siya latuson. Kung gatos kalibo nga katawohan ang molawag sa iyang pangalan og dungan sa samang panahon, ang kadaghanon kung asa sila latuson ug ang kabaskog sa kada paglatos mosaka og pag-ayo. Sa ubang panahon, ang ubang mga mensahero sa impiyerno magtipon palibot ni Pilato aron magbanos-banos og latigo kaniya.

Bisan pa nga ang lawas ni Pilato nagisi na ngadto sa mga piraso ug gitabonan na sa dugo, ang mga mensahero sa impiyerno

143

maglatos gihapon kaniya nga morag nagkomptensiya sila batok sa usa og usa. Ang paglatos maggisi sa unod ni Pilato, nga magpagula sa iyang mga bukog, ug mokukot sa iyang medullae.

Ang iyang dila permanente nga gitangtang

Samtang siya gi-tortyur, si Pilato padayon nga magsinggit, "Ayaw palihog og tawaga ang akong pangalan! Sa kada panahon nga kini tawagon, ako nag-antos ug nag-antos." Apan, walay tingog nga madungog gikan sa iyang baba. Ang iyang dila giputol, kay tungod sa samang dila iyang gisentensiyahan si Hesus nga ilansang. Kung ikaw gisakitan, kini makatabang nga magsinggit ug motig-ik. Para kang Pilato, bisan kining pagpilian dili makuha.

Adunay usa ka butang nga lahi kang Pilato. Sa ubang gikondena nga mga kalag sa Ubos nga Lubnganan, kung ang nagkalain-lain nga mga parte sa lawas ang makuskos, maputol, o masunog, katong mga parte sa lawas mahiuli sa ilang kaugalingon. Apan, ang dila ni Pilato permanente nga gitangtang isip nga usa ka simbolo sa pagpanunglo. Bisan pa nga si Pilato nagpakitluoy ug nagpakitluoy sa mga katawohan nga dili tawagon ang iyang pangalan, kini pagatawagon hangtud sa Adlaw sa Paghukom. Sa kadaghan nga tawagon ang iyang pangalan, mas bug-at ang iyang paga-antuson.

Gituyo ni Pilato nga magbuhat og sala

Sa katong gihatag ni Pilato si Hesus aron ilansang, mikuha siya og tubig og nanghunaw sa iyang mga kamot sa atubangan sa panon, ug unya miingon sa mga katawohan nga, *"Wala akoy sala sa dugo niining Tawhana; kamo na lay mag-igo niana"* (Mateo 27:24). Ingon sa tubag, ang mga Hudeo, karon mas desperado na gayud nga patyon si Hesus, mitubag ni Pilato nga, *"Ang iyang dugo ipapaningil lang gikan kanamo ug sa among kaanakan!"* (Mateo 27:25).

Unsa man ang nahinabo sa mga Hudeo humang malansang si Hesus? Sila gimasaker sa katong nasakpan ang siyudad sa Herusalem sa Heneral sa Romano nga si Titus kaniadtong 70 AD. Sukad adto, sila mikatag sa tibuok kalibutan ug gidaogdaog sa mga yuta nga dili ilaha. Atol sa Ikaduhang Giyera sa Kalibutan, sila pwersa nga gibalhin sa daghang kosentrasyon nga mga kampo sa Yuropa, kung asa sobra sa 6 milyones nga mga Hudeo ang gituok hangtuod mamatay sa mga gas nga chamber o brutal nga gimasaker. Atol sa unang lima ka mga dekada sa modern nga pagka-estado niini human ang independensiya kaniadtong 1948, ang estado sa Israel kanunay nga nangatubang og mga pamahog, kasilag, ug armado nga oposisyon gikan sa mga silingan niini sa Middle East.

Bisan pa nga ang mga Hudeo nakadawat og pagsilot sa ilang pagdemanda nga "Ang iyang dugo ipapaningil lang gikan kanamo ug sa among kaanakan!" kini wala nagpasabot nga ang pagsilot kang Pilato sa bisan unsang paagi gipakunhod. Tuyo nga mibuhat si Pilato og sala. Daghan siya og higayon nga dili magbuhat og sala, apan iyang gibuhat sa gihapon. Bisan pa nga ang iyang asawa, human nga gipaandam sa usa ka damgo, miawhag ni Pilato nga dili patyon si Hesus. Nga wala gitagad ang iyang kaugalingong tanlag ug ang tambag sa iyang asawa, bisan pa niana

145

gisentensiyahan ni Pilato si Hesus nga ilansang. Isip nga resulta, siya pwersado nga dawaton ang ikatulo nga lebel sa pagsilot sa Ubos nga Lubnganan.

Bisan pa karong adlaw, ang mga katawohan nagbuhat og mga krimen bisan pa nga nahibaloan kanila nga kini mga krimen. Kini ipakita ang mga sekreto sa pipila sa uban alang sa ilang kaugalingong mga benipisyo. Sa Ubos nga Lubnganan, ang ikatulo nga lebel sa pagsilot ipadapat ngadto sa katong naglaraw batok sa usa og usa, naghatag og dili-tinuod nga mga testimonya, pagdaot, nagporma og mga hugpong o gang aron magpatay o mag-tortyur, tinalawan nga paglihok, pagtraydor sa uban sa panahon sa peligro o kasakit, ug sama niini.

Ang Dios magpangutana sa kada buhat

Sama nga gibutang ni Pilato ang dugo ni Hesus sa mga kamot sa mga Hudeo pinaagi sa paghunaw sa iyang mga kamot, ang pipila ka katawohan nagbasol sa usa ka partikular nga sitwasyon o kondisyon sa ubang katawohan. Apan, ang responsibilidad sa mga sala sa katawohan nagsanday diha sa ilang kaugalingon. Ang kada indibiduwal adunay iyang kaugalingong kabubut-on, ug dili lang siya adunay kamatarung nga magbuhat og mga desisyon, apan siya usab manubag sa iyang mga desisyon. Ang kabubut-on nagtugot kanato nga magpili taliwala kung gusto ba kanato o dili nga motoo ni Hesus isip nga atong personal nga Maluluwas, kung ipabilin ba kanato o dili nga balaan ang Adlaw sa Ginoo, kung atoa bang ihalad o dili ang tibuok nga tithe sa Dios, ug sama niini. Nan, ang resulta sa atong pagpili ipadayag pinaagi sa bisan asa sa dumalayon nga kalipay sa langit o dumalayon nga pagsilot sa impiyerno.

Dugang pa, ang resulta sa bisan unsang desisyon nga imong gibuhat gayud imong kaugalingong pas-anon, busa dili ka makabasol sa bisan kang kinsa alang niini. Mao kana nganong dili ka makasulti sa mga butang sama sa "Mibiya ko sa Dios tungod sa panglutos sa akong mga ginikanan" o "dili kanako mapabilin nga balaan ang Adlaw sa Ginoo o maghatag og tibuok sa akong tithe tungod sa akong esposo." Kung ang usa adunay pagtoo, ang indibiduwal tinuod nga kahadlokan ang Dios ug pagabantayan ang tanan Kaniyang mga sugo.

Si Pilato, kung kinsa ang dila giputol tungod sa iyang tinalawan nga mga pulong, nahingawa ug naghinulsol samtang kanunay nga gilatos sa Ubos nga Lubnganan. Human sa kamatayon, nan, wala na'y ikaduha nga higayon alang kang Pilato.

Apan, ang katong buhi pa sa gihapon adunay higayon. Kinahanglan dili ka magpanagana nga kahadlokan ang Dios ug pagabantayan ang Iyang mga sugo. Ang Isaias 55:6-7 nag-ingon kanato nga, *"Pangitaa ninyo ang Ginoo samtang siya hikaplagan pa; sangpita ninyo siya samtang anaa pa siya sa duol. Pabiyai sa dautan ang iyang dalan, ug sa tawo nga dili matarung ang iyang mga hunahuna; ug pabalika siya sa GINOO, ug siya malooy kaniya, ug sa atong Dios, kay siya mopasaylo sa madagayaon gayud."* Kay ang Dios mao ang gugma, nagtugot Siya kanato nga mahibaloan kung unsa ang nahinabo sa impiyerno samtang kita buhi pa. Iya kining gibuhat aron makamata ang daghang katawohan gikan sa ilang espirituhanon nga pagkatulog, ug pabaskugon ug paisogon sila nga ipakatap ang maayong balita sa mas daghan pang katawohan aron nga sila, sab, mahimong mabuhi sa Iyang kaluoy ug kapuangod.

6. Ang Pagsilot kang Saul ang Unang Hari sa Israel

Ang Jeremias 29:11 nag-ingon kanato nga *"'Kay ako mahibalo sa mga hunahuna nga gihunahuna ko alang kaninyo,' nagaingon ang GINOO, 'mga hunahuna sa pakigdait, ug dili sa kadautan sa paghatag kaninyo ug paglaum sa inyong kaugmaon.'"* Ang pulong gihatag sa mga Hudeo sa katong mihiklin sila ngadto sa Babylon. Ang bersikulo nagpropesiya sa pagpasaylo sa Dios ug kaluoy nga igahatag ngadto sa Iyang katawohan, sa katong anaa sila sa paghiklin tungod sa ilang mga sala batok sa ilang Dios.

Alang sa sama nga rason, ang Dios nagdeklara sa mga mensahero sa impiyerno. Wala siya nagpanunglo sa dili tumuluo ug mga makakasala, apan lukaton ang tanang nagpas-an ug bug-at nga palas-anon isip nga mga ulipon sa kaaway nga si Satanas ug ang yawa, ug pugngan ang katawohan nga gimugna sa Iyang imahe sa pagkahagbong ngadto sa alaot nga dapit.

Busa, imbes nga kahadlokan ang miserable nga mga kondisyon sa impiyerno, ang tanan kanatong buhaton karon mao ang sabton ang dili-masukod nga gugma sa Dios ug, kung ikaw usa ka dili tumuluo, dawata si Hesukristo nga imong personal nga Manluluwas sukad karon ug hangtud. Kung ikaw wala nabuhi sumala sa pulong sa Dios nga nagkompisal sa imong pagtoo Kaniya, pagliso ug buhata ang Iyang gisulti kanimo.

Si Saul nagpabilin nga masupilon sa Dios

Sa katong si Saul misaka sa trono, iyang daku nga gipaubos ang iyang kaugalingon. Apan, sa madali siya nahimong arogante kaayo sa pagsugot sa pulong sa Dios. Siya nahagbong ngadto sa dautan nga mga buhat aron nga gitalikdan sa ulahi, giliso sa Dios ang Iyang nawong pahilayo kang Saul. Kung ikaw makasala batok sa Dios, kinahanglan kanimong usbon ang imong hunahuna ug walay pagpanagana nga maghinulsol. Dili kanimo sulayan nga magpasangil sa imong kaugalingon o taguan ang imong sala. Mao lang unya, nga ang Dios magadawat sa imong pag-ampo sa paghinulsol ug ablihan ang dalan sa pagpasaylo.

Sa katong nahibaloan ni Saul nga gidihogan sa Dios si David aron ilisan siya, ang hari giila ang iyang-manununod nga iyang panunglo ug gikaplagan nga patyon siya sa nahabilin kaniyang kinabuhi. Gipatay gani ni Saul ang mga saserdote sa Dios kay gitabangan si David (1 Samuel 22:18). Kining mga buhat sama sa pagkonpronta sa Dios, nawong sa nawong.

Niining paagi, ang Hari nga si Saul mipabilin nga masupilon ug gipadaghan ang iyang dautan nga mga buhat apan ang Dios wala nagguba ni Saul dayon. Bisan pa nga si Saul naggukod ni David ug determinado nga patyon siya sa taas nga panahon, gitugotan sa Dios nga padayon nga mabuhi si Saul.

Kini misilbi og duha ka mga katuyoan. Usa, ang Dios mituyo nga maghulma og daku nga sudlanan ug hari gikan kang David.

Ikaduha, gihatagan sa Dios si Saul ug igo nga oras ug mga higayon aron nga maghinulsol sa iyang mga sayop nga binuhatan.

Kung gipatay kita sa Dios inig kabuhat kanato ug sala nga igo ang kadakuon aron nga patyon, walay bisan kinsa kanato ang makaluwas. Ang Dios magapasaylo, magahulat, ug magahulat, apan kung ang usa dili magbalik Kaniya, ang Dios molingi sa pikas nga bahin. Apan, si Saul dili makasabot sa kasingkasing sa Dios ug gisundan ang mga paninguha sa unod. Sa ulahi, si Saul kritikal nga gisamaran sa mga magpapana ug gipatay ang iyang kaugalingon gamit ang iyang kaugalingong pinuti (1 Samuel 31:3-4).

Ang lawas ni Saul nagbitay sa kahanginan

Unsa man ang pagsilot alang sa arogante nga si Saul? Usa ka mahait nga bangkaw ang nagtusok sa iyang tiyan samtang siya nagbitay sa kahanginan. Ang sulab sa bangkaw gibutangan og daghang mga butang nga kaanggid sa mahait nga mga biriking ug mga ngilit sa usa ka pinuti.

Sakit kini kaayo nga ibitay sa kahanginan lang. Mas malisud kini nga ibitay sa kahanginan samtang ang usa ka bangkaw nagtusok lahos sa imong tiyan, ug ang imong kabug-at nagdugang pa sa kasakit. Ang bangkaw naggutay-gutay sa gitusok nga tiyan nga adunay mahait nga mga ngilit ug mga biriking. Sa pagkagisi sa panit, ang mga unod, mga bukog, ug mga tinai manggawas.

Kung, sa panahon nga, ang mga mensahero sa impiyerno moduol kang Saul ug lisuon ang bangkaw, ang tanang mahait nga mga ngilit ug mga biriking nga gitakod niini mogisi sad sa lawas.

Kining pagliso sa bangkaw magpabuto sa mga baga, kasingkasing, tiyan, ug mga tinai ni Saul.

Sa mubo nga panahon pagkahuman nga nag-antos si Saul niining laksot nga pag-tortyur ug ang iyang mga tinai gigutay-gutay ngadto sa mga piraso, ang tanan kaniyang mga kasudlan nga organo bug-os nga mahiuli. Sa dihang bug-os nga mahiuli, ang mensahero sa impiyerno moduol ni Saul ug usbon ang paagi. Sa iyang pag-antos, si Saul maghanumdom sa tanang panahon ug mga higayon sa paghinulsol nga iyang gilinguglingogan niining kinabuhi.

> Nganong misupil man ko sa kabubut-on sa Dios?
> Nganong nakig-away man ko batok Kaniya?
> Unta mihatag ko sa akong atensiyon sa
> pagbadlong sa Propeta nga si Samuel!
> Naghinulsol unta ko
> kaniadtong akong anak nga si Jonathan naghilak nga mipakitluoy kanako!
> Kung dili lang unta ko dautan kaayo kang David,
> ang akong pagsilot mahimong mas gaan...

Kini walay pulos kang Saul nga mahingawa o maghinulsol human kaniya og hagbong ngadto sa impiyerno. Dili kini maagwanta nga ibitay sa kahanginan nga adunay usa ka bangkaw nga nagtusok sa iyang tiyan, apan inig kaduol sa mensahero sa impiyerno ni Saul sa usa pa ka panaglibot sa pag-tortyur, si Saul magpuliki sa kahadlok. Ang kasakit nga gi-antos gikan sa walay dugay lang nga nahauna sa gihapon tinuod pa kaayo ug presko

151

pa kaniya, ug siya halos matuok sa hunahuna sa mga butang nga umaabot.

Si Saul mahimong magpakitluoy, "Palihog pabayai ko!" o "Palihog, undanga kining pag-tortyur!" apan kini walay pulos. Sa mas kadaghan nga mahadlok si Saul, mas nalipay ang mensahero sa impiyerno. Iyang lisuon ug lisuon ang bangkaw, ug ang panghingutas sa pagkagisi sa iyang lawas ibalik-balik sa kahangtorang alang kang Saul.

Ang pagka-arogante mao ang mag-una alang sa pagkaguba

Ang masunod nga kaso usa ka komon nga nahinabo sa bisan unsang iglesia karon. Usa ka bag-o nga tumuluo, sa una, modawat ug mapuno sa Espiritu Santo. Siya mahidlawon nga mag-alagad sa Dios ug sa Iyang mga alagad alang sa mubo nga panahon. Apan, ang tumuluo magsugod og supil sa kabubut-on sa Dios, sa Iyang iglesia, ug sa Iyang mga alagad. Kung kini mapun-an, magsugod siya og hukom ug magkondena sa uban sa pulong sa Dios nga iyang nadunggan. Daku sad ang kalagmitan nga siya mahimong arogante sa buhat.

Ang unang gugma nga iyang gibahin sa Ginoo anam-anam nga nawala sa panahon, ug ang iyang paglaom – sa kausa gibutang sa langit – sa karon anaa sa mga butang niining kalibutan – mga butang nga sa kausa iyang gibiyaan. Bisan pa sa iglesia, gusto karon kaniyang alagaran siya sa uban, nagkahakog sa kuwarta ug gahom, ug nagpatuyang sa paninguha sa unod.

Sa katong siya pobre pa, mahimo siyang mag-ampo nga, "Dios

ko, tagai ko sa pagkabulahan sa materyal nga kaadunahan!" Unsa man ang nahinabo inig kadawat kaniya sa kabulahan? Imbes nga gamiton ang kabulahan sa pagtabang sa mga pobre, sa mga misyonaryo, ug sa mga bulahaton sa Dios, iya karong gi-usik ang kabulahan sa Dios sa paggukod sa mga kalami niining kalibutan.

Alang niini, ang Espiritu Santo diha sa sulod sa tumuluo nagguol; ang iyang espiritu nangatubang og daghang mga pagsulay ug mga kalisud; ug ang pagsilot mahimong nagpadulong na. Kung padayon siya nga magpakasala, ang iyang tanlag mahimong maminhod. Mahimong dili na siya makasahi sa kabubut-on sa Dios gikan sa kahakog sa iyang kasingkasing, nga sa kanunay naggukod sa ulahi.

Usahay, mahimong mangabugho siya sa mga alagad sa Dios nga daku nga gidayeg ug gihigugma sa mga miyembro sa ilang iglesia. Mahimo sad kaniyang sayop nga pasanginlan sila ug hilabtan ang ilang mga ministro. Alang sa iyang kaugalingong benepisyo, magbuhat siya og mga hugpong sa sulod sa iglesia, busa magguba ang iglesia kung asa si Kristo nagpuyo.

Kining tawhana ang padayon nga magkonpronta sa Dios ug mahimong gamit sa kaaway nga si Satanas ug sa yawa, ug sa ulahi mag-anggid kang Saul.

Ang Dios nagbatok sa mapahitas-on apan naghatag og grasya ngadto sa mapaubsanon

Mabasa sa 1 Pedro 5:5 nga *"Maingon man usab kamong mga batan-on kinahanglan managpasakop kamo nga misinugtanon sa mga ansyano; ug kamong tanan, panagsul-*

ob kamog pagpaubos alang sa usa ug usa, kay Ang Dios magabatok sa mga mapahitas-on, apan sa mga mapaubsanon siya magahatag ug grasya." Ang mapahitas-on maghukom sa mensahe nga giwali gikan sa podium samtang ila kining madunggan. Ilang dawaton ang nagsugot sa ilang kaugalingong mga hunahuna, apan isalikway ang dili mosugot. Kadaghanan sa mga hunahuna sa tawo lahi gikan sa Iyaha sa Dios. Dili nimo masulti nga nagtoo ka ug nahigugma sa Dios kung imo lang dawaton ang mga butang nga nagtangkod sa imong mga hunahuna.

Nag-ingon kanato ang 1 Juan 2:15 nga, *"Ayaw ninyog higugmaa ang kalibutan, ni ang mga butang diha sa kalibutan. Kon may nagahigugma sa kalibutan, ang gugma alang sa Amahan wala diha kaniya."* Sama niini, kung ang gugma sa Amahan wala diha nianang indibiduwal, siya walay pakig-ambitay sa Dios. Mao kana nganong, kung maga-ingon ka nga adunay pakig-ambitay Kaniya apan sa gihapon naglakaw sa kangitngit, namakak ka ug wala nagkinabuhi subay sa kamatuoran (1 Juan 1:6).

Kinahanglan kang kanunay nga maampingon ug kanunay nga eksaminon ang imong kaugalingon aron makita kung ikaw mahimo nga arogante, tingali gusto kanimong alagaran imbes nga mag-alagad sa uban, ug tingali ang gugma alang niining kalibutan mikamang diha sa imong kasingkasing.

7. Ang Ikaupat nga Lebel sa Pagsilot kang Hudas Isacariote

Atong nakita nga ang una, ikaduha, ug ikatulo nga mga lebel sa mga pagsilot sa Ubos nga Lubnganan miserable kaayo ug madagmalon lapas sa imahinasyon. Ato sad na-eksamin ang daghang mga rason nga kining mga kalag nagdawat sa ingon nga madagmalon nga mga pagsilot.

Gikan niining punto, atong utingkayon ang pinakamakahaladlok nga mga pagsilot sa tanan sa Ubos nga Lubnganan. Unsa man ang pipila ka mga pananglit sa ikaupat nga lebel sa mga pagsilot ug unsang klase sa kadautan ang gibuhat niining mga kalag aron takos nga makuha kini kanila?

Pagbuhat sa dili mapasaylo nga sala

Ang Biblia nag-ingon kanato nga sa pipila ka mga sala mahimo ka nga mapasaylo pinaagi sa paghinulsol, samtang adunay ubang mga klase sa mga sala nga ikaw dili mahimong mapasaylo, ang klase sa mga sala nga magadala kanimo sa kamatayon (Mateo 12:31-32; Sa Mga Hebreohanon 6:4-6; 1 Juan 5:16). Ang mga katawohan nga nagpasipala sa Espiritu Santo, tuyo nga nagbuhat og sala samtang nakahibalo sa kamatuoran, ug ang kapareho niini nag-aplikar niining kategorya sa mga sala, ug sila mahagbong ngadto sa pinakahalawom nga parte sa Ubos nga Lubnganan.

Panaglitan, kanunay kanatong makita ang katawohan nga naayo sa ilang sakit o naresolba ang ilang mga problema pinaagi sa grasya sa Dios. Una, sila masiboton aron magtrabaho alang sa

Dios ug sa Iyang iglesia. Apan, sa kada panahon makita nato sila nga natental sa kalibutan, ug sa ulahi magtalikod sa Dios.

Sila nagpatuyang sa kalami niining kalibutan og usab, sa kining panahona, sila magbuhat og mas sobra pa kaysa una. Ilang ibutang ang mga iglesia sa kaulaw ug insultohan ang ubang mga Kristohanon ug mga alagad sa Dios. Sa makadaghan, ang katong nagkompisal sa publiko sa ilang pagtoo sa Dios mao ang unang maghukom ug magpangalan sa mga iglesia o mga pastor isip nga "mga irihis" base sa ilang kaugalingong mga perspektibo ug pagrason. Kung ilang makita ang usa ka iglesia nga gipuno sa gahom sa Espiritu Santo ug ang mga milagro sa Dios nagtrabaho pinaagi sa Iyang mga alagad, kay tungod dili lang sila makasabot, sila sayon ra maghukom sa tibuok nga kongregasyon isip nga "mga irihis" o maghunahuna nga ang mga buhat sa Espiritu Santo iyaha ni Satanas.

Miluib sila sa Dios ug dili makadawat sa espiritu sa paghinulsol. Sa ubang mga pulong, ang ingon niining mga katawohan dili mahimo nga maghinulsol sa ilang mga sala. Busa, human pagkamatay, kining "Mga Kristohanon" magadawat og mas bug-at nga mga pagsilot kaysa katong wala mitoo ni Hesukristo isip nga ilang personal nga Manluluwas ug ngadto nagpadulong sa Ubos nga Lubnganan.

Ang 2 Pedro 2:20-21 nag-ingon kanato nga *"Kay kon tapus sila makaikyas gikan sa mga kahugawan sa kalibutan pinaagi sa ilang kahibalo sa atong Ginoo ug Manluluwas nga si Hesukristo, kon tapus niini sila magapusgapos pag-usab diha kanila ug pagabuntugon, ang ulahing kahimtang nila labi pa unyang mangil-ad kay sa nahauna. Kay alang kanila maayo pa lamang unta hinoon nga wala sila mahibalo sa dalan sa* pagkamatarung kay sa motalikod sila tapus mahibalo niini, motalikod gikan sa balaang sugo nga gitugyan kanila." Kining mga katawohan misupil sa pulong sa Dios ug mihagit Kaniya bisan pa nga nakahibalo sila sa pulong ug alang niini, sila magadawat og mga pagsilot nga mas daku ug mas bug-at kaysa katong mga wala mitoo.

Mga katawohan kung kinsa ang ilang mga tanlag gipatikan

Ang mga kalag nga nagdawat sa ikaupat nga lebel sa mga pagsilot wala lang mibuhat og dili mapasaylo nga mga sala, apan gipapatikan sad ang ilang mga tanlag. Pipila niining mga katawohan bug-os nga nahimong mga ulipin sa kaaway nga si Satanas ug sa yawa, nga nagkonpronta sa Dios ug mangtas nga mibatok sa Espiritu Santo. Kini sama lang nga ilang personal nga gilansang si Hesus sa krus.

Si Hesus nga atong Manluluwas ang gilansang aron mapasaylo ang atong mga sala ug luwason ang tawo gikan sa panunglo sa kamatayong dayon. Ang iyang bilihon nga dugo mao ang milukat sa katong tanan nga mitoo Kaniya, apan ang panunglo sa mga katawohan nga nagdawat sa ikaupat nga lebel sa mga pagsilot nagpahimo kanila nga dili takos aron madawat ang kaluwasan bisan pa sa dugo ni Hesukristo. Busa, sila maghinapos nga pagalansangon sa ilang kaugalingong mga krus ug dawaton ang ilang kaugalingong mga pagsilot sa Ubos nga Lubnganan.

Si Hudas Iscariote, ang usa sa mga Dose ka mga Disipolo ni Hesus ug tingali mao ang pinakanailhan nga traydor sa kasaysayan sa katawohan, usa ka primero nga pananglit. Sa iyang kaugalingong mga mata, nakita ni Hudas ang Anak sa Dios sa unod. Nahimo siya nga usa sa mga disipolo ni Hesus, gitun-an ang pulong, ug nasaksihan ang milagroso nga mga buhat ug mga senyales. Apan, wala gayud nalabay ni Hudas ang iyang kahakog ug nagpakasala sa ulahi. Sa katapusan, si Hudas gigalgal ni Satanas ug gibaligya ang iyang manunudlo alang sa 30 ka mga piraso nga mga pilak.

Bisan unsa kadaku sa gusto ni Hudas Iscariote nga maghinulsol

Kinsa man sa imong hunahuna ang mas nakasala: Si Poncio Pilato nga misentensiya ni Hesus nga ilansang, o si Hudas Isacariote kung kinsa nibaligya ni Hesus ngadto sa mga Hudeo? Ang pagtubag ni Hesus sa usa sa mga pangutana ni Pilato naghatag kanato sa klaro nga tubag:

> *Wala unta ikaw ug kagahum batok Kanako kon wala ka pa hatagi niini gikan sa kahitas-an; busa labaw pa kadakug sala ang nagtugyan Kanako nganhi kanimo* (Juan 19:11).

Ang sala nga gibuhat ni Hudas tinuod nga mas daku, usa ka dili mapasaylo ug wala gihatagan og espiritu sa paghinulsol. Sa katong nahimatngonan ni Hudas ang kadaku sa iyang sala, siya gimahay ug giuli ang kuwarta, apan siya wala gayud gihatagan og espiritu sa paghinulsol.

Sa ulahi, kay dili na makahimo nga mabuntog ang kabug-at sa

iyang sala, sa kaguol si Hudas Iscariote naghikog. Ang Mga Buhat 1:18 nag-ingon kanato nga si Hudas *"Ug kini siya nakapanagiyag usa ka luna nga yuta gumikan sa gisuhol kaniya sa iyang pagkadili matarung, ug sa pagkahulog niya nga nag-una ang ulo, mibuto ang iyang tiyan ug nahurot pagkayagyag ang iyang tinai."*

Si Hudas nagbitay sa usa ka krus

Unsang klase sa pagsilot ang gidawat ni Hudas sa Ubos nga Lubnganan? Sa pinakahalawom nga parte sa Ubos nga Lubnganan, si Hudas gibitay sa usa ka krus sa atubangan. Si Hudas ug ang iyang krus anaa sa atubangan, ang mga krus sa katong mapig-ot nga mikonpronta sa Dios ang naglinya. Ang eksena nag-anggid sa usa ka masa nga lubnganan o menteryo human ang todo-todo nga giyera o usa ka ihawan nga gipuno sa patay nga mga kahayopan.

Ang paglansang usa ka pinakamadagmalon nga mga pagsilot bisan pa niining kalibutan. Ang paggamit sa paglansang nagsilbi isip nga usa ka pananglit ug isip nga usa ka abiso sa tanang mga kriminal ug manug-kriminal sa ilang posible nga kaugmaon. Ang bisan kinsa nga nagbitay sa usa ka krus, kung hain usa ka panghingutas nga mas daku kaysa kamatayon mismo, alang sa pila ka oras – kung hain ang mga parte sa lawas naggisi ngadto sa piraso, ang mga insekto mokitkit sa lawas, ug ang tanang dugo manggawas sa iyang lawas – matinguhaon nga nagpangandoy nga iyang kuhaon ang ulahi nga ginhawa sa pinakamadali nga panahon nga posible.

Niining kalibutan, ang kasakit sa paglansang molungtad sa pinakaduguy sa tunga sa adlaw. Apan, sa Ubos nga Lubnganan walay katapusan sa pag-tortyur ug gayud walay kamatayon, ang trahedya sa pagsilot pinaagi sa paglansang magpadayon hangtud sa Adlaw sa Paghukom.

Dugang pa, si Hudas nagsul-ob og usa ka korona nga gibuhat sa mga tunok, kung asa padayon nga nagtubo ug naggisi sa iyang panit, nagtusok sa bagulbagol, ug nagkupot sa iyang utok. Dugang pa, sa ilalom sa iyang tiil adunay makita nga morag naggimok-gimok nga mga mananap. Ang mas haduol nga pagtan-aw nagpadayag kanila isip nga ubang mga kalag nga nahagbong ngadto sa Ubos nga Lubnganan, ug bisan pa ang mga kini nagpaantos kang Hudas. Niining kalibutan, sila sad mikonpronta sa Dios ug nagpadaghan sa dautan, kay ang ilang tanlag gipatikan. Sila, sad, nagdawat og dahol nga mga pagsilot ug mga pag-tortyur, ug ang mas mapig-ot nga pag-tortyur ang ilang madawat, mas nagkabayolente sila. Sa pagtimalos, isip nga pagpagula sa ilang kasuko ug panghingutas, ilang padayon nga dunggabon si Hudas gamit ang mga bangkaw.

Unya, ang mga mensaheo sa impiyerno magbugalbugal ni Hudas, "Kini mao ang mibaligya sa Mesiyas! Iyang gibuhat ang mga butang nga maayo alang kanamo! Maayo alang kaniya! Unsa ka kataw-anan!"

Daku nga pag-paantos sa hunahuna tungod sa pagbaligya sa Anak sa Dios

Sa Ubos nga Lubnganan, si Hudas Iscariote mag-agwanta dili

lang sa pisikal nga pag-tortyur, apan usab ang dili-maagwanta nga kadaghanon sa pagpa-antos sa hunahuna. Kanunay kaniyang mahinumduman nga siya gipanunglo tungod sa pagbaligya sa Anak sa Dios. Dugang pa, kay tungod ang pangalan nga "Hudas Iscariote" nahimong kapareho sa pagbudhi bisan pa niining kalibutan, ang iyang pag-antos sa hunahuna nan magkadaku.

Si Hesus nakahibalo na og una nga si Hudas magabudhi Kaniya ug unsa ang mahinabo ni Hudas human pagkamatay. Mao kana nganong gisulayan ni Hesus nga daugon si Hudas og balik pinaagi sa pulong, apan kahibalo sad siya nga si Hudas dili madaug og balik. Busa, sa Marcos 14:21, atong makita nga si Hesus nagkasubo, *"Kay ang Anak sa Tawo mopahawa sumala sa nahisulat mahitungod Kaniya; apan alaut gayud kadtong tawhana nga mao ang magabudhi sa Anak sa Tawo! Maayo pa lang unta hinoon alang niadtong tawhana kon wala siya matawo."*

Sa ubang mga pulong, kung ang usa ka indibiduwal magadawat sa unang lebel sa pagsilot, kung hain mao ang pinakagaan nga pagsilot, mas maayo pa unta kaniya nga dili matawo gayud kay ang kasakit daku kaayo ug hilabilan. Unsa man mahitungod kang Hudas? Siya magadawat sa pinakabug-at nga mga pagsilot!

Aron dili mahagbong ngadto sa impiyerno

Kinsa man, unya, ang nahadlok sa Dios ug nagbantay sa Iyang mga sugo? Kini mao ang usa nga kanunay nga nagpabilin nga balaan ang Adlaw sa Ginoo ug naghatag sa tibuok nga tithe sa Dios – ang duha ka pundamental nga mga elemento sa kinabuhi kang Kristo.

Ang pagpabilin sa Adlaw sa Ginoo nga balaan nagsimbolo sa kagahom sa Dios sa espirituhanon nga kalibutan. Ang pagpabilin sa Adlaw sa Ginoo nga balaan nagsilbi isip nga usa ka timaan nga nag-ila og nagsahi kanimo isip nga usa sa mga anak sa Dios. Kung wala kanimo gipabalin nga balaan ang Adlaw sa Dios, nan, bisan unsa kadaghan kanimong ikompisal sa imong pagtoo sa Amahang Dios, walay espirituhanon nga beripikasyon nga ikaw usa sa mga anak sa Dios. Sa ingon nianang kasoha, walay lain kang pilian apan mopadulong sa impiyerno.

Ang paghatag sa tibuok nga tithe sa Dios nagpasabot nga ikaw miila sa kagahom sa Dios labaw sa propiedad. Kini nagpasabot sad nga ikaw nakaila ug nakasabot sa bugtong nga panag-iya sa Dios sa tibuok uniberso. Sumala sa Malaquias 3:9, ang mga Israelihon gipanunglo human "pangpangawat sa Dios]." Iyang gimugna ang tibuok nga uniberso ug gihatagan ka og kinabuhi. Naghatag siya kanato sa sinag sa adlaw ug ang uwan aron mabuhi, ang kabaskog aron makatrabaho, ug ang panalipod aron mabantanyan ang trabaho sa usa ka adlaw. Ang Dios nagpanag-iya sa tanan nga anaa kanimo. Busa, bisan pa nga ang tanan kanatong kinitaan iyaha sa Dios, Iya kitang gitugotan nga ihatag Kaniya ang ikanapulo lang sa bisan unsang atong nakab-ot, ug gamiton ang nahabilin sa atong pagbuot. Ang GINOO sa mga panon nag-ingon sa Malaquias 3:10 nga, *"Dad-a ninyo ang tibuok nga ikapulo ngadto sa balay nga tipiganan, aron nga adunay kalan-on diha sa Akong balay, ug pinaagi niini sulayi ninyo Ako karon, nagaingon ang Dios sa mga panon, kong dili ba buksan ko kaninyo ang mga tamboanan sa langit, ug buboan ko kamo sa panalangin, sa pagkaagi nga wala na unyay dapit nga igong kabutangan sa pagdawat niini."* Basta ikaw magpabilin nga matinuohon Kaniya mahitungod sa ikanapulo, nga gipromisa sa Dios, pagabuksan ang mga tamboanan sa langit ug ibubo ang daghan kaayong panalangin nga wala na kita unyay igo nga kabutangan alang niini. Apan, kung dili kanimo ihatag ang ikanapulo sa Dios, kini nagpasabot nga wala ikaw nagtoo sa Iyang promisa nga panalangin, nagkulang sa pagtoo aron maluwas, ug kay tungod imong gikawatan ang Dios, wala kay laing adtoan kondili ang impiyerno.

Busa, kinahanglan kanatong kanunay nga ipabilin nga balaan ang Adlaw sa Ginoo, ihatag ang tibuok nga ikanapulo ngadto sa Usa nga nagpanag-iya sa tanang butang, ug pagabantayan ang tanan Kaniyang mga sugo nga gibutang sa tanang saysienta-y-sais nga libro sa Biblia. Nag-ampo ko nga walay mambabasa niining libro ang mahagbong ngadto sa impiyerno.

Niining kapitulo, atong gi-utingkay ang nagkalainlain nga mga klase sa mga pagsilot – nga gibahin-bahin og daku ngadto sa upat ka mga lebel – nga gipadapat ngadto sa gikondenda nga mga kalag sa Ubos nga Lubnganan. Unsa ka madagmalon, makahaladlok, miserable nga dapit kini?

Ang 2 Pedro 2:9-10 nag-ingon kanato nga *"Nan, ang Ginoo mahibalo sa pagluwas sa mga tawong diosnon gikan sa mga pagtintal, ug sa pagbantay nga ang mga dili matarung magapabilin ubos sa silot hangtud sa adlaw sa paghukom, ug labi na gayud sila nga nagapahiuyon sa makapahugawng*

163

pangibog sa unod ug dili motagad sa langitnong kagamhanan."

Ang mga dautan nga tawo nga nagbuhat og mga sala ug nagbuhat og dautan, ug naghilabot o nagbalda sa mga buluhaton sa iglesia, wala mahadlok sa Dios. Ang ingon niining mga katawohan nga buyagyag nga nagkonpronta sa Dios dili o kinahanglan dili mangita o modahom nga makadawat sa tabang sa Dios sa panahon sa kalisud ug mga pagsulay. Hangtud ipatuman ang Paghukom sa Dakung Trono nga Maputi, sila ibalhog sa kailadman sa Ubos nga Lubnganan ug modawat og mga pagsilot sumala sa mga klase ug mga kadakuon sa ilang dautan nga mga binuhatan.

Ang katong nagdala og maayo, matarung, ug mahinalaron nga kinabuhi kanunay nga nagmasinugtanon sa Dios sa pagtoo. Busa, bisan pa nga ang kadaut sa tawo magpuno sa yuta ug kinahanglan sa Dios magbukas sa tanang tamboanan sa kalangitan, atong nakita nga si Noe lang ug ang iyang pamilya ang naluwas (Genesis 6-8).

Ang paagi nga gikahadlokan ni Noe ang Dios ug mipasugot sa Iyang mga sugo ug busa gilikayan ang paghukom ug nakab-ot ang kaluwasan, kita, sad, kinahanglang magmasinugtanon nga mga anak sa Dios sa tanang butang nga atong buhaton aron nga kita mahimong tinuod nga mga anak sa Dios ug tumanon ang Iyang probidensiya.

Kapitulo 6

Mga Pagsilot alang sa Pagpasipala sa Espiritu Santo

1. Pag-antos sa usa ka Kulon nga Nagbukal nga Likido
2. Pagsaka sa usa ka Nagtindog nga Pangpang
3. Gipagtong ang Baba gamit ang usa ka Gipainit nga Puthaw
4. Pagkadaku Kaayo nga Pang-tortyur nga mga Makina
5. Gihigot ngadto sa Punoan sa usa ka Kahoy

*"Ug ang matag-usa nga magasultig
batok sa Anak sa Tawo, siya mapasaylo;
apan ang magapasipalag sulti batok
sa Espiritu Santo, siya dili gayud pasayloon."*
- Lucas 12:10 -

*"Kay bahin niadtong mga tawo nga sa makausa nalamdagan
na unta, nga nakatilaw na sa langitnong gasa, ug nakaambit na
sa Espiritu Santo, ug nakatagamtam na sa pagkamaayo sa pulong
sa Dios ug sa mga gahum sa kapanahonan nga umalabut,
ug unya managpanibug sila, dili na gayud mahimo
ang pagpabalik pa kanila sa paghinulsol, sanglit gituyoan man nila
ang paglansang pag-usab sa Anak sa Dios
ug pagpakaulaw Kaniya sa dayag."*
- Sa Mga Hebreohanon 6:4-6 -

Mga Pagsilot alang sa Pagpasipala sa Espiritu Santo

Sa Mateo 12:31-32, nag-ingon kanato si Hesus nga, *"Busa, sultihan ko kamo, nga ang mga tawo pagapasayloon sa ilang tanang pagpakasala ug pagpasipala, apan ang pasipala batok sa Espiritu dili gayud pasayloon. Ug bisan kinsa nga magasultig batok sa Anak sa Tawo, siya mapasaylo; apan bisan kinsa nga magasultig batok sa Espiritu Santo dili gayud siya pasayloon, bisan niining panahona karon o niadtong kapanahonan nga palaabuton."* Gisulti kini ni Hesus nga mga pulong ngadto sa mga Hudeo, nga misudya Kaniya sa pagwali sa Maayong Balita ug pagbuhat sa mga buluhaton sa langitnon nga gahom, nga naglalis nga Siya anaa sa ilalom sa panlitok sa dautan nga espiritu o nga Siya nagbuhat sa mga milagro pinaagi sa gahom sa kaaway nga si Satanas ug sa yawa.

Bisan karon, daghang mga tawo nga nagkompisal sa ilang pagtoo kang Kristo ang nagkondena sa mga iglesia nga gipuno sa makakagahom nga mga buluhaton ug kahibulongan sa Espiritu Santo, ug giila kanila sila nga "mga irihiya" o "ang buhat sa yawa" kay tungod dili kini kanila masabtan o madawat. Apan, unsaon man unya pagdaku sa gingharian sa Dios ug sa Maayong Balita sa pagkatap palibot sa kalibutan nga walay gahom ug awtoridad nga naggikan sa Dios, kung hain masulti nga, mga buluhaton sa Espiritu Santo?

Ang pagbatok sa mga buluhaton sa Espiritu Santo walay kalahian gikan sa pagbatok sa Dios mismo sa Iyang kaugalingon. Ang Dios, unya, dili moila sa katong nagbatok sa buluhaton sa Espiritu Santo isip nga Iyang mga anak, bisan unsa kanila kahunahuna nga sila mga "Kristohanon."

Busa, ibutang sa imong hunahuna nga bisan pagkahuman og pagkakita ug pagkasinati sa pagpuyo sa Dios kauban sa Iyang mga alagad ug kahibulongan ug milagroso nga mga timaan ug mga hinabo nga nabuhat, kung ang usa sa gihapon magkondena sa mga alagad sa Dios ug Iyang iglesia isip nga "irihis," siya mapigot nga mibabag ug mipasipala sa Espiritu Santo ug ang dapit nga giserba lang alang kaniya mao ang kailadman sa impiyerno.

Kung ang usa ka iglesia, usa ka pastor, o bisan kinsang ubang mga alagad sa Dios tinuod nga nakaila sa Tulo ka Persona nga Dios, nagtoo sa Biblia nga mao ang pulong sa Dios ug itudlo sad kini, nakahibalo sa kinabuhi nga umalabot bisan asa sa langit o impiyerno ug sa Paghukom, ug nagtoo nga ang Dios adunay kagahom sa ibabaw sa tanang butang ug si Hesus ang atong Manluluwas ug itudlo ang mga kini usab, walay maghimo o magkondena ug patikan ang iglesia, ang pastor, ug ang mga alagad sa Dios nga "mga irihis."

Akong gitukod ang Manmin Church kaniadtong 1982 ug midala og dili-maihap nga mga kalag ngadto sa dalan sa kaluwasan pinaagi sa mga buluhaton sa Espiritu Santo. Sa kahibulongan, apil sa mga katawohan kung kinsa sa ilang mga kaugalingon nakasinati sa buluhaton sa buhi nga Dios mao ang katong aktuwal nga mikonpronta sa Dios pinaagi sa aktibo nga pagbabag sa mga katuyuoan ug mga buluhaton sa kongregasyon, ug nagpakatap og mga hungihong ug mga pamakak mahitungod kanako ug sa iglesia.

Samtang nagpatin-aw sa kaalot ug panghingutas sa impiyerno sa kailadman, ang Dios usab mipadayag kanako mahitungod sa mga pagsilot nga naghulat sa Ubos nga Lubnganan sa katong nagbabag, mosupil, nagpasipala sa Espiritu Santo. Unsa man ang mga klase sa mga pagsilot ang ilang pagadawaton?

1. Pag-antos sa usa ka Kulon nga Nagbukal nga Likido

Ako naghinulsol ug nagpanunglo sa mga panaad sa kasal nga akong gibuhat sa akong bana.
Nganong anaa man ko niining alaot nga dapit?
Iya kong gibuang ug tungod kaniya, anaa ko nganhi!

Kini usa ka pag-agulo sa usa ka asawa nga nagdawat sa ikaupat nga lebel sa pagsilot sa Ubos nga Lubnganan. Ang rason sa iyang panghingutas nga pag-agulo nag-alingawngaw sa tibuok nga kangingit ug maabo nga wanang kay tungod ang iyang bana nagbuang kaniya aron nga konprontahon ang Dios kauban kaniya.

Ang asawa dautan apan ang iyang kasingkasing adunay, sa usa ka tino nga kadakuon, kahadlok sa Dios. Busa, ang babaye dili mahimong mobabag sa Espiritu Santo ug nag-ergo sa Dios sa iyang kaugalingon. Apan, sa paggukod sa iyang mga paninguha sa unod, ang iyang tanlag gipares diha sa dautan nga tanlag sa iyang bana, ug ang mag-asawa daku nga mibatok sa Dios ug sa Iyang mga buluhaton.

Ang mag-asawa nga kuyog nga nagbuhat og dautan karon gisilotan isip nga mag-asawa bisan pa sa Ubos nga Lubnganan, ug magaantos alang sa tanang kanilang dautan nga mga binuhatan. Unsa man, unya, ang naglambigit sa ilang mga pagsilot sa Ubos nga Lubnganan?

Usa ka mag-asawa nga gipaantos og tagsa-tagsa

Ang kaldero gipuno sa ngil-ad nga lan-og ug ang gikondena nga mga kalag gituslob sa nagpiskay nga nagbukal nga likido, og tagsa-tagsa. Kung ang usa ka mensahero sa impiyerno magbutang sa kada kalag ngadto sa kaldero, ang temperatura sa likido mopaslot sa tibuok nga lawas – karon mag-anggid sa likod sa usa ka baki – ug ang mga kalimutaw manggawas.

Sa kada panahon nga desperado sila nga magsulay nga likayan kining pagpa-antos ug ipagawas ang ilang mga ulo sa kaldero, dagku nga mga tiil ang moyatak ug isaop ang ilang mga ulo. Natanom og daghan sa mga suwelas niining dagku nga mga tiil sa mga mensahero sa impiyerno mao ang magagmay nga mga puthaw o tumbaga nga mga tuhog. Inig kayatak niining mga tiil, ang mga kalag mapwersa nga mobalik ngadto sa kaldero nga adunay mga dagku nga pahak og mga bun-og.

Pagkataod-taod, ipagawas og usab sa mga kalag ang ilang mga ulo kay dili kanila ma-agwanta ang makapaso nga sensasyon. Diha dayon, sumala sa gibuhat og kadaghan nga beses sa una, sila yatakan ug itukmod og balik ngadto sa kaldero. Dugang pa, tungod kay ang mga kalag magpuli-puli sa pagdawat niining pag-antos, kung ang bana anaa sa sulod sa kaldero, ang asawa kinahanglan nga magtan-aw sa iyang kasakit, ug sa puli ang bana napod.

Kining kaldero sihag aron nga ang sulod sa kaldero makita sa gawas. Sa una, kung ang bana o asawa makakita sa iyang hinigugma nga gipaantos sa ingon niining alaot nga paagi, gikan sa parehas nga pagpalanggga ang usa og usa maghilak alang sa kaluoy para sa usa:

Ang akong asawa anaa diha!
Palihog kuhaa siya!
Palihog paguwaa siya gikan sa kalisud.
Ayaw, ayaw, siyag yataki.
Palihog kuhaa siya, palihog!

Human ang pipila ka panahon, nan, ang pamarayeg sa bana moundang. Human og pagsilot sa makapila ka beses, iyang nahimatngonan nga samtang ang iyang asawa nag-antos, siya nakapahulay, og inig gawas kaniya sa kaldero, iya na kining turno aron mosulod niini.

Naghinulsol ug nagpanunglo sa usa og usa

Ang kasado nga mga magti-ayon niining kalibutan dili mahimong magti-ayon sa langit. Apan, kining magti-ayon magpabilin isip nga usa ka magti-ayon sa Ubos nga Lubnganan, ug magadawat og mga pagsilot og dungan. Busa, kay tungod sila nakahibalo nga sila magpuli-puli sa pagdawat sa ilang mga pagsilot, ang ilang pamarayeg karon nagdala og mapwersahon nga lahi nga mga tono.

Impiyerno

Ayaw, ayaw, palihog ayaw siya og kuhaa.
Ipabilin siya diha og mas dugay pa.
Palihog ibilin siya diha
aron nga ako makapahulay og mas labi.

Ang asawa gustong mag-antos og sige-sige ang iyang bana, ug ang bana sad magpakitluoy nga ang iyang asawa ipabilin sa kaldero sa pinakadugay nga posible. Apan, ang pagtan-aw sa usa nga nag-antos dili makahatag sa usa og panahon nga makapahulay. Ang madali nga pagpahulay dili makapakuha sa kahangtoran nga panghingutas, hilabi na kay ang bana nakahibalo nga human sa iyang asawa, iya na kining turno. Dugang pa, kung ang usa nag-antos ug nakita ug nadunggan ang usa nga nagpakitluoy alang sa mas taas nga pagsilot, ang duha magpanunglo sa usa og usa.

Nganhi, atong klaro nga maamgohan ang resulta sa unudnon nga gugma. Ang reyalidad sa unudnon nga gugma – ug ang reyalidad sa impiyerno – mao nga kung ang usa mag-antos gikan sa dili-maagwanta nga kadaghanon ug kadakuon sa pagpaantos, siya madali magpangandoy alang sa usa nga paantuson, alang sa iyang benepisyo.

Sa pagbasol sa asawa nga iyang gikonpronta ang Dios "tungod sa iyang bana," iyang matinguhaon nga ingnon ang iyang bana nga, "Tungod kanimo anaa ko nganhi!" Sa pagtubag, ug sa mas lanog-lanog nga tingog, ang bana magpanunglo ug magbasol sa iyang asawa nga gisuportahan ug misalmot sa iyang dautan nga mga binuhatan.

Sa mas dautan nga gibuhat sa magti-ayon...

Ang mga mensahero sa impiyerno sa Ubos nga Lubnganan malipayon ug masadya kaayo niining bana ug asawa nga nagpanunglo sa usa og usa, ug nagpamarayeg ngadto sa mga mensahero nga ang ilang esposo silotan og mas madugay ug mas mapig-ot.

Tan-awa, ilang mas gipanunglo ang usa og usa bisan pa nganhi! Ang ilang kadaut nagpahalipay kaayo kanamo!

Sama kini nga mora silag nagtan-aw og interesante nga pelikula, ang mga mensahero sa impiyerno magtan-aw og pagayo ug sa kada panahon ilang dangilagan og dugang ang kalayo aron nga pahalipayon og samot ang ilang mga kaugalingon. Sa mas kadaghan nga mag-antos ang bana og asawa, mas kadaghan nilang ipanunglo ang usa og usa ug natural, ang mga katawa sa mga mensahero magkadu.

Atong kinahanglang klaro nga masabtan ang usa ka punto nganhi. Kung ang mga katawohan magbuhat og dautan bisan pa niining kinabuhi, ang mga dautan nga espiritu masadya ug malipayon. Sama niini, sa mas kadaghan nga magbuhat og dautan ang katawohan, mas nagkalayo sila gikan sa Dios.

Kung ikaw mangatubang og mga kalisud ug nagkompromiso ka sa kalibutan, nagkaguol, nagreklamo, ug migubot sa piho nga mga indibiduwal o mga sirkumstansya, ang kaaway nga yawa miadto kanimo nga nagdagan, ug malipayon nga padaghanon ang imong kalisud ug mga pagsulay.

Ang mga maalamon nga mga tawo nga nakahibalo sa kasugoan sa espirituhanon nga kalibutan dili gayud magkaguol o magreklamo, apan hinoon maghatag og pasalamat sa ilalom sa tanang mga sirkumstanya ug sa positibo nga pamatasan kanunay nga magkompisal sa ilang pagtoo sa Dios, aron nga ilang maseguro ang pokus sa ilang mga kasingkasing kanunay nga anaa Kaniya. Dugang pa, kung ang usa ka dautan kaayo nga tawo ang magpasakit kanimo, sumala sa giingon sa Mga Taga-Roma 12:21 nga *"Ayaw pagpadaug sa dautan, hinonoa dag-a ang dautan pinaagi sa maayo,"* kinahanglan kanimong atubangan ang dautan sa kamaayo lang ug ihatag ang imong tanan ngadto sa Dios.

Sama niini, kung imong sundon ang kung unsang maayo ug maglakaw sa kahayag, imong maangkon ang gahom ug awtoridad aron mabuntog ang impluwensiya sa dautan nga mga espiritu. Unya, ang kaaway nga yawa dili makasukot kanimo nga mahimong dautan ug ang tanan kanimong mga kalisud mas madali nga mobiya. Ang Dios nahimuot kung ang Iyang mga anak maglihok ug mabuhi sumala sa ilang maayong pagtoo.

Dili sa ilalom sa unsang mga sirkumstansiya nga ikaw magpagula og dautan gikan sa sulod sama sa paagi nga gusto sa atong kaaway nga si Satanas ug sa yawa, apan kanunay nga maghunahuna sa kamatuoran ug magbinatasan sa pagtoo sa paagi nga makapahimuot sa atong Amahan nga Dios.

2. Pagsaka sa usa ka Nagtindog nga Pangpang

Bisan ikaw alagad sa Dios, usa ka ansiyano, o usa ka trabahador sa Iyang iglesia, usa ka adlaw lagmit ka nga mahimong tukbonon ni Satanas kung dili ka magsirkunsisyon sa imong kasingkasing apan padayon nga magpakasala. Ang pipila ka mga katawohan magliso pahilayo gikan sa Dios kay ilang gihigugma ang kalibutan. Ang uban moundang og adto sa simbahan human matintal. Sa gihapon ang uban magkonpronta sa Dios pinaagi sa pagbabag sa mga plano ug misyon sa Iyang iglesia, kung asa nagbilin kanila sa walay katabangan nga dalan ngadto sa kamatayon.

Usa ka kaso nga ang tibuok nga pamilya ang nagbudhi sa Dios

Ang masunod usa ka istorya mahitungod sa pamilya sa usa ka indibiduwal nga sa kausa matinuohon nga nagtrabaho alang sa iglesia sa Dios. Wala kanila gisirkonsisyon ang ilang mga kasingkasing, kung hain napuno sa pagkamainiton ug kahakog. Busa, ilang gigamit ang ilang gahom sa ubang mga miyembro sa iglesia ug usab-usab nga nagbuhat og mga sala. Sa ulahi, ang pagsilot sa Dios mipanaog ngadto kanila, ang amahan sa pamilya gi-dayagnos og usa ka seryoso nga sakit. Ang tibuok nga pamilya niadto og dungan og misugod og halad og pag-ampo sa maikagon nga paghinulsol ug sama sad sa pag-ampo alang sa iyang kinabuhi.

Ang Dios nidawat sa ilang pag-ampo sa paghinulsol ug giaayo ang amahan. Nianang panahona, ang Dios misugid kanako og usa ka butang nga hingpit nga wala gilaum: "Kung akong tawagon ang iyang espiritu karon, mahimo siyang makadawat sa pinakamubo nga makaululaw nga kaluwasan. Kung ako siyang buhion og mas dugay, dili siya makadawat og bisan unsang klase sa kaluwasan."

Wala ko kasabot kung unsa ang Iyang buot ipasabot apan sa makadiotay nga buwan sa ulahi, sa akong pagsaksi sa pamatasan sa pamilya, madali ko nga nakasabot niini. Usa ka miyembro sa pamilya usa ka matinuohon nga trabahador sa akong iglesia. Nagsugod siya og babag sa iglesia sa Dios ug sa Iyang gingharian pinaagi sa pamakak nga pagtestigo batok sa iglesia ug nagbuhat og daghang ubang dautan nga mga buhat.

Sa katong ang trabahador sa una sa akong iglesia mibabag ug mapig-ot nga mipasipala sa Espiritu Santo, ang nahabilin sa pamilya mibuhat og walay-kapasayloan nga mga sala, ug ang amahan nga gibuhi pinaagi sa akong pag-ampo namatay sa dili madugay human ato. Kung ang amahan namatay unta adtong sa siya adunay gamay nga gidaghanon sa pagtoo, siya unta naluwas. Apan, iyang gipasibayaan ang iyang pagtoo, nga gibilin ang iyang kaugalingon sa walay higayon alang sa kaluwasan. Dugang pa, ang kada miyembro sa pamilya mahagbong sad sa Ubos nga Lubnganan, ngadto kung asa ang amahan nahagbong, ug asa ang tanang miyembro sa pamilya magadawat og mga pagsilot. Unsa man ang nahiapil sa ilang pagsilot?

Pagsaka sa nagtindog nga pangpang nga walay pahulay

Sa dapit kung asa ang pamilya gisilotan, adunay nagtindog nga

Mga Pagsilot alang sa Pagpasipala sa Espiritu Santo

pangpang. Kining pangpang nagbarog og taas nga ang tumoy niini dili makita gikan sa ubos. Makahaladlok nga mga pagsinggit ang nagpuno sa kahanginan. Hapit sa tunga-tunga niining madugo nga pangpang anaa ang tulo ka mga kalag nga gisilotan, nga gikan sa distansiya morag tulo ka magagmay nga tulbok.

Sila nagsaka niining sagalsalon ug tigson nga pangpang sa hubo nga kamot og tiil. Nga morag ginusnos ang ilang mga kamot ug tiil sa liha, ang ilang panit dali lang mapasnit ug mapudpod. Ang ilang mga lawas natumog sa dugo. Ang rason nganong sila nagsaka sa makita nga imposible nga pangpang mao nga aron malikayan ang usa ka mensahero sa impiyerno nga naglupad sa ibabaw sa dapit.

Ang mensahero sa impiyerno, human og tan-aw niining tulo ka mga kalag nga nagsaka sa pangpang sa madali nga panahon, moalsa sa iyang mga kamot, ang mga magagmay nga mga insekto nga pareho ang nawong sa mensahero sa impiyerno mokatag sa tibuok yuta nga morag mga lugas sa tubig nga migula gikan sa usa ka spray. Nagpagula sa ilang mahait nga mga ngipon nga nag-abli ang mga baba og daku, kining mga insekto mosaka sa pangpang ug maggukod sa mga kalag.

Handurawa nga makakita og ginatos nga mga uluhipan, mga tarantula, o mga uk-ok, tanan kini sila ang kadakuon hapit sa usa ka tudlo, nga nagtabon sa salog inig sulod kanimo sa imong balay. Usab, handurawa kining mga makahaladlok nga mga insekto nga nagdagan padulong kanimo, tanan kini sila nagdungan.

Ang pagkakita niining mga insekto igo ra aron magpahadlok kanimo. Kung kining tanan nga mga insekto modali og adto kanimo og dungan, kini mahimong pinakalimbawot nga

179

momento sa imong kinabuhi. Kung kining mga insekto magsugod og saka sa imong mga tiil ug mga batiis ug sa madali molibot sa imong lawas, unsaon man pagkaposible sa paghubit sa bisan kinsang tawo niining makalisang nga eksena?

Sa Ubos nga Lubnganan, dili kini posible nga makasulti kung ginatos ba o linibo kining mga insekto. Ang mga kalag lang ang nakahibalo nga adunay dili-makalkula nga gidaghanon niining mga insekto, ug kining tulo mao ang ilang tukbonon.

Dili-maihap nga mga insekto ang magdali ngadto sa tulo ka kalag

Inig kakita niining mga insekto sa ubos sa pangpang, ang tulo ka mga kalag magdali-dali og saka sa pangpang. Sa dili madugay, nan, ang tulo ka mga kalag gilayon nga maapsan, matabunan, ug sila mahagbong sa yuta kung hain sila ibilin sa ilang mga kaugalingon aron nga ang tanang mga parte sa lawas kitkiton niining makalisang nga mga insekto.

Kung ang mga parte sa lawas niining mga kalag mapudpod, ang sakit daku kaayo ug dili ma-agwanta nga sila magtiyabaw nga morag mga mananap ug dili matabangan nga maglubid ug magkurog ang lawas og balikbalik. Ilang sulayan nga iyugyog ang mga insekto pahilayo kanila, ug buhaton kini pinaagi sa pagyatak ug pagpusa sa usa og usa, samtang sila padayon nga magkasaba ug magpanunglo sa usa og usa. Sa tungatunga sa ingon niining panghingutas, ang matag usa magpagula ug mas daghang kadaut kaysa gibuhat sa usa, ug pangitaon lang ang iyang kaugalingong interes ug padayon nga magpanunglo sa usa og usa. Ang mga mensahero sa impiyerno makita nga nalipay niining talan-awon nga mas sobra pa kaysa bisan unsang butanga nga ilang nakita sukad.

Unya, inig pagawas sa mensahero sa impiyerno sa iyang mga kamot ug kolektahon kining mga insekto, gilayon sila tanan mawala. Ang tulo ka mga kalag dili mabati ang pag-usap sa mga insekto karon, apang dili sila makaundang og saka sa nagtindog nga pangpang. Sila nakahibalo gayud kung unsaon sa naglupad nga mensahero sa impiyerno pagpagula sa mga insekto og usab sa dili madugay. Sa tanan kanilang kusog, sila magpadayon og saka sa pangpang. Niining makahaladlok nga kamalinawon, ang tulo ka kalag nahinakop sa usa ka makapigsat nga kahadlok sa mga butang nga umalabot ug mangimbisog og saka sa pangpang.

Ang kasakit sa mga abhak nga ilang makuha samtang sila nagsaka dili madali nga linguglingogan. Sa gihapon, tungod sa mas daku nga kahadlok sa mga insekto nga magkitkit sa ilang lawas ug magkusikusi kanila, ang tulo ka mga kalag dili motan-aw sa ilang lawas nga mibulit sa dugo, ug mosaka og pinakapaspas nga ilang mahimo. Unsa ka mesirable kining talan-awon!

3. Gipagtong ang Baba gamit ang usa ka Gipainit nga Puthaw

Ang Mga Proberbio 18:21 nag-ingon kanato nga *"Kamatayon ug kinabuhi maoy anaa sa gahum sa dila, ug kadtong mahagugma niini magakaon sa bunga niana."* Si Hesus sa Mateo 12:36-37 nag-ingon kanato nga, *"Sultihan ko kamo, nga sa adlaw sa hukom ang mga tawo magahatag unyag husay bahin sa matagpulong nga walay pulos nga ilang ginali-tok. Kay pinaagi sa imong mga pulong pagamatarungon ikaw, ug pinaagi sa imong mga pulong pagahukman ka sa silot."* Ang duha ka mensahe nagsugid kanato nga ang Dios mogunit sa atong mga pulong nga responsable ug maghukom kanato sumala niini.

Sa usa ka bahin, ang kadtong nagsulti sa maayo nga mga pulong sa kamatuoran magbunga og maayo nga bunga sumala sa ilang mga pulong. Sa pikas nga bahin, ang kadtong nagsulti ug dautan nga mga pulong nga walay pagtoo magbunga sa dautan nga bunga sumala sa dautan nga mga pulong nga gisulti pinaagi sa ilang dautan nga mga wait. Atong usahay makita ang walay sapayan nga gisulti nga mga pulong makahatag og dili-maagwanta nga gidaghanon ug kadakuon sa kasakit ug kaguol.

Ang kada pulong pagabayran og balik

Ang pipila ka mga tumuluo, tungod sa panglutos sa ilang mga pamilya, magsulti o mag-ampo nga, "Kung ang akong pamilya maghinulsol pinaagi sa usa ka aksidente, kini takos lang." Sa dihang madunggan sa kaaway nga si Satanas ug sa yawa kining mga pulong, ilang pasanginlan ang tawo sa Dios, nga naga-ingon, "Ang pulong niining tawhana kinahanglan nga tumanon." Busa, ang mga pulong tinuod nga mahimong mga liso ug ang aksidente, kung hain ang mga tawo nabaldado ug mangatubang og dugang nga mga kalisud, ang mahinabo.

Kinahanglan ba nga magbutang og pagpa-antos diha sa imong kaugalingon tungod niining hangalhangal ug walay pulos nga mga pulong? Sa walay palad, kung ang pag-antos magdulom sa ilang mga kinabuhi, daghang mga tawo ang magkumakuma. Ang uban dili gani makahitmangon nga ang mga kalisud miabot tungod sa ilang kaugalingong mga pulong, ug sa gihapon ang uban dili gani makahinumdom kung unsa ang ilang gisulti aron makahinungdan niining kalisud.

Busa, ang pagpabilin diha sa hunahuna nga ang kada pulong pagabayran og balik sa usa ka paagi o sa uban, kinahanglan anaa kita sa atong pinakamaayong pamatasan ug punggan ang atong mga dila. Walay bali sa intensyon, kung ang imong gisulti mao ang bisan unsa luwas sa maayo ug maanyag, sayon ra alang ni Satanas nga – ug piho nga – maggunit kanimo nga responsable alang sa imong mga pulong ug ikaw ibutang sa panghingutas, ug usahay walay pulos, nga mga problema.

Unsa man ang mahinabo sa usa ka tawo nga gituyo nga mamakak mahitungod sa iglesia sa Dios ug sa Iyang pinalangga nga alagad, ug nan daku nga nagbabag sa mga misyon sa iglesia ug nagkonpronta sa Dios? Siya gilayon nga dad-on sa ilalom as impluwensiya ni Satanas ug sa mga pagsilot sa impiyerno.

Ang masunod pananglit lang sa mga pagsilot nga gipadapat sa tanan kadtong mibabag sa Espiritu Santo gamit ang ilang mga pulong.

Mga katawohan nga mibatok sa Espiritu Santo gamit ang mga pulong

Adunay usa ka tawo nga mitambong og nagsilbi sa akong iglesia alang sa taas nga panahon, nga migunit og daghang klase sa mga posisyon. Apan, wala kaniya gisirkonsisyon ang iyang kasingkasing, kung hain mao ang pinakaimportante nga butang nga gikinahanglan sa tanang mga Kristohanon. Sa gawas, makita siya sa tanang paagi nga usa ka matinuohon nga trabahador nga gihigugma ang Dios, ang iglesia, ug sa iyang kapareho nga mga miyembro sa iglesia.

Apil sa mga miyembro sa iyang pamilya mao ang usa nga giayo sa usa ka walay-kaayohan nga sakit nga mahimong permanente nga magbaldado kaniya ug usa pa nga gihiuli diha sa bakanan sa kamatayon. Walay labot niini, ang iyang pamilya nakasinati ug mga pananalangin gikan sa Dios, apan siya walay maghinapos nga nagsirkonsisyon sa iyang kasingkasing ug ilabay pahilayo ang dautan.

Busa, sa kadtong ang iglesia sa kinatibuk-an nangatubang og mga kalisud, ang mga miyembro sa iyang pamilya gitintal ni Satanas nga magbudhi niini. Nga wala maghinumdom sa grasya ug mga panalangin nga iyang nadawat pinaagi sa iglesia, iyang gibiyaan ang iglesia nga iyang gikahidlawan og silbi. Dugang pa, nagsugod siya og pakigbatok niining iglesia ug sa madali, isip nga mora siya og anaa sa usa ka ebanghelisasyon nga misyon, siya mismo sa iyang kaugalingon nagsugod og bisita sa mga miyembro sa iglesia ug gihilabtan ang ilang pagtoo.

Bisan pa nga siya mibiya sa iglesia tungod sa dili pagkapiho sa iyang pagtoo, mahimo unta siya makaangkon og higayon aron makadawat sa kaluoy sa Dios sa ulahi, kung siya unta wala mosaba sa mga butang kung asa siya dili pamilyar ug nagsulay nga aninagon ang matarung gikan sa kadaut.

Apan, dili kaniya mabuntog ang iyang kaugalingong kadaut

ug nagpakasala og pag-ayo gamit ang iyang dila nga sa karon, usa lang ka panghingutas nga retribusyon ang naghulat kaniya.

Ang baba gipagtong ug gilubag ang lawas

Usa ka mensahero sa impiyerno ang magpagtong sa iyang baba gamit ang usa ka gipainit nga puthaw kay siya mapig-ot nga mibatok sa Espiritu Santo gamit ang mga pulong nga naggikan sa iyang baba. Kining pagsilot kaanggid sa iyaha ni Poncio Pilato, nga mao ang nagsentensya sa inosente nga si Hesus nga ilansang gamit ang mga pulong gikan sa iyang baba, ug karon ang iyang dila permanente nga gitangtang sa Ubos nga Lubnganan.

Dugang pa, ang kalag mapuwersa nga mosulod sa usa ka bildo nga tubo nga adunay mga pugong sa pareho nga tumoy, kung hain adunay mga metal nga kuptanan nga gibutang. Inig liso sa mga mensahero sa impiyerno niining nga kuptanan, ang lawas sa gilupong nga kalag malubag. Ang iyang lawas malubag og samot, ug sama sa hugaw nga tubig nga gipuga gikan sa usa ka mop, ang dugo sa kalag mosirit lahos sa iyang mga mata, ilong, baba, ug uban pang mga bangag sa iyang lawas. Sa ulahi, ang tanan kaniyang dugo ug duga manggawas gikan sa iyang mga selyula.

Imo bang mahanduraw kung unsa kadaku nga pwersa ang kinahanglan nga gamiton aron mapuga ang usa ka tulo sa dugo pinaagi sa paglubag sa imong tudlo?

Ang dugo sa kalag ug duga mapuga dili lang gikan sa usa ka parte sa iyang lawas apan sa tibuok kaniyang lawas, gikan sa ulo hangtud sa tudlo sa tiil. Ang tanan kaniyang mga bukog ug mga sistema sa unod malubag ug mawasak ug ang tanan kaniyang

185

mga selyula mabungkag, aron nga bisan ang pinakaulahi nga tulo sa bisan unsang klase sa likido gikan sa iyang lawas mapuga. Unsa kaha kini kasakit!

Sa katapusan, ang bildo nga tubo mapuno sa dugo ug duga gikan sa iyang lawas, aron nga kini tan-awon nga morag usa ka botelya sa pula nga bino gikan sa malayo. Human lisuon ug lisuon sa mga mensahero sa impiyerno ang lawas sa kalag hangtud nga mayagyag ang pinakaulahi nga tulo sa likido gikan sa lawas, ilang biyaan ang lawas sa makadali aron nga tugotan nga mahiuli kini.

Apan, bisan pa nga ang iyang lawas mahiuli, unsang paglaum man ang anaa niining kalag? Gikan sa panahon nga ang iyang lawas mahiuli, ang pagliso ug ang pagpuga sa iyang lawas mausab nga walay katapusan. Sa ubang mga pulong, ang mga panahon tunga-tunga sa iyang mga pag-tortyur usa lang ka ekstensyon sa iyang pag-tortyur.

Tungod sa pagbabag sa gingharian sa Dios gamit ang iyang dila, ang mga wait niining kalag gipagtong ug isip nga balos alang sa aktibo nga pagtabang sa mga buluhaton ni Satanas, ang kada onsa sa likido sa iyang lawas ang kuhaon.

Sa espirituhanon nga kalibutan, ang tawo magaani kung unsang iyang gipugas, ug unsa man ang iyang gibuhat buhaton ngadto kaniya. Palihog ibutang kining katinuoran sa imong hunahuna, ug ayaw og pagtugyan sa dautan apan sa maayo lang nga mga pulong ug mga buhat, mabuhi sa kinabuhi nga mahimayaon sa Dios.

Mga Pagsilot alang sa Pagpasipala sa Espiritu Santo

4. Pagkadaku Kaayo nga Pang-tortyur nga mga Makina

Kining kalag personal nga nasinati ang mga buhat sa Espiritu Santo sa kaniadtong siya giayo sa iyang sakit ug kaluyahan. Human ato, siya nag-ampo sa tibuok niyang kasingkasing aron nga masirkonsisyon ang iyang kasingkasing. Ang iyang asawa gidala ug gidumala sa Espiritu Santo ug nagpamunga, iyang nadaug ang himaya ug gugma sa mga miyembro sa iglesia, ug nahimong usa ka ministro.

Gilungkob ang iyang kaugalingong garbo

Sa iyang pagdaog sa himaya ug gugma sa palibot kaniya, nagkadaku ang iyang pagka-arogante nga dili nga kaniya matanaw ang iyang kaugalingon og tarung ug walay tanlag nga giundang ang pagsirkonsisyon sa iyang kasingkasing. Siya kanunay nga usa ka tawo nga mainiton ug abubhoan, ug imbes nga ilabay kining mga butanga pahilayo, nagsugod siya og paghukom ug pagkondena sa kadtong tanan nga matarung, ug siya nagdumot batok sa bisan kinsa nga wala nagpahimuot o nag-uyon kaniya.

Sa kanang ang usa ka tawo ilungkob na sa iyang kaugalingong garbo ug magbuhat og dautan, mas daghan nga kadaut ang manggawas gikan kaniya ug siya dili na magpugong sa iyang kaugalingon o paminawan ang mga pagtambag sa bisan kinsang tawo. Kining kalag magtapok ug dautan diha sa dautan, nadakpan sa lit-ag ni Satanas, ug hayag nga mibatok sa Dios.

Ang kaluwasan dili hingpit inig kadawat kanato sa Espiritu

Santo. Bisan pa nga napuno ikaw sa Espiritu Santo, nakasinati sa grasya, ug nagsilbi sa Dios, sama ka sa usa ka nagdagan sa marathon nga sa gihapon malayo pa gikan sa katapusan nga linya – ang pagkadalisay. Bisan unsa ka bansay sa magdadagan og dagan, kung siya moundang sa lumba o malipong, kini dili maghatag og kamaayo sa magdadagan. Daghang mga katawohan ang nagdagan padulong sa katapusan nga linya – ang langit. Bisan una kapaspas kanimo midagan hangtud sa usa ka piho nga punto, bisan unsa kaduol kanimo nga miabot sa katapusan nga linya, kung moundang ka sa lumba, mao kana ang katapusan sa lumba alang kanimo.

Ayaw og hunahuna nga ikaw lig-on nga nagbarog

Ang Dios usab nag-ingon kanato nga kung kita "dagaang," kita pasibayaan (Ang Pinadayag 3:16). Bisan pa nga ikaw usa ka lalaki/babaye sa pagtoo, kinahanglan kang kanunay nga mapuno sa Espiritu Santo; mag-alima sa pagbati alang sa Dios; ug mainiton nga magpadulong sa gingharian sa langit. Kung undangon kanimo ang imong lumba sa tunga-tunga, sama sa kadtong wala magpartisipar sa lumba gikan sa pagsugod, dili ka maluwas.

Alang anang rasona, ang apostol nga si Pablo, nga nagmasinugtanon sa Dios sa tibuok kaniyang kasingkasing, mikonpisal nga *"Oo, mga igsoon, tungod sa akong garbo diha kaninyo nga naangkon ko pinaagi kang Kristo Hesus nga atong Ginoo, ipanghimatuod ko nga ako nagakamatay adlaw-adlaw"* (1 Mga Taga-Corinto 15:31) ug nga *"hinonoa ginabun-*

og ko ang akong lawas ug ginapanton ko kini, basi unya nga sa tapus ako makasangyaw ngadto sa uban, ako pagahukman na hinoon nga dili diay takus sa pag-apil sa bangga" (1 Mga Taga-Corinto 9:27).

Bisan pa nga anaa ka sa posisyon nga magtudlo sa uban, kung wala kanimo gisalikway ang imong mga hunahuna ug gibun-og ang imong lawas aron himuon kini nga imong ulipon sama sa paagi nga gibuhat ni Pablo, ang Dios magapatumbaya kanimo. Kini tungod kay *"ang inyong kaaway nga mao ang yawa nagalibotlibut sama sa leon nga nagangulob nga nangitag iyang matukob"* (1 Pedro 5:8).

Ang 1 Mga Taga-Corinto 10:12 mabasa nga, *"Busa, siya nga nagadahum nga maayo na niyang pagkabarug, magbantay basig mapukan siya."* Ang espirituhanon nga kalibutan walay katapusan ug ang atong pagkahimog samot nga pagka-anggid sa Dios usab walay nahibaloan nga katapusan. Sama sa paagi nga ang usa ka mag-uuma nagpugas ug mga liso sa tingpamulak, gipa-ugmad sa tibuok nga ting-init, ug nag-ani sa iyang mga awot sa tingtagak, kinahanglan kanimong makanunayon nga mag-abanse aron nga mapalabaw kanimo ang imong kalag ug mag-andam sa pagtagbo kang Ginoong Hesus.

Paglubag ug pagtusok sa ulo

Unsang mga klase sa mga pagsilot ang naghulat niining kalag, nga miundang sa pagsirkonsisyon sa iyang kasingkasing kay naghunahuna siya nga siya malig-on na nga nagbarog, apan sa ulahi nahagbong?

Impiyerno

Usa ka makina nga nag-anggid sa mensahero sa impiyerno, usa ka nahagbong nga anghel, ang nag-tortyur kaniya. Ang makina daghang beses nga mas daku kaysa mensahero sa impiyerno, ug naghatag sa kalag og panugnaw sa pagtan-aw lang niini. Sa mga kamot sa nag-tortyur nga makina mao ang mahait ug talinis nga mga kuko sa kamot nga mas taas kaysa kataason sa iyaha sa kasarangan nga tawo.

Kining daku nga makina sa pag-tortyur naggunit sa liog sa kalag sa tuo niini nga kamot ug lisuon ang ulo sa kalag gamit ang mga tudlo sa wala nga kamot, kung asa nagtusok sa iyang ulo ug nagkutkot sa iyang utok. Imo ba kahang posible nga mahanduraw kung unsa kasakit kini?

Kining pisikal nga kasakit daku kaayo; ang mental nga pagpa-antos mas hilabi nga dili ma-agwanta. Sa atubangan sa mata sa kalag anaa ang morag usa ka slideshow nga klaro nga nagpakita sa iyang pinakamalipayon nga panahon niining kinabuhi: ang kalipay nga iyang nabati sa kaniadtong una kaniyang nasinati ang grasya sa Dios, malipayon nga nagdayaw kaniya, ang panahon kung asa siya maikagon nga magtuman sa sugo ni Hesus nga "panglakaw kamo ug himoa ninyong mga tinun-an ang tanang kanasuran," ug sama niini.

Mental nga pagpa-antos ug pagbugalbugal

Alang sa kalag, ang kada eksena usa ka baraw sa iyang kasingkasing. Sa kausa siya usa ka alagad sa makagagahom nga Dios ug gipuno sa paglaum alang sa pagpuyo sa mahimayaon nga Bag-ong Herusalem. Karon, siya gibalhog niining alaot nga dapit. Kining klaro nga kalahian naggisi sa iyang kasingkasing ngadto sa mga piraso. Ang kalag dili na maka-agwanta sa mental nga pagpa-antos ug ilubong ang iyang nagdugo ug sagumot nga ulo ug iyang nawong sa iyang mga kamot. Siya nagpangayo alang sa kaluoy ug sa katapusan sa pag-tortyur, apan walay katapusan sa iyang panghingutas.

Human sa madali nga panahon, buy-an sa makina nga nag-tortyur ang kalag ngadto sa yuta nga lebel. Unya ang mga mensahero sa impiyerno, nga nagtan-aw sa kalag nga nag-antos, maglibot og magbugalbugal kaniya, nga nag-ingon, "Unsaon man kanimo paghimog usa ka alagad sa Dios? Nahimo kang apostol ni Satanas, ug karon ikaw mao ang kalingawan ni Satanas."

Sa pagpaminaw kaniya sa pagbugalbugal, siya mohilak, ug motibayaw alang sa kaluoy, ang duha ka tudlo sa tuo nga kamot sa makina nga nag-tortyur mopunit kaniya sa liog. Dili motagad sa pagkurayag sa kalag, ang makina moalsa kaniya hangtud sa gitas-on sa iyang liog ug tusukon ang iyang ulo gamit ang iyang mahait talinis nga mga tudlo sa wala niini nga kamot. Ang makina nagpadapat og dugang nga pagpa-antos pinaagi sa pagpa-andar og usab sa slideshow. Kining pag-tortyur magpadayon hangtud sa Adlaw sa Paghukom.

5. Gihigot ngadto sa Punoan sa usa ka Kahoy

Kini mao ang pagsilot sa usa ka miagi nga alagad sa Dios, nga sa kausa mitudlo sa mga miyembro sa iyang iglesia ug naggunit sa daghang importante nga mga posisyon.

Nagbatok sa Espiritu Santo

Kining kalag adunay baskog nga paninguha alang sa dungog, materyal nga katuboan, ug gahom sa iyang kinaiya. Siya kugihan nga mibuhat sa iyang mga katungdanan apan wala nahimatngonan ang iyang kaugalingong kaluyahan. Sa usa ka punto, miundang siya og pag-ampo, busa epektibo nga miundang og pagpaningkamot nga isirkonsisyon ang iyang kasingkasing. Walay pagbali sa iyang tanlag, ang tanang mga klase sa dautan mitubo diha kaniya sama sa makahilo nga mga uhong, ug sa kaniadtong nangatubang ang iglesia nga iyang gisilbihan og mayor nga krisis, siya gilayon gidaug sa gahom ni Satanas.

Sa panahon nga siya mibatok sa Espiritu Santo human matintal ni Satanas, ang iyang mga sala nagkasamot og seryoso kay tungod siya kaniadto usa ka lider sa iyang iglesia ug iyang negatibo nga naimpluwensiyahan ang daghan kaayong miyembro sa iglesia ug gibabagan ang gingharian sa Dios.

Gipailom sa pareho nga pag-tortyur ug pagbugalbugal

Kining tawhana magadawat og usa ka pagsilot pinaagi sa paghigot sa punoan sa usa ka kahoy sa Ubos nga Lubnganan. Ang iyang pagsilot dili parehas sa kapig-ot sa iyaha ni Hudas Escariote, apan kini sa gihapon dahol ug dili-maagwanta.

Ang mensahero sa impiyerno magpakita sa kalag ug usa ka slideshow nga adunay mga eksena nga nagpakita sa pinakamalipayon nga mga panahon sa iyang kinabuhi, kadaghanan ang mga panahon kung kanus-a siya nagmatinuohon sa Dios. Kining mental nga pagpa-antos nagpahanumdom kaniya nga sa kausa siya adunay malipayon nga panahon ug usa ka higayon aron madawat ang kadagaya sa mga panalangin sa Dios apan wala gayud kaniya gisirkonsisyon ang iyang kasingkasing tungod sa iyang kahakog ug pamakak, ug karon ania siya aron dawaton kining ngilngig nga pagsilot.

Nagbitay gikan sa kisame mao ang dili-maihap nga itom nga bunga, ug human og pagpakita sa kalag sa usa ka eksena gikan sa slideshow, ang mensahero sa impiyerno magtudlo sa kisame ug bugalbugalon siya, nga nag-ingon, "Ang imong kahakog nagbunga og bunga sama niini!" Unya ang mga bunga usa-usa nga mangatagak. Ang matag bunga mao ang ulo sa katong misunod kaniya nga nagkonpronta sa Dios. Sila mibuhat sa sama nga sala niining kalag, ug ang nahabilin nilang mga lawas, human ang mangilngig ng pag-tortyur, putlon. Ang ila lang mga ulo, kung hain nagbitay sa kisame, ang mahabilin. Ang kalag nga gihigot sa kahoy miawhag ug mitintal niining mga katawohan niining kalibutan nga sundon ang paagi sa iyang kalaog ug magbuhat og dautan, ug busa sila nahimong mga bunga sa iyang kalaog.

Sa matag panahon nga ang usa ka alagad sa impiyerno ang magbugalbugal kaniya, kining pagbugalbugal magsilbi isip nga usa ka sinyas nga ihulog kining mga bunga ug usa-usa nga mapusa. Unya usa ka ulo ang moligid gawas sa usa ka sako kauban ang usa ka labtik. Mga drama, makasaysayan o mga aksyon nga dokumentaryo, mga dula, o mga pelikula kung asa ang usa ka liog sa karakter gigulgol kasagaran nga nagpakita sa ulo sa karakter nga sagum-ot ang buhok, usa ka madugo nga nawong, napaslot nga mg wait, ug masulaw nga mga mata. Ang mga ulo nga mangatagak gikan sa kisami parehas tan-awon sa mga ulo sa ingon niining mga drama o mga pelikula.

Ang mga ulo nga nangatagak gikan sa kisami magkitkit sa kalag

Inig katagak sa mga makuyaw nga mga ulo gikan sa kisami, sila usa-usa nga mokumbabit sa kalag. Una silang mokumbabit sa iyang mga batiis ug paakon kini sila.

Usa pa ka eksena gikan sa slideshow ang moagi sa mga mata sa kalag ug ang mesahero sa impiyerno magbugalbugal kaniya og usab, nga nag-ingon, "Tan-awa, ang imong kalaog nagbitay sama niini!" Unya, usa pa ka sako gikan sa kisami ang matagak, mubuto, ug usa pa ka ulo ang mokumbabit ngadto ug alangiing nga mopaak sa mga butkon sa kalag.

Niining paagi, sa matag panahon nga ang mensahero sa impiyerno magbugalbugal sa kalag, ang ulo gikan sa kisami ang matagak, usa-usa. Kining mga ulo magtawiltawil sa tibuok lawas sa kalag sama sa usa ka kahoy nga nagbunga nga dagaya nga bunga. Ang kasakit ng paakon niining mga ulo hingpit nga hilain gikan sa pagpaak sa bisan kinsa o mga mananap niining kalibutan. Ang hilo gikan sa mahait nga mga ngipon niining mga ulo magkatap gikan sa gipaakan nga mga parte ngadto sa pinakasulod nga mga bukog, ug mogahi ang lawas ug mangitom. Kining kasakit daku kaayo kaysa pagkitkit sa mga insekto o pagpaksi sa mga mananap nga morag mas gamay lang ang kasakit.

Ang mga kalag nga ulo na lang ang nahabilin mag-antos sa pagpa-antos nga putlon ug kusikusion ang ilang mga lawas. Unsa kaha kadaku ang ilang kadumot batok niining kalag? Bisan pa nga sila mikonpronta sa Dios gikan sa ilang kaugalingong kadaut, ang ilang paninguha aron nga mabalik kaniya ang ilang pagkahagbong mao kana ka malisyoso ug ka desperado.

Ang kalag nakahibalo og pag-ayo nga siya gisilotan tungod sa iyang kahakog. Apan, imbes nga magguol ug maghinulsol sa iyang mga sala, siya sako sa pagpanunglo sa mga ulo sa ubang mga kalag nga nagpaak ug nagpigsat sa iyang lawas. Sa pag-agi sa panahon ug pagdugang sa kasakit, ang kalag mahimong mas madinaoton ug dautan.

Kinahanglan dili ka magbuhat og walay kapasayloan nga mg sala

Nakahatag ko og lima ka pananglit sa mga pagsilot nga gipadapat ngadto sa mga katawohan nga mikonpronta sa Dios. Kining mga kalag modawat og mas bug-at nga mga pagsilot kaysa daghang uban pa kay sila, sa usa ka punto sa ilang mga kinabuhi, mitrabaho alang sa Dios aron nga mapalapad ang iyang gingharian isip nga mga lider sa iglesia.

Kinahanglan kanatong hinumdumon nganhi nga daghan sa mga kalag, nga nahagbong sa Ubos nga Lubnganan ug nagdawat og mga pagsilot, tanan naghunahuna nga nagtoo sila sa Dios, ug matinuohon ug maikagon nga nagsilbi Kaniya, ang Iyang mga alagad, ug Iyang iglesia.

Dugang pa, imong kinahanglan nga hinumdumon nga dili

gayud mosulti og pagsupak, pagbatok, o pagpasipala sa Espiritu Santo. Ang espiritu sa paghinulsol dili igahatag sa kadtong nagbatok sa Espiritu Santo, hilabi na kay siya nagkonpronta sa Espiritu Santo human kanilang magkonpisal sa ilang personal nga kasinatian sa mga buhat sa Espiritu Santo. Busa, dili gani sila makahinulsol.

Gikan sa sayo pa nga mga inadlaw sa akong ministro hangtud karon, wala gayud ko mibatikos sa bisan unsang ubang mga iglesia o bisan kinsang ubang mga alagad sa Dios, ug wala gayud nagkondena kanila isip nga "mga irihis." Kung ang ubang mga iglesia ug mga pastor nagtoo sa Tulo ka Persona nga Dios, nailhan ang pagka-anaa sa langit ug impiyerno, ug giwali ang mensahe sa kaluwasan pinaagi kang Hesukristo, unsaon man kanila posible nga mahimong mga irihis?

Dugang pa, kini klaro nga pagkonpronta sa Espiritu Santo nga ikondena ug patikan ang usa ka iglesia kung hain o ang usa ka alagad kung hain ang awtoridad sa Dios ug presensya gipakita ug gikonpirma. Alang sa ingon niini nga sala, ibutang sa imong hunahuna nga walay kapasayloan.

Busa, hangtud nga ang kamatuoran nasegurado, walay makakondena sa bisan kang kinsa pa isip nga "irihis." Dugang pa, kinahanglan kang dili magbuhat og sala sa pagbabag ug pagkonpronta sa Espiritu Santo gamit ang imong dila.

Kung imong talikdan ang gihatag-sa-Dios nga katungdanan

Kinahanglan dili kanato talikdan ang gihatag-sa-Dios nga

mga katungdanan sa atong kaugalingong kagawasan sa ilalom sa bisan unsang mga sirkumstansya. Gipahimug-at ni Hesus ang importansya sa katungdanan pinaagi sa usa ka sambingay sa mga talanton (Mateo 25).

Adunay usa ka tawo nga milakaw sa usa ka biyahe. Iyang gipatawag ang iyang mga alagad ug gibilin ang iyang propiedad kanila sumala sa abililidad sa kada usa. Mihatag siya og lima ka talanton sa una nga ulipon, duha sa ikaduha, ug usa sa katapusan. Gibutang sa una ug ikaduha nga ulipon ang ilang kuwarta sa trabaho ug ang kada usa miganansya og doble. Apan, ang ulipon nga midawat og usa ka talanton milakaw, mikutkot ug usa ka bangag sa yuta, ug gilubong ang kuwarta sa iyang agalon. Human ang taas nga panahon, ang agalon mipauli ug gihusay ang kada usa kanila. Ang mga tawo nga midawat sa lima ug duha ka mga talanton nagpresentar sa ilang kadoble nga kita. Ang agalon midayeg sa kada usa kaniya, nga nag-ingon, "Maayong pagkabuhat, maayo ug kasaligan nga ulipon!" Unya ang tawo nga midawat ug usa ka talanton gipasibiyaan kay wala siya nagtrabaho sa kuwarta ug nagganansya og interest niini, apan gitago lang kini.

"Ang talanton" niining sambingay nagpasabot sa bisan unsang gihatag-sa-Dios nga katungdanan. Imong makita nga pasibiyaan sa Dios ang kadtong mogunit lang sa iyang katungdanan. Apan, daghan kaayong katawohan sa palibot kanato ang nagtalikod sa ilang mga katungdanan nga gihatag kanila sa Dios. Imong kinahanglan nga himatngonan nga ang kadtong nagtalikod sa ilang mga katungdanan sa ilang kagawasan segurado nga pagahukman sa Adlaw sa Panghukom.

Isalikway ang pagka-hipokrito ug isirkonsisyon ang imong kasingkasing

Si Hesus usab nagpasabot sa importansya sa pagsirkonsisyon sa imong kasingkasing sa kaniadtong iyang gibadlong ang mga manunudlo sa kasugoan ug sa mga Pariseo isip nga mga hipokrito. Ang mga manunudlo sa kasugoan ug ang mga Pariseo morag nabuhi sa matinuohon nga kinabuhi, apan ang ilang mga kasingkasing puno sa dautan busa sila gibadlong ni Hesus, nga nag-ingon nga sila sama sa mga pinaputi nga pantiyon.

> *"Alaut kamo, mga escriba ug mga Pariseo, mga hipokrito! Kay sama kamo sa pinaputi nga mga pantiyon nga sa gawas managpakita sa katahum, apan sa sulod kini sila puno sa mga bukog sa mga patay ug sa tanang kahugawan. Sa ingon usab niini, sa gawas ninyo kamo nagapakita nga daw mga matarung sa atubangan sa mga tawo, apan sa sulod ninyo natugob kamo sa pagkahipokrito ug sa kadautan"* (Mateo 23:27-28).

Alang sa parehong rason, kini walay pulos alang kanimo nga magbutang og paguapa o sa pinakagarbo nga mga sinena kung ang imong kasingkasing puno sa panibubho, kasilag, ug pagka-arogante. Mas labi pa kaysa bisan unsang butanga, gusto sa Dios nga atong isirkonsisyon ang atong mga kasingkasing ug isalikway ang dautan.

Ang pagpasangyaw, pag-atiman sa mga miyembro sa iglesia, ug

pagsilbi sa iglesia tanan importante. Apan, ang pinaka-importante nga butang mao ang higugmaon ang Dios, maglakaw sa kahayag, ug mas labi nga mahimong kaanggid sa Dios. Kinahanglan kang magpakabalaan kay ang Dios balaan ug kinahanglan kang mahingpit kay ang Dios hingpit.

Sa usa ka bahin, kung ang imo karong kadasig alang sa Dios dili gikan sa imong kasingkasing ug tibuok nga pagtoo, kini kanunay nga magkadaut ug busa dili makapahimuot sa Dios. Sa pikas nga bahin, kung ang usa magsirkonsisyon sa iyang kasingkasing aron nga mahimong balaan ug tibuok, ang kasingkasing sa indibiduwal magpagawas og kahumot nga tinuod nga magpahimuot sa Dios.

Dugang pa, bisan unsa kadaghan sa pulong sa Dios ang imong natun-an ug nahibaloan, ang mas importante nga butang alang kanimo mao nga ibutang ang imong hunahuna nga magpamatasan ug mabuhi sumala sa pulong. Kinahanglan kanimong kanunay nga ibutang sa imong hunahuna ang pagka-anaa sa makapanghingutas nga impiyerno, putlion ang imong kasingkasing, ug unya magbalik sa Ginoong Hesus, ikaw mahimong una sa kadtong maggakos Kaniya.

Ang 1 Mga Taga-Corinto 2:12-14 nag-ingon kanato nga, *"Apan kita nanagpakadawat dili sa espiritu nga iya sa kalibutan, kondili sa Espiritu nga gikan sa Dios, aron kita managpakasabut sa mga hiyas nga gikahatag kanato sa Dios, ug kini among panagsultihan dili pinaagi sa mga pulong nga gitudlo sa tawhanong kaalam, kondili gitudlo sa Espiritu, nga kita magahubad sa mga kamatuoran nga espirituhanon* ngadto sa mga tawo nga espirituhanon. *Apang, ang tawo nga kalibutanon dili magadawat sa mga igatudlo sa Espiritu sa Dios, kay alang kaniya kini mga binoang; ug siya dili arang makasabut niini tungod kay kini ugod kinahanglan mang pagatugkaron sa espirituhanon nga paagi."*

Kung wala ang mga buhat ug katabang sa Espiritu Santo nga gipadayag kanato sa Dios, unsaon man sa bisan kinsang unod niining kalibutan magsulti sa espirituhanon nga mga butang ug makasabot niini?

Ang Dios mismo sa Iyang kaugalingon ang nagpadayag niining testimonya sa impyerno ug nan, ang matag bahin niini tinuod. Ang mga pagsilot sa impyerno makahaladlok kaayo nga imbes nga isaysay ang matag detalye, ako lang gisulat ang magagmay nga mga kaso sa pagpa-antos. Usab, ibutang sa hunahuna nga apil sa daghang mga katawohan nga nahagbong ngadto sa Ubos nga Lubnganan mao ang kadtong sa kausa nagmatinuohon ug maunongon sa Dios.

Kung ikaw walay angay nga mga kwalipikasyon, nga mao ang, moundang ka sa pag-ampo ug pagsirkonsisyon sa imong kasingkasing, lagmit ka gayud nga matintal ni Satanas nga mobatok sa Dios ug sa ulahi igalabay ngadto sa impyerno.

Nag-ampo ko sa pangalan sa Ginoo nga imong mahagkom kung unsa ka makahaladlok ug ka miserable ang dapit nga impyerno, magpaninguha nga luwasan ang pinakadaghang mga kalag nga imong mabuhat, madinalaabon nga mag-ampo, kugihan nga iwali ang Maayong Balita, ug kanunay nga eksaminon ang imong kaugalingon aron nga maabot ang tibuok nga kaluwasan.

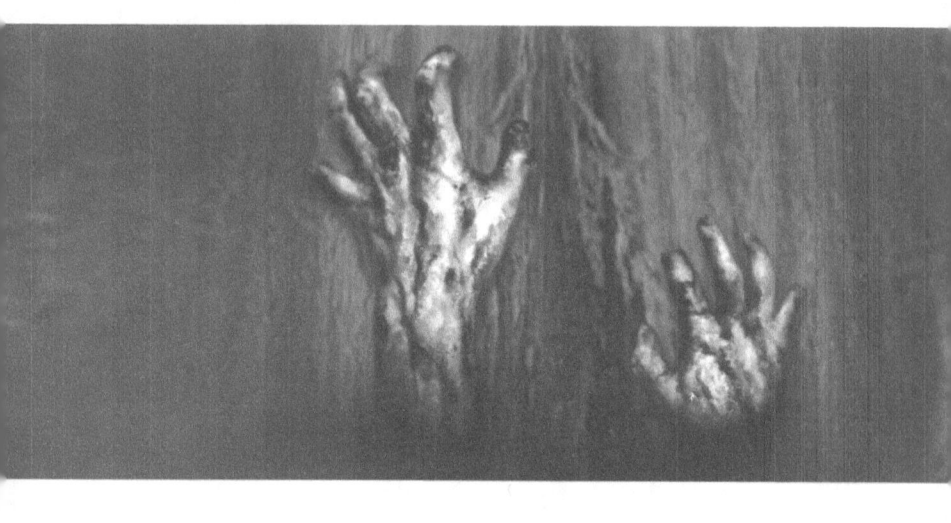

Kapitulo 7

Kaluwasan sa panahon sa Dakung Kasakitan

1. Ang Pagbalik ni Kristo ug ang Rapture
2. Ang Pito-ka-tuig nga Daku nga Kasakitan
3. Ang Pagkamartir sa Panahon sa Daku nga Kasakitan
4. Ang Ikaduha nga Pagbalik ni Kristo ug ang Milenyo
5. Pag-andam aron Mahimong Maanyag nga Pangasaw-onon sa Ginoo

"Ug kining Maayong Balita mahitungod sa gingharian igawali ngadto sa tibuok nga kalibutan ingon nga pagpamatuod ngadto sa tanang kanasuran; ug unya moabut na ang katapusan."

- Mateo 24:14 -

"Ug misunod ang laing anghel, ang ikatulo, nga nag-ingon sa makusog nga tingog, 'Kon adunay mosimba sa mapintas nga mananap ug sa iyang larawan, ug pamarka sa iyang agtang o sa iyang kamot, siya usab magainom sa bino sa kapungot sa Dios, nga pagatagayon nga walay sambog ngadto sa kopa sa Iyang kasuko; ug siya pagasakiton pinaagi sa kalayo ug asupri diha sa atubangan sa mga balaang anghel ug sa atubangan sa Kordero. Ug ang aso sa ilang kasakit magautbo hangtud sa kahangturan; ug sila dili makatagamtam sa pahulay, sa magabii ug sa maadlaw, sila nga mosimba sa mapintas nga mananap ug sa iyang larawan, ug ang bisan kinsa nga minarkahan sa iyang ngalan.'"

- Ang Pinadayag 14:9-11 -

Kung atong tagaan og duol nga atensyon ang pag-agay sa kasaysayan sa karon o sa mga propesiya sa Biblia, atong mahimatngonan nga hinog na ang panahon ug duol na ang pag-anhi sa Dios. Sa niini lang nga mga tinuig, adunay daghang mga paglinog ug pagbaha kung asa ang kabaskog mipareho lang nga nahinabo sa una sa gibanabana kausa sa kada ginatos nga mga tuig.

Dugang pa, ang kanunay nga dagku-nga-eskala sa mga pagkasunog sa kalasangan, mga urakan, mga bagyo nagbilin sa mga inagihan sa pagkaguba ug dagku nga ihap sa mga nangamatay. Sa Africa ug Asya, daghang mga katawohan ang miantos ug namatay gikan sa gutom tungod sa taas nga panahon sa mga hulaw. Ang kadaghanan sa kalibutan nakasaksi ug nakasinati sa abnormal nga tyempo tungod sa pagkunhod sa ozone layer, "El Niño," "La Niña," ug uban pa.

Dugang pa, makita kini nga morag walay katapusan sa mga giyera ug mga kasumpakian sa mga kanasuran, mga akto sa terorista, ug uban pang mga porma sa panglugos. Mga kapintas lapas sa mga prinsipyo nga moral sa tawo nahimog inadlaw nga hitabo ug gipakita pa gani pinaagi sa mass media.

Ingon niining timad-on gipropesiya na ni Hesukristo duha ka kalibohan nga miagi, sa kaniadtong mitubag Siya sa pangutana sa Iyang mga tinun-an nga, *"Tug-ani kami, kanus-a man kini mahitabo, ug unsa man ang ilhanan sa Imong pag-anhi ug sa pagkatapus sa kapanahonan?"* (Mateo 24:3)

Panaglitan, unsa man katinuod ang masunod nga mga bersikulo sa karon?

> *Kay managgubat ang nasud batok sa nasud, ug ang gingharian batok sa gingharian, ug mahitabo ang mga gutom ug mga linog sa nagkalainlaing mga dapit. Apan kining tanan mao lamay sinugdanan sa mga kasakit* (Mateo 24:7-8).

Busa, kung ikaw adunay tinuod nga pagtoo, imong kinahanglan nga mahibaloan nga ang adlaw sa pagbalik ni Hesus duol na kaayo ug magbantay sama sa lima ka wais nga mga birhen (Mateo 25:1-13). Dili ka gayud kinahanglan nga magpasibaya sama sa uban pang lima ka mga birhen nga wala miandam og igo nga lana alang sa ilang mga lampara.

1. Ang Pagbalik ni Kristo ug ang Rapture

Sa gibanabana duha ka libo ka tuig nga miagi, ang atong Ginoong Hesus namatay sa krus, nabanhaw sa ikatulo nga adlaw gikan sa pagkamatay, ug misaka ngadto sa langit sa atubangan sa daghang mga katwohan. Ang Mga Buhat 1:11 nag-ingon kanato nga *"Kining maong Hesus nga gikuha gikan kaninyo ngadto sa langit, mobalik ra unya sa paagi nga sama sa inyong nakita sa Iyang pagsaka sa langit."*

Si Hesus magabalik sa mga panganod

Si Hesukristo miabli sa dalan sa kaluwasan, miadto sa langit, naglingkod sa natuo nga kamot sa Dios, ug nag-andam og mga dapit alang kanato. Sa panahon nga pagapilion sa Dios ug inig kaandam na sa atong mga dapit sa langit, si Hesus magabalik aron dal-on kita sumala sa gipropesiya ni Hesus sa Juan 14:3, *"Ug sa mahiadto na Ako ug makaandam na Akog luna alang kaninyo, moanhi Ako pag-usab ug pagadawaton Ko kamo nganhi uban Kanako, aron nga diin gani ako atua usab kamo."*

Unsa man kaha tan-awon ang pagbalik ni Hesus?

Ang 1 Mga Taga-Tesalonica 4:16-17 naghulagway sa usa ka eksena kung hain si Hesus magapanaog gikan sa langit kauban ang dili-maihap nga langitnong panon ug mga anghel, kuyog ang mga nangamatay diha kang Kristo.

Kay ang Ginoo gayud mao ang manaug unya gikan sa langit inubanan ug singgit sa pagsugo, ug sa tawag sa punoan sa mga angel, ug sa tingog sa trumpeta sa Dios, ug unya ang mga nangamatay diha kang Kristo mouna sa pagpamangon. Ug kita nga mga buhi pa nga mahabilin, pagasakgawon ngadto sa mga panganud uban kanila sa pagsugat sa Ginoo diha sa kahanginan; ug sa ingon niini kita magapakig-uban na sa Ginoo sa tanang panahon.

Unsa ka masilakon kaha kini alang kang Hesukristo nga magbalik nga gilibotan ug gibantayan sa daghang langitnong panon ug mga anghel sa mga panganod! Nianang panahona, ang tanang mga katawohan nga naluwas pinaagi sa pagtoo pagasakgawon ngadto sa kahanginan ug magtambong sa Pito-ka-tuig nga Piging sa Kasal.

Ang kadtong nangamatay na apan naluwas diha kang Kristo mabanhaw usa ug pagasakgawon sa kahanginan, pagasundan sa kadtong buhi pa sa gihapon sa panahon sa pagbalik ni Hesus, kung asa ang mga lawas magabaylo ngadto sa dili madunot nga lawas.

Ang Rapture ug ang Pito-ka-Tuig nga Piging sa Kasal

"Ang rapture" mao ang usa ka hitabo kung asa ang mga tumuluo alsahon ngadto sa kahanginan. Asa man, unya, "ang kahanginan" nga giingon sa 1 Mga Taga-Tesalonica 4?

Sumala sa Mga Taga-Efeso 2:2, nga naga-ingon, *"nga niini nanaggawi kamo kaniadto uyon sa paagi niining kalibutana, uyon sa magbubuot sa kagamhanan sa kahanginan, sa espiritu nga karon mao ang nagalihok diha sa mga tawong masupilon,"* "ang kahanginan" nganhi nagpasabot sa dapit kung asa ang dautan nga mga espiritu adunay awtoridad.

Apan kining dapit alang sa dautan nga mga espiritu wala nagtudlo sa dapit sa Pito-ka-Tuig nga Piging sa Kasal. Ang Dios nga atong Amahan miandam alang sa espesyal nga dapit para sa Piging. Ang rason nganong gitawag sa Biblia ang giandam nga dapit nga "kahanginan" mao nga kini pareho ang ngalan sa dapit alang sa dautan nga mga espiritu kay kining duha ka dapit anaa sa pareho nga espasyo.

Kung imong hapaw nga tan-awon ang kalangitan, mahimo

kanimong lisud nga masabtan kung asa "ang kahanginan" – kung hain atong tagbuon si Hesus ug asa ang Pito-ka-tuig nga Piging sa Kasal ang buhaton – aktuwal nga nabutang. Ang mga tubag sa ingon niining mga pangutana makita sa "Mga Panudlo sa Genesis" nga serye ug sa duha-ka-parte nga Langit nga serye. Palihog pagtan-aw atong mga mensahe kay kini importante aron nga tarung nga masabtan ang espirituhanon nga kalibutan ug magtoo sa Biblia nga mao kini.

Imo bang mahanduraw kung unsa ka malipayon ang tanang mga tumuluo kang Hesus, nga nag-andam sa ilang mga kaugalingon isip nga Iyang pangasaw-onon, sa panahon nga ilaha nang matagbo ang ilang palamanhunon ug motambong sa ilang piging sa kasal nga molungtad og pito ka tuig?

"Managhugyaw ug managsadya kita ug ihatag ta Kaniya ang himaya, kay ang kasal sa Kordero nahiabut na, ug ang iyang pangasaw-onon nakaandam na sa iyang kaugalingon." Ug sa pangasaw-onon gitugot ang pagbistig lino nga manipis, masidlak, ug maputli; kay ang lino mao ang matarung nga mga kalihokan sa mga balaan. Ug siya miingon kanako, "Isulat kini, 'Bulahan ang mga gipangdapit ngadto sa panihapon sa kasal sa Kordero." Ug siya miingon kanako, "Kini maoy tinuod nga mga pulong sa Dios" (Ang Pinadayag 19:7-9).

Sa usa ka bahin, ang katong mga tumuluo nga gipasaka ngadto sa kahanginan magadawat og balus alang sa pagbuntog sa kalibutan. Sa pikas nga bahin, ang katong wala gialsa pataas magaantos sa mga kasakit nga dili mahanduraw ang kadakuon pinaagi sa dautan nga mga espiritu kung kinsa gipagula gikan sa kahanginan sa kalibutan inig balik ni Hesus.

2. Ang Pito-ka-tuig nga Daku nga Kasakitan

Samtang ang mga tumuluo nga naluwas magpangalipay sa piyesta sa kasal sa kahanginan kauban ni Hesukristo alang sa pito ka tuig, makig-ambit og kamaya kauban Kaniya, ug magplano sa ilang malipayon nga umaabot, ang katong nahabilin sa yuta mangatubang ug mga kasakitan sa dili matug-an nga kadakuon alang sa pito ka tuig, ug dili-mahulagway ug makahaladlok nga mga katalagman ang mohapak sa katawohan.

Ikatulo nga Giyera sa Kalibutan ug ang marka sa mapintas nga mananap

Atol sa usa ka nuclear nga giyera sa tibuok kalibutan nga umaabot, nga mao ang Ikatulo nga Giyera sa Kalibutan, ang usa sa tulo ka bahin sa tanang mga kahoy sa yuta masunog ug usa sa tulo ka bahin sa katawohan ang mangamatay. Atol sa samang giyera, lisud kini nga mangita og mahaklo nga hangin ug limpiyo nga tubig tungod sa mapig-ot nga polusyon, ug ang mga presyo sa mga pagkaon ug mga panginahanglan motaas og pag-ayo.

Ang marka sa mapintas nga mananap, "ang 666," ipakita ug ang tanan mopailalum sa pagdawat niini bisan hain sa iyang natoo nga kamot o sa iyang agtang. Kung mobalibad ang usa ka indibiduwal nga modawat sa marka, ang iyang ilhanan dili magarantiya, ug siya dili mahimo nga makabuhat og bisag unsang mga transaksyon ug makapalit og bisan unsang panginahanglan.

Ug ang mga timawa ug mga kadagkuan, mga dato ug mga kabus, mga ulipon ug mga tawong gawas, ang tanan iya usab nga gipamarkahan diha sa too nga kamot o sa agtang, nga tungod niini walay bisan kinsa nga makapamalit o makapamaligya gawas kon anaa kaniya ang maong marka, nga mao ang ngalan sa mapintas nga mananap o ang numero sa iyang ngalan. Gikinahanglan niini ang kaalam. Kaniya nga may salabutan, ipakuwenta ang numero sa mapintas nga mananap, kay kini maoy usa ka numero sa tawo; ug ang iyang numero unom ka gatus ug kan-uman ug unom (Ang Pinadayag 13:16-18).

Apil sa kadtong nahabilin human ang Pag-abot sa Ginoo ug sa Rapture mao ang mga katawohan nga nakadungog sa Maayong Balita o nagsimba sa iglesia, ug karon nakahanumdom sa pulong sa Dios.

Anaa ang kadtong tuyo nga gibiyaan ang ilang pagtoo, ug ang uban nga naghunahuna nga sila nagtoo sa Dios apan sa gihapon nahabilin. Kung kini sila mitoo lang sa Biblia sa tibuok nga kasingkasing, sila unta nagdala og maayo nga kinabuhi diha kang Kristo.

Hinoon, sila kanunay nga dagaang ug gisultihan ang ilang mga kaugalingon nga, Akong hibaloon kung tinuod nga anaay langit ug impiyerno human nakong pagkamatay," ug busa wala magangkon sa klase sa pagtoo nga gikinahanglan alang sa kaluwasan.

Ang mga pagsilot alang sa mga katawohan nga nagdawat sa marka sa mapintas nga mananap

Ingon niining mga katawohan ang makahimatngon nga ang matag pulong sa Biblia tinuod human lang kanila makasaksi sa Rapture. Sila magkasubo og mapait nga mohilak. Nga gidakop sa daku nga kahadlok, naghinosol sila nga wala sila nabuhi sumala sa kabubut-on sa Dios ug desperado nga nangita og paagi sa kaluwasan. Dugang pa, tungod kay nakahibalo sila nga ang pagdawat sa marka sa mapintas nga mananap magdala lang kanila sa impiyerno, sila nangimbisog sa tanan kanilang mahimo aron dili makadawat niini. Bisan pa niining paagi, ilang sulayan nga pamatud-an ang ilang pagtoo.

Ug misunod ang laing anghel, ang ikatulo, nga nag-ingon sa makusog nga tingog, "Kon adunay mosimba sa mapintas nga mananap ug sa iyang larawan, ug pamarka sa iyang agtang o sa iyang kamot, siya usab magainom sa bino sa kapungot sa Dios, nga pagatagayon nga walay sambog ngadto sa kopa sa Iyang kasuko; ug siya pagasakiton pinaagi sa kalayo ug asupri diha sa atubangan sa mga balaang anghel ug sa atubangan sa Kordero. Ug ang aso sa ilang kasakit magautbo hangtud sa kahangturan; ug sila dili makatagamtam sa pahulay, sa magabii ug sa maadlaw, sila nga mosimba sa mapintas nga mananap ug sa iyang larawan, ug ang bisan kinsa nga minarkahan sa iyang ngalan." Ania niini ang agda alang sa pagkamainantuson sa mga balaan, sa mga nanagbantay sa mga sugo sa Dios ug sa tinoohan ni Hesus (Ang Pinadayag 14:9-12).

Apan, dili kini sayon nga mobalibad sa marka sa mapintas nga mananap hilabi na sa kalibutan kung asa ang dautan nga espiritu hingpit nga mibuntog sa tanang butang. Sa samang panahon, ang dautan nga mga espiritu nakahibalo sad nga kining mga katawohan magadawat og kaluwasan kung sila mobalibad sa 666 nga marka ug mamatay sa kamatayon sa martir. Busa, ang dautan nga mga espiritu dili ug dili dali-dali nga moundang.

Atol sa mga adlaw sa sayo pa nga Kristohanon nga iglesia duha ka libo ka tuig nga miagi, daghang mga awtoridad sa gobyerno gilutos ang mga Kristohanon pinaagi sa paglansang, pagpugot, o gihimo silag tukbunon sa leon. Kung ang usa ka tawo gilutos ug gipatay niining paagi, dili-maihap nga mga katawohan magadawat og madali nga kamatayon sa Pito-ka-tuig nga Daku nga Kasakitan. Apan, ang dautan nga mga espiritu atol niining pito-ka-tuig nga panahon dili magpasayon sa mga butang alang sa mga katawohan nga nahabilin. Ang dautan nga mga espiritu magpuwersa sa mga katawohan nga ilimod si Hesus sa bisan unsang paagi nga ilang mabuhat pinaagi sa pagpalihok sa matag kabtangan nga aduna sila batok sa mga katawohan.

Kini wala nagpasabot nga ang mga katawohan mahimong maghikog aron nga malikayan ang kasakit, kay ang paghikog magadala lang ngadto sa impiyerno.

Ang kadtong mahimong mga martir

Ako nang gisulti ang pipila sa madagmalon nga pag-tortyur nga mga pamaagi nga gigamit sa dautan nga mga espiritu. Atol sa Daku nga Kasakitan, ang mga pamaagi sa pag-tortyur nga lapas sa imahinasyon gawasnon nga magamit. Dugang pa, kay ang pagpa-antos halos imposible nga maagwanta, gamay lang nga mga katawohan ang aktuwal nga makadawat og kaluwasan atol niining panahona.

Busa, kitang tanan kinahanglan nga espirituhanon nga nagmata sa tanang panahon ug mag-angkon sa klase sa pagtoo nga maga-alsa kanato ngadto sa kahanginan sa panahon sa Pagbalik ni Kristo.

Samtang ako nag-ampo, gipakita ko sa Dios sa usa ka talan-awon kung hain ang mga katawohan nga nahabilin human ang Rapture nagdawat sa tanang mga klase sa mga pag-tortyur. Akong nakita nga ang kadaghanan sa mga katawohan dili maka-agwanta kanila ug mipasig-uyon sa dautan nga mga espiritu sa ulahi.

Ang pag-tortyur naghisakop gikan sa pagpanit sa panit sa mga katawohan, pagbali o pagwasak sa ilang mga luta-lutahan, ngadto sa pagputol sa ilang mga tudlo sa kamot ug tiil ug pagbubo sa nag-uros nga lana diha kanila. Pipila ka mga katawohan ang mahimong maka-agwanta sa ilang kasakit dili maka-agwanta nga makit-an ang ilang tigulang nga mga ginikanan o magagmay nga mga anak nga mag-antos ug sila, usab, magpahi-uyon sa marka nga 666.

Sa gihapon, adunay magagmay nga ihap sa mga matarung nga mga katawohan ang makabuntog sa tanang mga pagtintal ug kasakit. Kining mga katawohan ang magadawat sa kaluwasan. Bisan pa nga kini makauulaw nga kaluwasan ug sila magasulod sa Paraiso nga nahiapil sa langit, sila mapasalamaton ug malipayon nga sila wala mahagbong ngadto sa impiyerno.

Mao kini nganong kita obligado nga mopakatap niining mensahe sa impiyerno sa tibuok kalibutan. Bisan pa nga morag tan-awon nga ang mga katwohan wala maghatag sa ilang atensyon karon, kung ila kining mahinumduman sa panahon sa Dakung Kasakitan, kini maghatag sa dalan kanila alang sa kaluwasan.

Pipila ka mga katawohan nag-ingon nga sila mamatay nga martir aron madawat ang kaluwasan kung ang Rapture tinuod nga mahinabo ug sila mahabilin.

Bisan pa niana, kung sila dili makaangkon og pagtoo niining panahon sa kalinaw, unsaon man kanila pagpanalipod sa tungatunga sa ingon niining brutal nga kasakit? Dili gani kanato matagna kung unsa ang mahinabo kanato sa masunod nga napulo ka minuto. Kung mamatay sila sa wala pa makadawat og higayon aron mamatay nga martir, ang impiyerno lang ang magahulat kanila.

3. Ang Pagkamartir sa Panahon sa Daku nga Kasakitan

Aron matabangan ka nga masabtan og mas sayon ang pag-antos sa Daku nga Kasakitan ug tugotan ka nga magpabilin nga espirituhanon nga nagmata aron nga imong malikayan kini, tugoti ko nga ipatin-aw og dugang pinaagi sa pananglit sa usa ka kalag.

Sukad nga nadawat niining babaye ang nag-awas nga grasya, makita ug madunggan kaniya ang daku, mahimayaon, bisan pa ang nakatago nga mga butang mahitungod sa Dios. Apan, ang iyang kasingkasing gipuno sa dautan, ug nag-angkon siya og gamay kaayo nga pagtoo.

Gamit ang mga gasa gikan sa Dios, siya nagpatuman og importante nga mga katungdanan, migunit og usa ka impotante nga papel sa pagpadaku sa gingharian sa Dios, ug kanunay nga gipahimuot ang Dios sa iyang mga binuhatan. Kini sayon sa mga katawohan nga maghunahuna nga, "Ang kadtong mga katawohan nga adunay importante nga mga katungdanan sa iglesia kinahanglan mga lalaki ug babaye nga adunay daku nga pagtoo!"

Apan, kini dili gayud tinuod. Gikan sa perspektibo sa Dios, adunay dili-maihap nga mga tumuluo nga ang mga pagtoo aktuwal nga bisan unsang butanga luwas sa "daku." Ang Dios dili mosukud sa unodnon nga pagtoo, apan ang espirituhanon nga pagtoo.

Gusto sa Dios ang espirituhanon nga pagtoo

Atuang eksaminon og kadali ang "espirituhanon nga pagtoo"

pinaagi sa kaso sa pagluwas sa mga Israelinhon gawas sa Ehipto. Ang mga Israelinhon nakasaksi ug nakasinati sa Napulo ka Salot sa Dios. Ilang nasaksihan nga natunga ang Red Sea ug nalunod si Faraon ug ang iyang kasundalohan niini. Ilang nasinati ang pag-agak sa Dios pinaagi sa haligi nga panganod sa adlaw ug haligi nga kalayo sa gabii. Adlaw-adlaw mikaon sila og mana gikan sa langit, nakadungog sa tingog sa Dios nga naglingkod sa mga panganod, ug nakita ang Iyang binuhat gamit ang kalayo. Ilang giinom ang tubig gikan sa usa ka bato nga gihapak ni Moses, ug nakita ang pait nga tubig sa Marah nga mibaylo sa tam-is. Bisan pa nga sila nakasaksi og balik-balik sa mga binuhatan ug mga timaan sa buhi nga Dios, ang ilang pagtoo dili makapahimuot ni madawat sa Dios. Busa, dili sila makasulod sa Gisaad nga Yuta sa Canaan sa (Numeros 20:12).

Sa usa ka bahin, ang pagtoo sa usa ka tawo nga walay paglihok, bisan pa unsa kadaghan ang nahibaloan sa usa ka tawo sa pulong sa Dios ug nakasaksi ug nakadungog sa Iyang mga buhat ug mga milagro, dili tinuod nga pagtoo. Sa pikas nga bahin, kung kita makaangkon og espirituhanon nga pagtoo, dili kita moundang sa pagtuon sa pulong sa Dios; kita magmasinugtanon sa pulong, isirkonsisyon ang atong mga kasingkasing, ug likayan ang matag klase sa dautan. Kung kita adunay ba'y "daku" o "gamay" nga pagtoo pagadeterminahon pinaagi sa kadakuon kung hain kita nagmasinugtanon sa pulong sa Dios, magpakabuotan ug mabuhi sumala niini, ug mag-anggid sa kasingkasing sa Dios.

Impiyerno

Balik-balik nga pagkamasupilon sa pagka-arogante

Niining aspeto, ang babaye adunay gamay nga pagtoo. Iyang gisulayan nga isirkonsisyon and iyang kasingkasing sa makadiyot apan dili hingpit nga matalikdan ang dautan. Dugang pa, kay siya anaa sa posisyon sa pagpasangyaw sa pulong sa Dios, siya nagkasamot sa pagka-arogante.

Ang babaye naghunahuna nga siya adunay tinuod ug daku nga pagtoo. Naabot gani siya sa paghunahuna nga dili matuman o mabuhat ang kabubut-on sa Dios kung wala ang iyang presensya o katabang. Sa pagdugang, imbes nga maghatag og himaya sa Dios alang sa gihatag-sa-Dios nga mga gasa, gusto kaniyang kuhaon ang pagtamod sa iyang kaugalingon. Dugang pa, iyang gigamit ang mga kabtangan sa Dios sa iyang kaugalingong pagbuot aron nga matagbaw ang iyang mga paninguha sa iyang makakasala nga kinaiya.

Padayon siya nga nagmasupilon og balik-balik. Bisan pa nga nakahibalo siya nga kabubut-on kini sa Dios nga mopadulong siya sa timogan, siya mipadulong sa kasadpan. Ang paagi nga gitalikdan sa Dios si Pablo ang unang hari sa Israel tungod sa iyang pagkamasupilon (1 Samuel 15:22-23), bisan pa ang mga katawohan gigamit kausa sa Dios isip nga mga galamiton aron matuman ug mapadaku ang gingharian sa Dios, ang balik-balik nga pagkamasupilon ang magsulsol lang sa Dios nga iliso ang Iyang nawong pahilayo gikan kanila.

Kay ang babaye nakahibalo sa pulong, siya nakaamgo sa iyang mga sala ug balik-balik nga naghinosol. Apan, ang iyang pag-ampo sa paghinulsol sa iyang mga wait lang, dili gikan sa iyang kasingkasing. Miabot siya sa ulahi sa pagbuhat sa pareho nga mga sala og balik-balik, busa gipataas pa gayud ang paril sa sala taliwala kaniya ug sa Dios.

Ang 2 Pedro 2:22 nag-ingon kanato nga, *"Sila hingmatud-an sa tinuod nga sanglitanan nga nagaingon, 'Gibalikan sa iro ang iyang kaugalingong suka,' ug, 'Tapus madigo ang anay, sa yanang mobalik siya sa paglunang.'"* Human kaniya og paghinulsol sa iyang mga sala, iyang gibuhat ang pareho nga sala og usab-usab.

Sa ulahi, kay tungod siya gidakop sa iyang kaugalingong pagka-arogante, kahakog, ug dili-maihap nga mga sala, ang Dios nagliso sa Iyang nawong gikan kaniya ug siya sa ulahi nahimong gamit ni Satanas sa pagbatok sa Dios.

Kung ang katapusan nga higayon sa paghinulsol gihatag

Sa kadaghanan, ang kadtong nagsulti og kontra, batok, o pasipala sa Espiritu Santo dili mapasaylo. Dili na gayud sila usab makadawat sa higayon nga maghinulsol, ug sila mahagbong ngadto sa Ubos nga Lubnganan.

Apan, adunay kalahian kining babaye. Bisan pa sa tanang mga sala ug kadaut nga pagbalik-balik og pagsupil sa Dios, Siya sa gihapon naghatag og katapusan nga higayon alang kaniya nga maghinulsol. Mao kini tungod kay ang babaye sa kausa nahimong dili-kabilhan nga gamit sa Dios alang sa Iyang gingharian. Bisan pa nga gitalikdan sa babaye ang iyang katungdanan ug ang saad sa himaya ug mga balos sa langit, kay tungod iyang daku nga gipahimuot ang Dios, Iyang gitagaan siya og usa, katapusan nga higayon.

Sa gihapon nagbatok siya sa Dios, ug ang Espiritu Santo diha kaniya nawala na. Apan, pinaagi sa espesyal nga grasya sa Dios, ang babaye aduna pa'y usa ka katapusan nga higayon nga maghinulsol ug dawaton ang kaluwasan sa panahon sa Dakung Kasakitan pinaagi sa pagpakamartir.

Ang iyang mga hunahuna sa gihapon natanggong sa ilalom sa pagkontrol ni Satanas apan pagkahuman sa Rapture, siya maulian sa iyang mga hangkag. Kay tungod nakahibalo siya sa pulong sa Dios og pag-ayo, nakahibalo sad siya og pag-ayo sa dalan nga padulongan. Human mahimatngonan nga ang bugtong nga dalan aron makadawat og kaluwasan mao ang pagpakamartir, siya hingpit nga maghinulsol, tipunon ang tanang mga Kristohanon nga nahabilin, magsimba, magdayeg, ug mag-ampo kauban kanila samtang siya nag-andam sa iyang pagpakamartir.

Kamatayon sa usa ka martir ug ang makauulaw nga kaluwasan

Inig kaabot sa panahon, siya mobalibad og dawat sa marka nga 666 ug unya kuhaon siya aron i-tortyur sa kadtong anaa sa pagkontrol ni Satanas. Siya panitan sa kada hut-ong. Ilaha ganing pasuon ang pinakahumok ug pinakapribado nga mga parte sa lawas sa kalayo. Sila maghimo og paagi alang sa iyang pag-paantos aron kini mas masakit ug molungtad og dugay. Sa madali ang kuwarto mapuno sa baho sa nasunog nga unod. Ang iyang lawas nabulit sa dugo gikan sa ulo ngadto sa tudlo sa tiil, ang iyang ulo nagduko, ug ang iyang nawong nabahid sa madulom ug asul, nga nag-anggid sa usa ka patay.

Kung iyang maagwanta kining pagpa-antos hangtud sa katapusan, bisan sa iyang dili-maihap nga mga sala ug kadaut sa miagi, siya magadawat sa pinakamubo sa makauulaw nga kaluwasan ug makasulod sa Paraiso. Sa Paraiso, ang mga hilit sa langit ug ang pinakamalayo nga dapit gikan sa Trono sa Dios, ang babaye magkasubo ug maghilak sa iyang mga buhat niining kinabuhi. Lagi, siya mapasalamaton ug malipayon nga siya naluwas. Apan, sa panahon nga moagi siya maghinulsol ug magkahidlaw sa Bag-ong Herusalem, nga nag-ingon, "Kung ako lang unta gitalikdan ang dautan ug gipatuman ang katungdanan sa Dios sa tibuok kasingkasing, anaa unta ko sa pinakahimayaon nga dapit sa sulod sa Bag-ong Herusalem..." Kung iyang makita ang mga katawohan nga iyang nailhan niining kinabuhi nga nagpuyo sa Bag-ong Herusalem, siya kanunay nga mobati og kaulaw ug kaulawan.

Kung iyang dawaton ang marka nga 666

Kung dili kaniya maagwanta ang pagpa-antos ug dawaton ang marka sa mapintas nga mananap, sa wala pa ang Melinyo, siya ilabay ngadto sa Ubos nga Lubnganan ug silotan pinaagi sa paglansang sa krus sa natuo nga likod ni Hudas Iscariote. Ang iyang mga pagsilot sa Ubos nga Lubnganan mao ang pagbalik-balik sa pagpa-antos nga iyang gidawat sa panahon sa Dakung Kasakitan. Sa molabay nga usa ka libo nga tinuig, ang panit sa iyang lawas panitan ug sunugon sa kalayo og balik-balik.

Ang mga mensahero sa impiyerno ug ang kadtong tanan nga nagbuhat og dautan pinaagi sa pagsunod kaniya ang mag-tortyur sa babaye. Sila sad gisilotan sumala sa ilang mga buhat ug ipagula ang ilang kasakit ug kasuko sa babaye.

Sila pagasilotan niining paagi sa Ubos nga Lubnganan hangtud sa katapusan sa Milenyo. Human ang Paghukom, kadtong mga kalag mopadulong sa impiyerno sa nagsilaob nga kalayo ug asupri, kung hain mas mapig-ot nga mga pagsilot ang naghulat kanila.

4. Ang Ikaduha nga Pagbalik ni Kristo ug ang Milenyo

Sumala sa gisulti sa ibabaw, si Hesukristo magabalik sa kahanginan ug ang kadtong dal-on sa hitaas magapangalipay sa pito-ka-tuig nga piging sa kasal kauban Kaniya, samtang ang Dakung Kasakitan ipatuman sa dautan nga mga espiritu nga gipagula gikan sa kahanginan.

Unya, si Hesukristo magabalik sa yuta ug ang Milenyo magasugod. Ang dautan nga mga espiritu ibalhog sa Bung-aw niining panahona. Ang kadtong mitambong sa Pito-ka-tuig nga Piging sa Kasal ug ang kadtong nangamatay sa kamatayon nga martir sa panahon sa Dakung Kasakitan magadumala sa yuta ug makig-ambit kauban si Hesukristo alang sa usa ka libo ka tuig.

Bulahan ug balaan ang tawo nga makaambit sa

nahaunang pagkabanhaw; sa mga tawong ingon niini ang ikaduhang kamatayon walay gahum sa pagbuot, hinonoa sila mahimong mga saserdote sa Dios ug ni Kristo, ug uban Kaniya magahari sila sa usa ka libo ka tuig (Ang Pinadayag 20:6).

Usa ka gamay nga gidaghanon sa unodnon nga mga katawohan nga nabuhi sa Dakung Kasakitan mabuhi sad sa ibabaw sa yuta sa panahon sa Milenyo. Apan, ang kadtong nangamatay na nga wala makadawat og kaluwasan padayon nga silotan sa Ubos nga Lubnganan.

Ang Milenyo nga Gingharian

Inig kaabot sa Milenyo, ang mga katawoham mangalipay sa usa ka makidaiton nga kinabuhi sama sa mga adlaw sa Hardin sa Eden, kay walay dautan nga espiritu. Si Hesukristo ug ang mga naluwas, espirituhanon nga mga katawohan magpuyo sa usa ka siyudad nga nag-anggid sa mga kastilyo sa mga hari nga gilain gikan sa mga katawohan sa unod. Ang mga espirituhanon nga mga katawohan magpuyo sa siyudad ug ang mga katawohan sa unod nga nabuhi sa Dakung Kasakitan magpuyo sa gawas sa siyudad.

Sa wala pa ang Milenyo, si Hesukristo magahinlo sa yuta. Iyang putlion ang kontaminado nga hangin, ug bag-ohon ang mga kahoy, mga tanom, mga bukid, ug mga agos. Buhaton Kaniya ang maanyag nga kalikopan.

Ang mga katawohan sa unod mangimbisog nga manganak sa

pinakadaghan ug kadaghanan nga panahon nga ilang mabuhat kay adunay kadiyotayan lang kanila nga nahabilin. Ang hinlo nga hangin ug ang kawala sa dautan nga espiritu walay lugar alang sa mga sakit ug kadaut. Ang dili-pagkamatarung ug dautan sa diha sa kasingkasing sa mga katawohan dili makita atol niining panahona kay anaa sa Bung-aw gibalhog ang dautan nga mga espiritu kung hain gikan ang kadaut.

Sama sa mga adlaw una ni Noe, ang mga katawohan mabuhi sa ginatos nga tuig. Ang yuta sa madali mapuno sa dili-maihap nga mga katawohan alang sa usa ka libo ka tuig. Ang mga katawohan wala magkaon og karne apang bunga lang kay walay pagpangguba sa kinabuhi gayud.

Dugang pa, magkuha og daku kaayo nga panahon alang kanila aron maabot ang lebel sa siyensiya nga kauswagon karon kay ang kadaghanan sa sibilisasyon naguba na sa mga giyera atol sa Dakung Kasakitan. Sa pag-agi sa panahon, ang lebel sa ilang sibilisasyon mahimong maabot ang pareho sa karon sa pagdugang sa ilang kaalam ug kahibalo.

Ang espirituhanon nga mga katawohan ug ang unodnon nga mga katawohan magpuyo og uban

Dili kini kinahanglan alang sa espirituhanon nga mga katawohan nga nagpuyo kauban ni Hesukristo sa yuta nga mokaon sama sa paagi sa mga katawohan sa unod, kay ang mga lawas sa nahauna nga grupo nausab na ngadto sa nabanhaw, espirituhanon nga mga lawas. Kasagaran kanilang konsumohon ang kahumot sa mga bulak ug sama niini, apan kung gusto kanila, mahimo sila mokaon sa pareho nga pagkaon sa mga katawohan sa unod. Apan, ang espirituhanon nga mg katawohan dili mangalipay sa pisikal nga pagkaon bisan pa nga kini ilahang kanon, dili sila makapagawas sa hugaw sama sa paagi nga buhaton sa mga katawohan sa unod. Sama sa pagginhawa sa nabanhaw nga si Hesukristo human Kaniyang mokaon sa usa ka piraso sa isda, ang pagkaon nga konsumohon sa espirituhanon nga mga katawohan matun-as ngadto sa hangin pinaagi sa pagginhawa.

Ang espirituhanon nga mga katawohan usab magwali ug mosaksi kang Hesukristo sa mga katawohan sa unod, aron nga sa katapusan sa Milenyo inig buhi sa dautan nga mga espiritu og kadali gikan sa Bung-aw, ang mga katawohan sa unod dili matintal. Ang panahon una pa sa Paghukom, kay wala pa permanente nga gibalhog sa Dios ang dautan nga mga espiritu sa Bung-aw apan sa usa ka libo ka tuig lang (Ang Pinadayag 20:3).

Sa katapusan sa Milenyo

Inig kahuman sa Milenyo, ang dautan nga mga espiritu nga gibalhog sa Bung-aw sa usa ka libo ka tuig buhian og makadali. Sila magsugod sa pagtintal ug manglimbong sa mga katawohan sa unod nga nabuhi sa makadaiton. Ang kadaghanan sa mga katawohan sa unod matintal ug malimbongan bisan unsa kadaghan sa gitudlo kanila sa espirituhanon nga mga katawohan batok niini. Bisan pa nga ang espirituhanon nga mga katawohan nagpa-andam sa detalye mahitungod sa mga butang nga umaabot, ang mga katawohan sa unod sa ulahi matintal ug magplano sa pagkonpronta ug mogiyera batok sa espirituhanon nga mga katawohan.

> *Ug inigkatapus na sa usa ka libo ka tuig, si Satanas pagabuhian gikan sa iyang bilanggoan, ug mogowa siya aron sa pagpahisalaag sa mga nasud nga anaa sa upat ka tumoy sa yuta, sa Gog ug sa Magog, sa pagpatagbo kanila alang sa pagpakiggubat; ang ilang gidaghanon ingon sa bonbon sa dagat. Ug mitungas sila ngadto sa halapad nga yuta ug ilang gilibutan ang kampo sa mga balaan ug ang siyudad nga hinigugma; apan dihay kalayo nga mikunsad gikan sa langit ug milamoy kanila* (Ang Pinadayag 20:7-9).

Nan, ang Dios magguba pinagi sa kalayo sa mga katawohan sa unod nga nagpakiggubat, ug ilabay ang dautan nga mga espiritu nga sa makadali gibuhian balik ngadto sa Bung-aw human ang Paghukom sa Dakung Trono nga Maputi.

Sa ulahi, ang mga katawohan sa unod nga midaku ang gidaghanon atol sa Milenyo usab pagahukman sumala sa katarung sa Dios. Sa usa ka bahin, ang tanang mga katawohan nga wala midawat sa kaluwasan – apil kanila mao ang kadtong nabuhi sa Pito ka Tuig nga Dakung Kasakitan – itambog ngadto sa impiyerno. Sa pikas nga bahin, ang kadtong midawat sa kaluwasan magasulod sa langit ug, sumala sa ilang pagtoo, magpuyo sa nagkalain-lain nga mga dapit sa sulod sa langit, i.e. ang Bag-ong Herusalem, Paraiso, ug uban pa.

Human ang Paghukom sa Dakung Trono nga Maputi, ang

espirituhanon nga kalibutan matunga ngadto sa langit ug impiyerno. Mahitungod niini, akong ipatin-aw ug dugang sa masunod nga kapitulo.

5. Pag-andam aron Mahimong Maanyag nga Pangasaw-onon sa Ginoo

Aron malikayan nga mahabilin sa Dakung Kasakitan, kinahanglan imong iandam ang imong kaugalingon isip nga usa ka maanyag nga pangasaw-onon ni Hesukristo ug abiabihon Siya sa Iyang Pagbalik.

Ang Mateo 25:1-13 usa ka sambingay sa napulo nga mga birhen, kung hain nagsilbi nga usa ka daku nga leksiyon alang sa tanang mga tumuluo. Bisan pa nga mahimong imong makompisal ang imong pagtoo sa Dios, dili mahimong maabi-abi kanimo ang imong pamanhonon nga si Hesukristo kung wala ka'y igo nga lana nga giandam alang sa imong lampara. Giandam sa lima ka mga birhen ang ilang lana aron nga sila makaabi-abi sa ilang pamanhonon ug makasulod sa piging sa kasal. Ang ubang lima ka mga birhen wala mag-andam og lana ug dili makaapil sa piging.

Unsaon man, unya, kanatong maandam ang atong mga kaugalingon sama sa lima ka maalam nga mga birhen, mahimong pangasaw-onon sa Ginoo, ug likayan nga mahagbong ngadto sa Dakung Kasakitan hinonoa makigbahin sa Piging sa Kasal?

Madilaabon nga mag-ampo ug magpabilin nga mabinantayon

Bisan pa nga ikaw usa ka bag-o nga tumuluo ug adunay maluya nga pagtoo, basta imong buhaton ang imong pinakamaayo aron nga masirkonsisyon ang imong kasingkasing, ang Dios manalipod kanimo bisan pa sa tunga-tunga sa masilabon nga mga pagsulay. Bisan unsa kalisud sa mga sirkumstansya, ang Dios moputos kanimo sa habol nga kinabuhi ug mahimo kanimong sayon nga mabuntog ang bisan unsang mga pagsulay.

Bisan pa niana, ang Dios dili makapanalipod sa bisan kadtong tumuluo sa taas nga panahon, nagpatuman sa gihatag-sa-Dios nga mga katungdanan, ug daku nga nakahibalo sa pulong sa Dios, kung ilang undangon ang ilang pag-ampo, moundang og pagdayeg sa pagpadalisay, ug moundang sa pagsirkonsisyon sa ilang mga kasingkasing.

Kung mangatubang ka og mga kalisud, kinahanglan kanimong maaninag ang tingog sa Espiritu Santo aron nga mabuntog sila. Apan, kung dili ka mag-ampo, unsaon man kanimo pagkadungog sa tingog sa Espiritu Santo ug magdala og madaogon nga kinabuhi? Tungod kay dili ka pa hingpit nga puno sa Espiritu Santo, ikaw daku nga nagsalig sa imong kaugalingong mga hunahuna ug madagma sa kada panahon, nga matintal ni Satanas.

Dugang pa, karon nga duol na kita sa katapusan nga panahon, ang dautan nga mga espiritu nag-ukoy-ukoy palibot nga morag nagdahunog nga mga leon nga nangita sa bisan kinsang matukob kay sila nakahibalo nga ang ilang katapusan haduol na sad. Kanunay kanatong makita ang usa ka tamaran nga estudyante nga nagkraming ug dili makatulog sa mga inadlaw padulong sa eksaminasyon. Sama niini, kung ikaw usa ka tumuluo nga nakahibalo nga kita nagpuyo sa mga inadlaw nga nagpadulong sa katapusan sa panahon, kinahanglan kang mabinantayon ug mag-andam sa imong kaugalingon isip nga usa ka maanyag nga pangasaw-onon sa Ginoo.

Talikdan ang dautan ug mag-anggid sa Ginoo

Unsang mga klase sa mga katawohan ang nagpabilin sa ilang mga kaugalingon nga mabinantayon? Sila kanunay nga nag-ampo, kanunay nga puno sa Espiritu Santo, nagtoo sa pulong sa Dios, ug mabuhi sumala sa Iyang pulong.

Kung ikaw magpabilin nga mabinantayon sa tanang panahon, kanunay ka nga nakig-ambit sa Dios aron nga dili ka matintal sa dautan nga mga espiritu. Dugang pa, sayon lang para kanimo nga mabuntog ang bisan unsang mga pagsulay kay ang Espiritu Santo makapaamgo kanimo sa mga butang nga umaabot og una, manguna sa imong dalan, ug magtugot kanimo nga mahimatngonan ang pulong sa kamatuoran.

Apan, ang kadtong dili magpabilin nga mabinantayon dili makadungog sa tingog sa Espiritu Santo busa sila madali lang matintal ni Satanas, ug moadto sa dalan sa kamatayon. Ang pagpabilin nga mabinantayon mao ang isirkonsisyon ang kasingkasing, magbinatasan ug mabuhi sumala sa pulong sa Dios, ug mapabalaan.

Ang Pinadayag 22:14 nag-ingon kanato nga *"Bulahan sila nga managlaba sa ilang mga bisti, aron makabaton sila sa katungod sa pagpahimulos sa kahoy nga naghatag sa kinabuhi, ug sa pagsulod sa siyudad agi sa mga pultahan."* Niining mensahe, ang "mga bisti" nagpasabot sa pormal nga sinina. Sa espirituhanon, ang "mga bisti" nagpasabot sa imong kasingkasing ug sa imong lihok. Ang "managlaba sa ilang mga bisti" nagsimbolo sa pagpahilayo sa dautan ug pagsunod sa pulong sa Dios aron mahimong espirituhanon ug mahimong mas anggid ni Hesukristo. Ang kadtong gipabalaan niining paagi makakab-ot sa katarung nga makasulod sa mga pultahan sa langit ug mangalipay sa kinabuhing dayon.

Ang mga katawohan nga naglaba sa ilang mga bisti sa pagtoo

Unsaon man kanato hingpit nga labhan ang atong mga bisti? Kinahanglan kanimong una nga isirkonsisyon ang imong kasingkasing sa pulong sa kamatuoran ug madilaabon nga pag-ampo. Sa ubang mga pulong, kinahanglan kanimong ilabay ang bisan unsang kabakakan ug dautan gikan sa imong kasingkasing ug pun-on lang kini sa kamatuoran. Sama sa imong paglaba sa hugaw sa imong sinena sa hinlo nga tubig, kinahanglan kanimong labhan ang hugaw nga mga sala, paglapas sa sugo, ug dautan diha sa imong kasingkasing sa pulong sa Dios, ang tubig sa kinabuhi, ug isul-ob ang mga bisti sa kamatuoran ug maganggid sa kasingkasing ni Hesukristo. Ang Dios magpanalangin sa bisan kang kinsa nga nagpakita sa pagtoo pinaagi sa buhat ug pagsirkonsisyon sa iyang kasingkasing.

Ang Pinadayag 3:5 nag-ingon kanato nga, *"Sa ingon niini ang magamadaugon pagasul-oban ug mga bisti nga maputi; ug ang iyang ngalan dili ko pagapapason gikan sa libro sa kinabuhi, hinonoa igatug-an ko ang iyang ngalan sa atubangan sa akong Amahan ug sa atubangan sa iyang mga anghel."* Ang mga katawohan nga mibuntog sa kalibutan sa pagtoo ug naglakaw sa kamatuoran mangalipay sa kinabuhing dayon sa langit kay sila nag-angkon sa kasingkasing sa kamatuoran ug walay dautan nga makita diha kanila.

Hinonoa, ang mga katawohan nga nagpuyo sa kangitngit walay kalabotan sa Dios bisan unsa kadugay sila nahimong Kristohanon, kay tinuod gayud nga sila mag-angkon og pangalan nga sila buhi, apan sila patay (Ang Pinadayag 3:1). Busa, kanunay nga ibutang ang imong paglaum diha lang sa Dios kung kinsa dili maghukom kanato sa atong itsura apan mag-eksamin lang sa atong mga kasingkasing ug buhat. Usab, kanunay nga mag-ampo ug magmasinugtanon sa pulong sa Dios aron nga maabot kanimo ang hingpit nga kaluwasan.

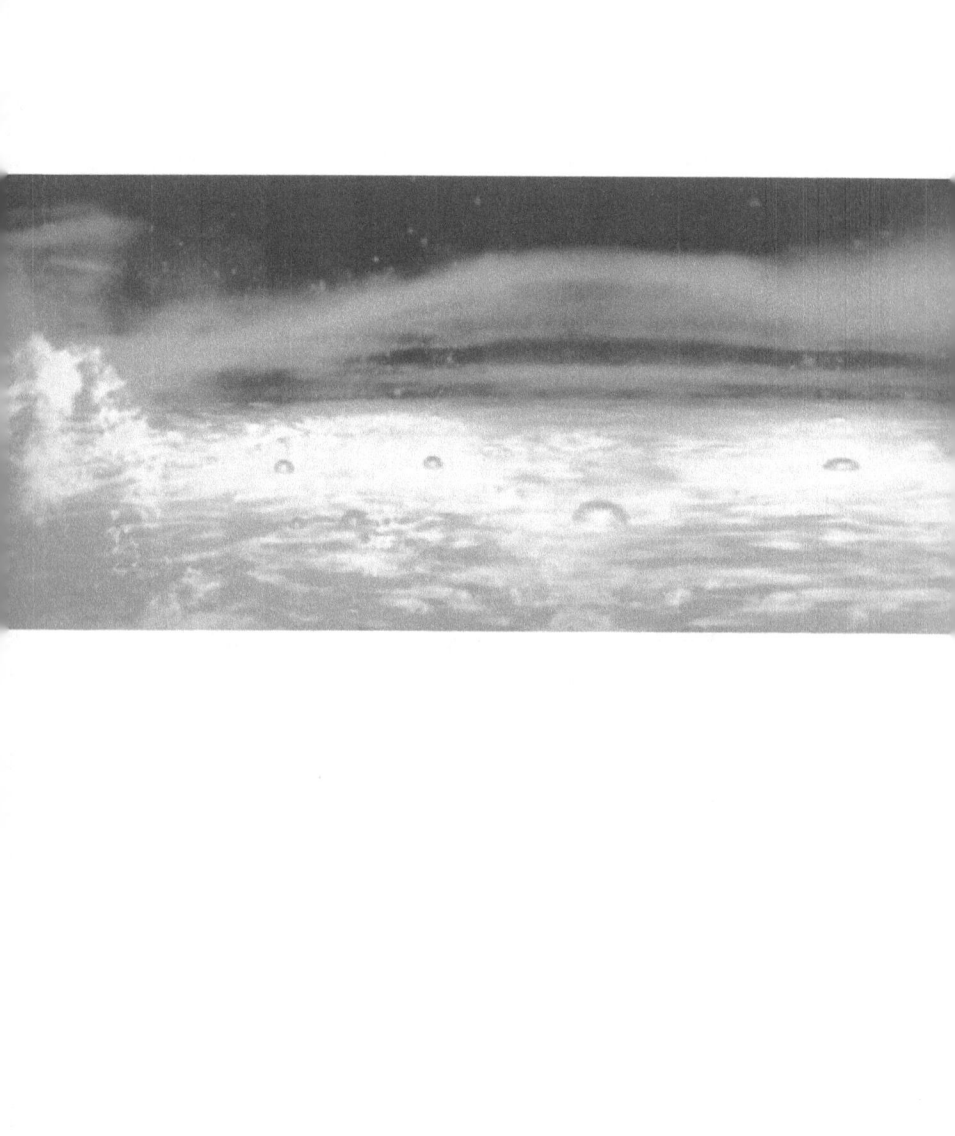

Kapitulo 8

Mga Pagsilot sa Impiyerno human ang Daku nga Paghukom

1. Ang Wala Maluwas nga mga Kalag Mahagbong ngadto sa Impiyerno Human ang Paghukom
2. Ang Linaw nga Kalayo Ug Ang Linaw sa Nagsilaob nga Asupri
3. Ang Pipila Mahabilin sa Ubos nga Lubnganan Bisan pa Pagkahuman sa Paghukom
4. Ang Dautan nga mga Espiritu Ibalhog sa Bung-aw
5. Asa man Mopadulong ang mga Demonyo?

*"[Sa impiyerno] diin ang ilang ulod dili mamatay,
ug ang kalayo dili pagapalongon.
Kay ang matag-usa pagaasinan ug kalayo."*
- Marcos 9:48-49 -

*"Ug ang yawa nga nagpahisalaag kanila gitambog ngadto
sa linaw nga kalayo ug asupri diin atua na ang mapintas
nga mananap ug ang mini nga propeta,
ug didto pagasakiton sila sa adlaw ug
sa gabii hangtud sa kahangtoran."*
- Ang Pinadayag 20:10 -

Sa Pagbalik ni Kristo ang Milenyo magasugod niining yuta ug human niana ang Paghukom sa Dakung Trono nga Maputi ang magasunod. Ang Paghukom – kung asa mao ang magdeterminar sa langit o impiyerno, ug mga balos o mga pagsilot – ang maghukom sa matag-usa sumala sa kung unsa ang iyang nabuhat niining kinabuhi. Busa, ang pipila magapangalipay sa kalipay nga dayon sa langit ug ang uban silotan sa kahangtoran sa impiyerno. Atong utingkayon ang Paghukom sa Dakung Trono nga Maputi, kung hain ang langit o impiyerno pagadesisyonan, ug unsang klase sa dapit ang impiyerno.

1. Ang Wala Maluwas nga mga Kalag Mahagbong ngadto sa Impiyerno Human ang Paghukom

Kaniadtong Hulyo 1982, samtang ako nag-ampo alang sa pag-andam sa pagsugod sa akong ministro, akong nahibaloan ang mahitungod sa Paghukom sa Dakung Trono nga Maputi sa detalye. Gipakita ko sa Dios og usa ka eksena kung hain Siya naglingkod sa Iyang Trono, ang Ginoong Hesukristo ug si Moises nga nagtindog sa atubangan sa Trono, ug kadtong nagkupot sa papel nga hukmanan. Bisan pa nga ang Dios maghukom og tukma ug ang kapatas dili makumpara sa kadtong mga hukom sa kalibutan, Siya magahimo og pagdesisyon kauban si Hesukristo isip nga usa ka abogado nga adunay paghigugma, si Moises isip nga usa ka prosekyutor sa Kasugoan, ug ang mga katawohan isip nga mga hurado.

Ang mga pagsilot sa impiyerno pagadesisyonan sa Paghukom

Ang Pinadayag 20:11-15 nagsulti kanato kung unsaon sa Dios maghukom og tukma ug katarung. Ang Paghukom ipatuman kauban ang Libro sa Kinabuhi kung hain ang mga pangalan sa naluwas ug ang mga libro kung hain ang matag buhat sa mga katawohan gitala.

> *Ug unya nakita ko ang usa ka dakung trono nga maputi ug ang naglingkod niini, gikan sa kang kinsang atubangan ang yuta ug ang kalangitan nanagpangalagiw, ug walay dapit nga hingkaplagan alang kanila. Ug nakita ko ang mga patay, mga dagku ug mga gagmay, nga nanagtindog sa atubangan sa trono, ug dihay mga libro nga gipamuklad. Usab dihay laing libro nga gibuklad, nga mao ang libro sa kinabuhi; ug ang mga patay gipanaghukman pinasikad sa nahisulat diha sa mga libro, pinasikad sa ilang mga binuhatan. Ug ang dagat mitugyan sa mga patay nga diha niini, ug ang kamatayon ug ang Hades mitugyan sa mga patay nga diha kanila; ug ang tanan gipanaghukman pinasikad sa ilang binuhatan. Unya ang kamatayon ug ang Hades gitambog ngadto sa linaw nga kalayo. Mao kini ang ikaduhang kamatayon, ang linaw nga kalayo. Ug kon ang ngalan ni bisan kinsa dili makaplagan nga nahisulat diha sa libro sa kinabuhi, siya itambog ngadto sa linaw nga kalayo.*

"Ang mga patay" nganhi nagpasabot sa tanan kadtong wala modawat ni Kristo isip nga ilang Manluluwas o adunay patay nga pagtoo. Inig kaabot sa panahon nga pinili sa Dios, "ang mga patay" mabanhaw ug magtindog sa atubangan sa Trono sa Dios aron pagahukman. Ang Libro sa Kinabuhi pagabuksan sa atubangan sa Trono sa Dios.

Walay labot sa Libro sa Kinabuhi, kung hain ang mga pangalan sa tanang naluwas nakasulat, adunay ubang mga libro kung hain ang matag buhat sa mga patay nahisulat. Ang mga anghel nagtala sa tanang butang nga atong gibuhat, gisulti, ug gihunahuna, i.e. pagpanunglo sa uban, paghapak sa usa ka tawo, pagkasuko, pagbuhat og maayo, ug uban pa. Sama nga ikaw makatago og klaro nga mga tala sa piho nga mga hitabo ug mga dayalogo sa taas nga panahon gamit ang usa ka video camera o mga recorder sa nagkalain-lain nga mga klase, ang Dios nga Makagagahom nag-alima sad sa matag eksena sa kinabuhi sa usa ka tawo sa yuta.

Busa, ang Dios magahukom sa katarung sa Paghukom nga Adlaw sumala sa mga tala niining mga libro. Ang kadtong wala maluwas pagahukman sumala sa ilang dautan nga mga buhat, ug magadawat sa nagkalain-lain nga mga klase sa mga pagsilot sumala sa kapig-ot sa ilang mga sala, sa kahangtoran sa impiyerno.

Ang linaw nga kalayo o ang nagsilaob nga asupri

Ang bahin nga "ug ang dagat mitugyan sa mga patay nga diha niini" wala nagpasabot nga ang dagat mitugyan sa kadtong nangalunod niini. "Ang dagat" nganhi espirituhanon nga nagpasabot sa kalibutan. Kini nagpasabot nga ang kadtong nagpuyo sa kalibutan ug nahiuli sa abog mabanhaw aron nga pagahukman sa atubangan sa Dios.

Unsa man, unya, ang buot ipasabot og magsulti nga, "Ang kamatayon ug Hades mitugyan sa mga patay nga diha kanila"? Kini nagpasabot nga ang kadtong miantos sa Ubos nga Lubnganan, nga gitawag nga Hades, mabanhaw sad ug magtindog sa atubangan sa Dios aron pagahukman. Human paghukom sa Dios, ang kadaghanan sa kadtong miantos sa Ubos nga Lubnganan itambog ngadto sa linaw nga kalayo o sa nagsilaob nga asupri sumala sa kapig-ot sa ilang mga sala kay, sumala sa giingon sa ibabaw, ang mga pagsilot sa Ubos nga Lubnganan ihatag hangtud nga mahinabo ang paghukom sa Dakung Trono nga Maputi.

Apan alang sa mga talawan, ug sa mga dili matinoohon, ug sa mga malaw-ay, alang sa mga mamomono, ug sa mga makihilawason, ug sa mga lumayan, ug sa mga magsisimbag mga diosdios, ug sa tanang mga bakakon, ang ilang bahin mao ang paghiadto sa linaw nga nagasilaob sa kalayo ug asupri, nga mao ang ikaduhang kamatayon (Ang Pinadayag 21:8).

Ang mga pagsilot sa linaw nga kalayo dili posible nga makumpara sa kadtong anaa sa Ubos nga Lubngananan. Kini gihulagway sa 9:47-49, *"Ug kon ang imong usa ka mata maoy makaingon kanimo sa imong pagpakasala, lugita kini; kay maayo pa kanimo nga magasulod ka sa gingharian sa Dios bisag usa na lang ang imong mata, kay sa may duha ikaw ka mga mata apan igabanlud ka ngadto sa impiyerno, diin ang ilang ulod dili mamatay, ug ang kalayo dili pagapalongon. Kay ang matag-usa pagaasinan ug kalayo."* Dugang pa, ang linaw sa nagsilaob nga asupri pito ka beses nga mas mainit kaysa linaw nga kalayo.

Hangtud sa Paghukom, ang mga katawohan gision sa mga insekto ug mga mananap, i-tortyur sa mga mensahero sa impiyerno, o mag-antos gikan sa nagkalain-lain nga mga klase sa mga pagsilot sa Ubos nga Lubnganan kung hain nagsilbi nga usa ka hulatanan nga dapit padulong sa impiyerno. Human sa Paghukom, ang kasakit lang gikan sa linaw nga kalayo ug sa nagsilaob nga asupri ang mahabilin.

Paghingutas sa linaw nga kalayo o sa nagsilaob nga asupri

Kung akong ihatod ang mga mensahe niining ngilngig nga talan-awon sa Ubos nga Lubnganan, daghan sa akong mga miyembro sa iglesia makaplagan ang ilang kaugalingon nga dili makapugong sa ilang mga luha o magkimbid kauban ang kasubo alang sa kadtong anaa niining alaot nga dapit. Apan, ang mga pag-antos gikan sa mga pagsilot sa linaw nga kalayo o sa nagsilaob nga asupri mas mapig-ot kaysa bisan unsang pagsilot sa Ubos nga Lubnganan. Imo bang mahanduraw ang kadakuon sa pagpasakit bisan gamay lang? Bisan atong sulayan, limitado kini alang kanato, nga anaa pa sa unod, nga masabtan ang espirituhanon nga mga konsepto.

Sama niini, unsaon man kanato posible nga sabton ang himaya ug kaanyag sa langit sa pinakahingpit nga kadakuon? Ang pulong nga "kahangtoran" mismo dili usa ka butang nga pamilyar kanato ug kita napuwersa nga magpangagpas lang. Bisan pa nga atong sulayan nga hunahunaon ang kinabuhi sa langit base sa "kamaya," "kalipay," "kalami," "kaanyag," ug sama niini, dili kini makumpara sa aktuwal nga kinabuhi nga atuang puy-an sa langit sa pila ka adlaw. Inig aktuwal na kanimo og adto sa langit, makita ang tanang butang sa imong kaugalingong mga mata, ug masinatian ang kinabuhi, ang imong apapangig mahulog sa yuta ug ikaw dili na makasulti. Sama niini, gawas kung dili kanato aktuwal nga masinatian ang pagpasakit sa impiyerno, dili kanato hingpit nga mahagkom ang kadakuon ug ang gidaghanon sa pag-antos nga lapas sa limitasyon niining yuta.

Ang kadtong mahagbong ngadto sa linaw nga kalayo o sa nagsilaob nga asupri

Bisan pa nga sulayan kanako sa akong pinakamaayo, palihog ibutang sa imong hunahuna nga ang impiyerno dili usa ka dapit nga igo nga mahulagway sa mga pulong niining kalibutan, ug bisan nga akong ipatin-aw sa pinakamaayo kanakong abilidad, ang akong paghulagway magpakita lang og kubos sa usa-ka-milyon sa kangilngig sa reyalidad sa impiyerno. Dugang pa, kung ilang mahinumduman nga ang gitas-on sa pagpasakit dili limitado apan molungtad sa kahangtoran, ang gikondena nga mga kalag mapuwersa nga mag-antos og samot.

Human ang Paghukom sa Dakung Trono nga Maputi, ang kadtong midawat sa una ug ikaduhang mga lebel sa pagsilot sa Ubos nga Lubnganan ilabay ngadto sa linaw nga kalayo. Ang kadtong midawat sa ikatulo o ikaupat nga mga lebel sa mga pagsilot ilabay ngadto sa linaw sa nagsilaob nga asupri. Ang mga kalag nga anaa sa Ubos nga Lubnganan karon nakahibalo nga ang Paghukom umaabot pa, ug nakahibalo sila kung asa sila ibutang human ang Paghukom. Bisan pa nga sila gigisi-gisi sa mga insekto ug sa mga mensahero sa impiyerno, makita niining mga kalag ang linaw nga kalayo ug ang nagsilaob nga asupri sa impiyerno gikan sa usa ka distansya ug nakahibalo pag-ayo nga sila pagasilotan ngadto.

Busa, ang mga kalag sa Ubos nga Lubnganan mag-antos dili lang gikan sa ilang pagkakaron nga mga kasakit, apan usab usa ka pag-tortyur sa hunahuna tungod sa kahadlok sa mga butang nga umaabot human ang Paghukom.

Usa ka pagtiyabaw sa kagul-anan gikan sa usa ka kalag sa Ubos nga Lubnganan

Samtang nag-ampo ko alang sa mga pagpadayag sa impiyerno, pinaagi sa Espiritu Santo ang Dios mitugot kanako nga madunggan ang usa ka pagtiyabaw sa kagul-anan gikan sa usa ka kalag sa Ubos nga Lubnganan. Sa akong pagsulat sa matag pulong sa kagul-anan, sulayi nga bation bisan gamay nga kahadlok ug kalangiob nga milukob niiniing kalag.

Unsaon man kini mahimong usa ka pigura sa tawo?

Impiyerno

Dili kini mao ang akong itsura atol sa akong kinabuhi sa Yuta.
Ang akong itsura nganhi makalisang ug mangilngig!

Niining walay katapusan nga kasakit ug kalangiob,
unsaon man paglibre kanako?
Unsa man ang akong buhaton aron maka-eskapo gikan niini?
Mahimo ba kong mamatay?
Unsa man ang akong buhaton?
Mahimo ba kong makapahulay bisan sa kadali lang taliwala
niining pagsilot sa kahangtoran?
Aduna ba'y bisan unsang paagi nga maputol kining limbarok
nga kinabuhi og mubo
gikan niining dili maagwanta nga kasakit?

Akong sakiton ang akong lawas aron patyon ang akong
kaugalingon, apan dili ako mamatay.
Walay katapusan...wala gayu'y katapusan...
Walay katapusan ang pagpasakit sa akong kalag.
Walay katapusan ang akong timgas nga kinabuhi.
Unsaon man kini nako paghulagway sa mga pulong?
Sa dili madugay ilabay ako
Ngadto sa usa ka halapad ug walay katungkaran nga linaw
nga kalayo.
Unsaon man kanako pag-agwanta niini?

Ang pagpasakit nganhi dili maagwanta sa karon!
Kanang naglungotlungot nga linaw nga kalayo
makahadlok kaayo, halawom, ug mainit kaayo.

Unsaon man kanako pag-agwanta niini?
Unsaon man kanako pag-eskapo gikan niini?
Unsaon man kanako posible nga maka-eskapo gikan niining pagpasakit?

Kung mabuhi lang unta ako...
Kung aduna lang unta'y paagi alang kanako nga mabuhi...
Kung ako unta mahatud lang...
Kubos unta ko nga makapangita og paagi aron makagula, apan dili ko makakita niini.

Aduna lang og kangitngit, kaguol, ug kasakit nganhi,
Ug aduna lang og kapakyas ug kalisud alang kanako.
Unsaon man kanako pag-agwanta niining pagpasakit?
Kung unta Iya lang ablihan ang pultahan alang sa kinabuhi...
Kung unta makakita lang ko og paagi nga makagula niini...

Palihog luwasa ko. Palihog luwasa ko.
Kini makahaladlok kaayo ug lisud alang kanako nga ma-agwanta.
Palihog luwasa ko. Palihog luwasa ko.
Ang akong mga adlaw sa pagkakaron masakit ug masipok.
Unsaon man kanako pag-adto ngadto sa masilabon nga linaw?
Palihog luwasa ko!
Palihog tan-awa ko!
Palihog luwasa ko!
Palihog kalooyi ko!

Palihog luwasa ko!
Palihog luwasa ko!

Kung ikaw gitambog na ngadto sa Ubos nga Lubnganan

Human ang katapusan sa kinabuhi sa yuta, dili na makadawat ang bisan kinsa og "usa pa ka higayon." Ang pagdala lang sa kabug-at sa imong matag buhat ang naghulat kanimo.

Kung madunggan sa mga katawohan ang pagka-anaa sa langit ug impiyerno, ang pipila magsulti nga, "Akong hibaloon human nakong pagkamatay." Apan, kung patay ka na, ulahi na kini. Kay wala na'y pagbalik ug mamatay ka na, kinahanglan imo kining hibaloon gayud una pa ka mamatay.

Kung ikaw gitambog na ngadto sa Ubos nga Lubnganan, bisan unsa pa kanimo paghinogon, paghinolsol, ug pagpakitluoy sa Dios, dili kanimo malikayan ang padulngan ug makahahadlok nga mga pagsilot. Wala na'y paglaum alang sa imong kaugmaon apan ang walay katapusan lang nga pagpasakit ug paglangiob.

Ang kalag nga nagguol sama sa ibabaw nakahibalo og pag-ayo nga wala na'y paagi o posibilidad sa kaluwasan. Bisan pa niana, ang kalag nagtiyabaw sa Dios "kung engkaso mahinabo pa." Ang kalag nagpakitluoy alang sa kaluoy ug alang sa kaluwasan. Ang pagtiyabaw niining kalag mibaylo ngadto sa nagdulot nga paghingos-hingos, ug kining pagtig-ik maglibot-libot lang sa kalapdon sa impiyerno ug mawala. Lagi, walay tubag kini.

Apan, ang paghinolsol sa mga katawohan sa Ubos nga Lubnganan dili sinsero ug maikagon bisan pa nga sila morag makaluluoy nga naghinolsol. Kay ang pagkamadinauton sa ilang kasingkasing nagpabilin sa gihapon ug nakahibalo sila nga ang ilang pagtig-ik walay pulos, kining mga kalag magpagula og mas daghang kadaut ug ipanunglo ang Dios. Kini tin-aw nga nagpakita kanato nganong ang ingon niining mga indibiduwal dili makasulod sa langit sa unang higayon.

2. Ang Linaw nga Kalayo Ug Ang Linaw sa Nagsilaob nga Asupri

Sa Ubos nga Lubnganan, ang mga kalag sa pinakaminos makapakitluoy, magsudya, ug magkasubo, nga mangutana sa ilang mga kaugalingon, "Nganong ania man ko nganhi?" Sila sad mahadlok sa linaw nga kalayo ug maghunahuna og mga paagi aron maka-eskapo gikan sa pagpasakit, nga naghunahuna og, 'Karon, unsaon man kanako pag-eskapo gikan sa mga mensahero sa impiyerno?'

Kung gilabay na ngadto sa linaw nga kalayo, nan, sila dili na makahunahuna mahitungod sa bisan unsang butanga tungod sa panghingutas ug walay katapusan nga kasakit. Ang mga pagsilot sa Ubos nga Lubnganan mas gaan, kumpara sa kadtong anaa sa linaw nga kalayo. Ang mga pagsilot sa linaw nga kalayo dili mahanduraw ang kasakit. Kini sakit kaayo nga dili kanato masabtan o maaninag kini gamit ang atong limitado nga mga kapasidad.

Pagbutang og asin sa mainit nga kalaha kung gusto kanimong maaninag bisan gamay lang ang pagpa-antos. Imong makita ang asin nga mopisik, ug kini nag-anggid sa eksena sa linaw nga kalayo: ang mga kalag morag ang asin nga mopisik.

Usab, handurawa nga anaa ka sa usa ka linaw nga nagbukal nga tubig, nga ang sukod 100°C. Ang linaw nga kalayo mas mainit kaysa nagbukal nga tubig, ug ang linaw sa nagsilaob nga asupri pito ka beses mas mainit kaysa linaw nga kalayo. Kung ikaw ilabay na ngadto, walay paagi nga maka-eskapo ug ikaw mag-antos sa kahangtoran. Ang una, ikaduha, ikatulo, ug ika-upat nga mga lebel sa mga pagsilot sa Ubos nga Lubnganan sa wala pa ang Paghukom mas sayon agwantahon.

Ngano man ang Dios, unya, magtugot nga mag-antos sila sa Ubos nga Lubnganan alang sa usa ka libo ka tuig una pa sila ilabay ngadto sa linaw nga kalayo o sa linaw sa nagsilaob nga asupri? Ang wala naluwas nga mga katawohan maglaraw sa ilang mga kaugalingon. Gusto sa Dios nga sila makahagkom kung unsang mga rason nganong sila gidestino sa ingon niining alaot nga dapit sa impiyerno, ug hingpit nga maghinolsol alang sa mga sala nga miagi. Apan, lisud kaayo nga makaplagan ang mga katawohan nga naghinolsol, ug hinonoa sila nagpagula og mas daghang dautan kaysa sa una. Karon atuang mahibaloan nganong gibuhat man sa Dios ang impiyerno.

Pagaasinan og kalayo ngadto sa linaw nga kalayo

Samtang ako nag-ampo kaniadtong 1982, gipakita kanako sa Dios ang usa ka eksena gikan sa Paghukom sa Dakung Trono nga Maputi, ug sa makadali ang linaw nga kalayo ug ang linaw sa nagsilaob nga asupri. Kining duha ka mga linaw halapad kaayo.

Gikan sa usa ka distansya, ang duha ka mga linaw ug ang mga

kalag nga anaa sa sulod morag tan-awon nga mga katawohan nga anaa sa usa ka mga mainit nga sagidlisan. Ang pipila ka mga katawohan gisaop hangtud sa dughan, samtang ang uban gisaop hangtud sa ilang liog, nga ilang ulo na lang ang nanggula.

Sa Marcos 9:48-49, si Hesus misulti mahitungod sa impiyerno isip nga usa ka dapit nga, *"diin ang ilang ulod dili mamatay, ug ang kalayo dili pagapalongon. Kay ang matag-usa pagaasinan ug kalayo."* Imo bang mahanduraw ang kasakit sa ingon niining ngilngig nga kalikopan? Sa pagsulay niining mga kalag nga maka-eskapo, ang ilang mahimong mabuhat mao ang moambak sama sa nagpisik nga asin ug ikagot ang ilang mga ngipon.

Usahay ang mga katawohan niining kalibutan mag-ambak-ambak pataas ug pailalom kung sila magduwa o mosayaw sa kagab-ihon sa mga baylehan. Pagkataud-taod, sila kapuyan ug magpahulay sa ilang gusto. Sa impiyerno, lagi, ang mga kalag moambak dili tungod sa kalami apan tungod sa daku nga kasakit ug, nan, walay pahulay alang kanila bisan gusto pa kanila. Sila mosinggit og kusog kaayo nga sila maglingoglingog, ug ang ilang mga mata mahimong sulop nga asul ug mahimong ngil-ad nga pula nga ingon sa dugo. Dugang pa, ang ilang mga utok mobuto ug mga likido ang mopusagak.

Bisan unsaon kanilang desperado nga magsulay, dili makagula ang mga kalag. Magsulay sila og tukmod ug yatakan ang usa og usa apan kini walay pulos. Ang matag pulgada sa linaw nga kalayo, kung hain ang usa ka tumoy dili makita gikan sa usa ka tumoy, magpabilin sa parehong temperatura, ug ang temperatura sa linaw dili mokunhod bisan pa sa pag-agi sa panahon. Hangtud sa Paghukom sa Dakung Trono nga Maputi, ang Ubos nga Lubnganan gidumala pinaagi sa sugo ni Lucifer, ug ang tanang mga pagsilot gihatag sumala sa gahom ug awtoridad ni Lucifer.

Human ang Paghukom, nan, ang mga pagsilot igahatag sa Dios ug ipadapat sumala sa Iyang kabubut-on ug gahom. Busa, ang temperatura sa tibuok nga linaw nga kalayo mahimong kanunay nga mapabilin sa pareho nga lebel.

Kining kalayo magpaantos sa mga kalag apan dili mopatay kanila. Sama nga ang mga parte sa lawas sa mga kalag sa Ubos nga Lubnganan mahiuli bisan pa kini sila maputol o magisi pahilayo ngadto sa mga piraso, ang mga lawas sa mga kalag sa impiyerno madali nga mahiuli human nga kini sila mapagtong.

Ang tibuok nga lawas ug ang mga organo sa sulod mapagtong

Unsaon man pagsilot sa mga kalag sa linaw nga kalayo? Nakatan-aw ka na ba sa usa ka eksena gikan sa komiks, mga sine nga cartoons, o mga serye nga cartoons sa telebisyon kung hain ang usa ka karakter nga gikuryentehan sa "taas-nga-boltahe" nga kuryente. Diha sa iyang pagkakuryente, ang iyang lawas mahimong usa ka kalabera nga adunay madulom-nga-kolor nga naglibot sa iyang lawas. Inig kabuhi kaniya gikan sa dagan sa kuryente, mahimo siyang normal. O, ang litrato sa X-ray nga mga scan nga nagpakita sa pinakasulod nga mga parte sa lawas sa tawo.

Sa samang paagi, ang mga kalag sa linaw nga kalayo gipakita sa ilang pisikal nga porma sa makadiyot. Sa masunod, ang mga lawas dili na makita ug ang ila nalang nga mga espiritu ang makita.

Kining pagsunod-sunod magbalik-balik. Sa makapagtong nga kalayo, ang mga lawas sa mga kalag dihadihang masunog ug mawala, ug unya sa madali mahiuli.

Niining kalibutan, kung ikaw mag-antos sa ikatulo-nga-ang-ang nga pagkapaso, mahimong dili kanimo maagwanta ang alindanga nga sensasyon sa tibuok lawas ug mabuang. Walay uban pa ang makasabot sa kadaku sa kasakit hangtud nga siya mismo sa iyang kaugalingon makasinati niini. Mahimong dili kanimo maagwanta ang kasakit bisan pa nga ang imo lang nga mga butkon ang masunog.

Sa kasagaran, ang alindanga nga sensasyon dili mawala dayon human ang pagkapaso apan molungtad alang sa pila ka adlaw. Ang init sa kalayo magdulot sa lawas, ug mosakit sa mga selyula, usahay bisan ang kasingkasing. Unya, unsa kaha kini kasakit nga ang imong tibuok nga mga parte sa lawas ug kasudlan nga mga organo mapagtong, aron lang nga ang mga kini mahiuli ug sunugon og balik-balik?

Ang mga kalag sa linaw nga kalayo dili maagwanta ang kasakit apan sila dili malipong, o makapahulay bisan sa kadali lang.

Ang linaw sa nagsilaob nga asupri

Ang linaw nga kalayo mao ang usa ka dapit sa mga pagsilot alang sa kadtong nagbuhat og makumpara nga mas gaan nga mga sala ug nag-antos gikan sa una o ikaduha nga lebel sa mga pagsilot sa Ubos nga Lubnganan. Ang kadtong nagbuhat og mas bug-at nga mga sala ug nag-antos gikan sa ikatulo ug ika-upat nga mga lebel sa mga pagsilot sa Ubos nga Lubnganan magasulod sa linaw sa nagsilaob nga asupri, kung hain pito ka beses nga mas mainit kaysa linaw nga kalayo. Sumala sa giingon sa ibabaw, ang linaw sa nagsilaob nga asupri gireserba alang sa masunod nga mga katawohan: ang kadtong nagsulti kontra, batok, ug mipasipala sa Espiritu Santo; ang kadtong naglansang ni Hesukristo og balik; ang kadtong miluib Kaniya; ang kadtong nagsige og tuyo nga magpakasala; hilabihan nga nagsimba sa mga dios-dios, ang kadtong nagbuhat og sala human gipatikan ang ilang mga tanlag; ang kadtong tanan nga mibatok sa Dios pinaagi sa dautan nga mga buhat; ug dili-tinuod nga mga propeta ug manunudlo nga mitudlo og mga kabakakan.

Ang tibuok nga linaw nga kalayo gipuno sa "pula" nga kalayo. Ang tibuok nga linaw sa nagsilaob nga asupri gipuno sa mas daghan nga "dalag" kaysa "pula" nga kalayo ug kanunay nga nagbukal nga adunay bula nga pareho ka dagku sa tabayag nganhi ug ngadto. Ang mga kalag niining linaw hingpit nga gisaop sa nagbukal nga likido sa nagsilaob nga asupri.

Nagpuliki sa kasakit

Unsaon man kanimo pagpatin-aw sa kasakit sa linaw sa nagsilaob nga asupri nga pito ka beses nga mas mainit kaysa linaw nga kalayo kung hain ang kasakit dili sad mahanduraw?

Tugoti ko nga ipatin-aw gamit ang usa ka katandian sa mga butang niining kalibutan. Kung ang usa ka tawo moinom og likido nga gitunaw gikan sa puthaw sa usa ka nagbuto nga pugon, unsa kaha kini kasakit? Ang iyang kasudlan nga mga organo masunog kung ang init, nga igo ang kainit aron matunaw ang puthaw ngadto sa likido, mosulod sa iyang tiyan panaog sa iyang tutunlan.

Sa linaw nga kalayo, ang mga kalag sa pinakaminos makaambak o makasinggit sa kasakit. Sa linaw sa nagsilaob nga asupri, nan, ang mga kalag dili makaagulo o makahunahuna apan gilupig lang sa kasakit. Ang kadakuon sa pagpa-antos ug sa paghingutas nga agwantahon sa linaw sa nagsilaob nga asupri dili mahulagway sa bisan unsang mga lihok o mga pulong. Dugaang pa, ang mga kalag mag-antos sa kahangtoran. Unya, unsaon niining klase sa pagpaantos posible nga mahulagway gamit ang mga pulong?

3. Ang Pipila Mahabilin sa Ubos nga Lubnganan Bisan pa Pagkahuman sa Paghukom

Ang naluwas nga mga katawohan sa Daang Kasabotan nga panahon anaa sa Ibabaw nga Lubnganan hangtud sa pagkabanhaw ni Hesukristo, ug human sa Iyang pagkabanhaw, misulod sila sa Paraiso ug maghulat sa Hulatanan nga Dapit sa Paraiso hangtud sa Iyang Ikaduhang Pagbalik sa kahanginan nga mahinabo. Sa usa ka bahin, ang naluwas nga mga katawohan sa Bag-ong Kasabotan nga panahaon magpahiuyon sa ilang mga kaugalingon sa Ibabaw nga Lubnganan alang sa tulo ka adlaw ug mosulod sa Hulatanan nga Dapit sa Paraiso ug maghulat ngadto hangtud sa Ikaduhang Pag-abot ni Hesukristo sa Kangahinan.

Bisan pa niana, ang wala matawo nga mga bata nga namatay sa tagoangkan sa ilang mga inahan dili moadto sa Paraiso human sa pagkabanhaw ni Hesukristo o bisan pa human ang Paghukom. Sila mopuyo sa Ibabaw nga Lubnganan sa kahangtoran.

Sama niini, apil sa kadtong nag-antos karon sa Ubos nga Lubnganan mao ang mga wala madala. Kining mga kalag wala ilabay ngadto sa linaw nga kalayo o sa linaw sa nagsilaob nga asupri bisan human sa Paghukom. Kinsa kini sila?

Ang mga bata nga namatay una ang kahingkoran

Apil sa wala naluwas mao ang gipahulog nga mga fetus sa edad nga unom ka buwan o mas gulang pa sa pagkamabdos ug ang mga bata una pa sa kahingkoran nga tinuig, gibanabana nga anaa sa edad nga dose. Kining mga kalag wala gitambog ngadto sa linaw nga kalayo o sa nagsilaob nga asupri. Mao kini tungod kay bisan sila niadto sa Ubos nga Lubnganan pinaagi sa ilang kaugalingong kadaut, sa panahon sa ilang pagkamatay dili pa igo ang ilang kahamtong aron makaangkon og independente nga kabubut-on sa ilang kaugalingon. Nagpasabot kini nga ang ilang kinabuhi sa pagtoo mahimo nga dili mao ang ilang gipili nga paagi, kay tungod sila sayon ra maimpluwensiyahan sa gawasnon nga mga elemento ingon sa ilang mga ginikanan, mga katigulangan, ug sa mga kalikopan.

Ang Dios sa gugma ug katarung magkonsidera niining mga butanga ug dili sila ilabay ngadto sa linaw nga kalayo o sa linaw sa nagsilaob nga asupri bisan pa pagkahuman sa Paghukom. Kini wala nagpasabot, bisan pa niana, nga ang ilang mga pagsilot magkunhod o mawala. Sila pagasilotan sa kahangtoran sa paagi nga sila gisilotan sa Ubos nga Lubnganan.

Kay ang suhol gikan sa sala mao ang kamatayon

Luwas lang anang kasoha, ang tanang mga katawohan sa Ubos nga Lubnganan itambog ngadto sa linaw nga kalayo o sa nagsilaob nga asupri sumala sa ilang mga sala nga gibuhat samtang sila gipaugmad sa yuta. Sa Mga Taga-Roma 6:23 mabasa kini nga, *"Kay ang suhol gikan sa sala mao ang kamatayon, apan ang walay bayad nga gasa gikan sa Dios mao ang kinabuhing dayon diha kang Kristo Hesus nga atong Ginoo."* Nganhi, "ang kamatayon" wala nagpasabot sa katapusan sa kinabuhi sa yuta, apan nagpasabot sa kahangtoran nga pagsilot sa bisan hain sa linaw nga kalayo o sa nagsilaob nga asupri. Ang kangil-ad ug panghingutas nga pagpasakit sa kahangtoran nga pagsilot mao ang suhol gikan sa sala, ug busa, nahibaloan kanimo nga ang sala kangil-ad, tigni, ug mahugaw.

Kung ang mga katawohan makahibalo bisan gamay lang mahitungod sa kahangtoran nga katimawa sa impiyerno, nganong dili man sila mahadlok nga muadto sa impiyerno? Nganong dili man sila modawat ni Hesukristo, magmasinugtanon, ug mabuhi pinaagi sa pulong sa Dios?

Si Hesus misulti kanato sa masunod sa Marcos 9:45-47:

Ug kon ang imong usa ka tiil maoy makaingon kanimo sa imong pagpakasala, putla kini; kay maayo

> *pa kanimo nga magasulod ka sa kinabuhi bisan bakul kay sa may duha ikaw ka mga tiil apan igabanlud ka ngadto sa impiyerno, diin ang ilang ulod dili mamatay, ug ang kalayo dili pagapalongon. Ug kon ang imong usa ka mata maoy makaingon kanimo sa imong pagpakasala, lugita kini; kay maayo pa kanimo nga magasulod ka sa gingharian sa Dios bisag usa na lang ang imong mata, kay sa may duha ikaw ka mga mata apan igabanlud ka ngadto sa impiyerno.*

Mas maayo pa kanimo nga putlon ang imong mga tiil kung nagpakasala ka pinaagi sa pag-adto sa mga dapit nga dili nimo angay nga adtoan kaysa mahagbong ngadto sa impiyerno. Mas maayo pa nga putlon kanimo ang imong mga kamot kung magpakasala ka pinaagi sa pagbuhat og mga butang nga dili angay nga buhaton kaysa moadto sa impiyerno. Sama niini, mas maayo sad kini alang kanimo nga lugiton ang imong mata kung nagpakasala ka pinaagi sa pagkakita og mga butang nga dili angay kanimong makita.

Bisan pa niana, kauban sa grasya sa Dios nga libre nga gihatag kanato, dili na kinahanglan nga putlon kanato ang atong mga kamot ug mga tiil o lugiton ang atong mga mata aron nga makasulod sa langit. Mao kini tungod kay ang atuang walay sala ug walay kabasolan nga Kordero, ang Ginoong Hesukristo, gilansang sa krus alang kanato, gipalansang ang iyang mga kamot ug mga tiil ug misul-ob og korona sa mga tunok.

Ang Anak sa Dios miari aron nga pagalaglagon ang binuhatan sa yawa

Busa, kung kinsa man ang magtoo sa dugo ni Hesukristo mapasaylo, malibre gikan sa pagsilot sa linaw nga kalayo o sa nagsilaob nga asupri, ug pagabalosan sa kinabuhing dayon.

Ang 1 Juan 3:7-9 nag-ingon kanato nga, *"Mga anak, kinahanglan walay magapahisalaag kaninyo; ang nagahimog pagkamatarung, matarung man, maingon nga kadto siya matarung; ang nagahimog pagpakasala, iya sa yawa; kay ang yawa nagapakasala man sukad pa sa sinugdan. Ang hinungdan nganong gipadayag ang Anak sa Dios mao kini, aron sa paglaglag sa mga binuhatan sa yawa. Ang matag-usa nga gipanganak gikan sa Dios dili magahimog pagpakasala, kay ang binhi sa Dios magapabilin man diha kaniya; ug siya dili makasala, tungod kay siya gipanganak man gikan sa Dios."*

Ang sala mas sobra kaysa binuhatan, ingon sa pagpangawat, pagpatay, o pagpanglimbong. Ang kadaut sa kasingkasing sa usa ka tawo mas seryoso nga sala. Ang Dios naglagot sa dautan sa atong mga kasingkasing. Nagdumot Siya sa dautan nga kasingkasing nga naghukom og nagkondena sa uban, dautan nga kasingkasing nga nagdumot ug nadagma, ug dautan nga kasingkasing nga malimbongon ug maluibon. Unsa man ang kahimtang sa langit kung ang mga katawohan nga adunay ingon niini nga mga kasingkasing ang tugotan nga mosulod ug mopuyo ngadto? Bisan pa sa langit, unya, ang mga katawohan maglalis sa tarung ug sa sayop, busa ang Dios dili motugot sa dautan nga mga tawo nga makasulod sa langit.

Busa, kung mahimo kang anak sa Dios nga gipagahom pinaagi sa dugo ni Hesukristo, kinahanglan dili ka na magsunod sa kabakakan o magsilbi nga ulipon sa yawa, apan mabuhi sa kamatuoran isip nga anak sa Dios, nga mao ang kahayag mismo. Mao lang nga ikaw makaangkon sa tanang himaya sa langit, makakuha og mga pagpakabulahan aron nga pangalipayan ang awtoridad isip nga anak sa Dios ug mag-uswag bisan pa niining kalibutan.

Kinahanglan dili ka magbuhat og mga sala nga nagkompisal sa imong pagtoo

Gihigugma kaayo kita sa Dios nga Iyang gipadala ang Iyang pinalangga, inosente, ug usa ug bugtong nga Anak aron mamatay alang kanato sa krus. Imo bang mahanduraw, unya, kung unsa kadaku ang pagpangsubo sa Dios ug masipok kung Iyang makita ang kadtong nag-angkon nga "mga anak sa Dios" nga magbuhat og mga sala, sa ilalom sa impluwensiya sa yawa, ug moabante ngadto sa impiyerno sa makadali lang kaayo?

Gihangyo kita nga ayaw og pagbuhat og mga sala apan magmasinugtanon sa sugo sa Dios, pamatud-an ang inyong mga kaugalingon isip nga mga bilihon nga anak sa Dios. Kung imo kanang buhaton, ang tanan kanimong mga pag-ampo pagasabton og mas madali ug ikaw mahimong tinuod nga anak sa Dios, ug sa ulahi, magasulod ka ug mopuyo sa mahimayaon nga Bag-ong Herusalem. Imo sad maangkon ang gahom ug awtoridad aron nga mapagula ang kangitngit gikan sa kadtong wala nakahibalo sa kamatuoran, nga sa gihapon nagpakasala, ug nahimong mga ulipon sa yawa. Hatagan ka og gahom aron nga madala sila ngadto sa Dios. Unta mahimo kang tinuod nga anak sa Dios, modawat sa mga tubag sa imong mga pag-ampo ug mga pangayo, himayaon Siya, ug maghatud sa dili-maihap nga mga katawohan gikan sa dalan sa impiyerno, aron nga imong maabot ang himaya sa Dios, nga nagsidlak sama sa Adlaw sa langit.

4. Ang Dautan nga mga Espiritu Ibalhog sa Bung-aw

Sumala sa *The Webster's New World College Dictionary*, Ang termino nga "Bung-aw" gipasabot nga usa ka "walay katungkaran nga golpo," "bukana," o "bisan unsang butanga nga halawom kaayo para masukod." Sa biblikal nga hangkag, ang Bung-aw mao ang pinakahalom o pinakamubo nga bahin sa impiyerno. Kini gireserba lang alang sa dautan nga mga espiritu nga walay kalabotan sa pagpa-ugmad sa tawo.

Ug unya akong nakita nga gikan sa langit nanaug ang usa ka anghel, nga sa iyang kamot diha ang yawi sa bung-aw sa kahiladman nga walay kinotuban, ug ang usa ka dakung talikala. Ug iyang gidakop ang dragon, ang karaang sirpinti, nga mao ang yawa ug si Satanas, ug iyang gigapos siya sulod sa usa ka libo ka tuig; ug iyang gitambog siya ngadto sa bung-aw, ug iyang gitabonan kini ug gitimrihan kini sa ibabaw niya, aron dili na siya makapahisalaag sa kanasuran, hangtud matapus ang usa ka libo ka tuig; tapus niana siya kinahanglan buhian sa makadiyot (Ang Pinadayag 20:1-3).

Kini usa ka paghulagway sa panahon padulong sa katapusan sa Pito-ka-tuig nga Dakung Kasakitan. Pagkahuman sa Pagbalik ni Hesukristo, ang dautan nga mga espiritu ang magdumala sa kalibutan alang sa pito ka tuig, atol niini ang Ikatulo nga Giyera sa Kalibutan ug uban mga mga katalagman buhian sa tibuok kalibutan. Human ang Dakung Kasakitan mao ang Milenyo nga Gingharian, atol niini ang dautan nga mga espiritu itambog ngadto sa Bung-aw. Padulong sa katapusan sa Milenyo, ang dautan nga mga espiritu buhian sa makadiyot ug inig kumpleto sa Paghukom sa Dakung Trono nga Maputi, sila ibilanggo og usab sa Bung-aw ug sa niining panahona, sa kahangtoran. Si Lucifer ug ang iyang mga ulipon nagdumala sa kalibutan sa kangitngit, apan human ang Paghukom, ang langit ug impiyerno pagadumalahan lang sa gahom sa Dios.

Ang dautan nga mga espiritu mga instrumento lang alang sa pagpa-ugmad sa tawo

Unsang mga klase sa mga pagsilot ang dawaton sa dautan nga mga espiritu, nga mawagtang ang ilang tanan nga gahom ug awtoridad, sa Bung-aw?

Sa dili pa kita mopadayon, ibutang sa imong hunahuna nga ang dautan nga mga espiritu nagsilbi lang ug anaa lang isip nga mga instrumento alang sa pagpa-ugmad sa tawo. Ngano man, unya, gipa-ugmad sa Dios ang mga tawo sa yuta bisan pa nga adunay dili-maihap nga langitnong panon ug mga anghel sa langit? Kana tungod kay gusto sa Dios ang tinuod nga mga anak kung hain Siya makapa-ambit sa Iyang gugma.

Tugoti ko nga maghatag og usa ka pananglit. Sa tibuok kasaysayan sa Korea, ang mga hamili sa kasagaran adunay daghang mga ulipon sa ilang mga panimalay. Ang mga ulipon magtoo sa bisan unsang isugo sa ilang agalon. Karon, ang usa ka agalon adunay mga ligoy nga mga anak nga lalaki ug babaye nga wala magtoo kaniya apan nagbuhat lang og bisan unsang mga butang nga gusto kanila. Kini ba nagpasabot nga ang agalon mas higugmaon ang iyang mga masinugtanon nga mga ulipon kaysa ligoy nga mga anak? Dili kaniya matabangan nga higugmaon ang iyang mga anak bisan pa nga sila dili ang pinakamasinugtanon.

Sama kini sa Dios. Gihigugma Kaniya ang mga tawo nga gibuhat sa Iyang imahe bisan unsa pa kadaghan sa masinugtanon nga langitnong panon nga aduna Siya. Ang mga langitnong panon ug mga anghel mas anggid sa mga robot nga buhaton lang ang kung unsa ang gisulti kanila nga buhaton. Busa, dili sila makahimo nga makig-ambit og tinuod nga gugma diha sa Dios.

Lagi, wala kini gisulti nga ang mga anghel ug mga robot pareho sa tanang aspeto. Sa usa ka bahin, ang mga robot magbuhat lang kung unsa ang gimando kanila, walay kabubut-on, ug dili mobati og bisan unsang butanga. Sa pikas nga bahin, sama sa mga tawo ang mga anghel nakahibalo og unsaon mobati og kalipay ug kasubo.

Kung mabati kanimo ang kalipay o kasubo, ang mga anghel

259

dili mobati sama sa imong gibati, apan nakahibalo lang kung unsa ang imong gibati. Busa, kung imong dayegon ang Dios, ang mga anghel modayeg Kaniya kauban kanimo. Kung mosayaw ka aron himayaon ang Dios, sila mosayaw sad ug bisan pa gani mokuyog og tukar sa mga instrumento Kining kinaiya mosahi kanila gikan sa mga robot. Apan, ang mga anghel ug mga robot "anggid" kay sila walay kabubut-on ug buhaton lang kung unsa ang gisulti kanila nga buhaton, nga gibuhat ug gigamit lang isip nga mga galamiton o mga instrumento.

Sama sa mga anghel, ang dautan nga mga espiritu walay bali apan mga galamiton lang alang sa pagpa-ugmad sa tawo. Sama sila sa mga makina nga dili masahi ang maayo gikan sa dautan, gibuhat sa tukma nga katuyoan, ug gigamit alang sa dautan nga katuyoan.

Ang dautan nga mga espiritu gibalhog ngadto sa Bungaw

Ang kasugoan sa espirituhanon nga kalibutan nagmando nga "ang suhol gikan sa sala mao ang kamatayon" ug "pagaanihon sa tawo kung unsa ang iyang gipugas." Human ang Dakung Paghukom, ang mga kalag sa Ubos nga Lubnganan maga-antos gikan sa linaw nga kalayo o sa nagsilaob nga asupri sumala sa kasugoan. Kini tungod kay ilang gipili ang dautan sa ilang kabubut-on ug balatian samtang sila gipa-ugmad sa ibabaw sa yuta.

Ang dautan nga mga espiritu luwas sa mga demonyo walay kalabotan sa pagpa-ugmad sa tawo. Busa, bisan pa pagkahuman

Mga Pagsilot sa Impiyerno human ang Daku nga Paghukom

sa Paghukom, ang dautan nga mga espiritu gibalhog ngadto sa kangitngit ug matugnaw nga Bung-aw, gibiyaan nga morag usa ka tinapok nga basura. Mao kini ang pinaka-angay nga pagsilot kanila.

Ang trono sa Dios makaplagan sa sentro sa kinasampongan sa langit. Sa sukwahi, ang dautan nga mga espiritu gibilanggo ngadto sa Bung-aw, ang pinakailalom ug pinakangitngit nga dapit sa impiyerno. Dili sila makalihok sa palibot nga komportable sa mangitngit ug matugnaw nga Bung-aw. Nga morag iduot sila sa dagku nga mga bato, ang dautan nga mga espiritu ibalhog sa kahangtoran sa usa ka permanente nga posisyon.

Kining dautan nga mga espiritu sa kausa nahiapil sa langit ug adunay mahimayaon mga mga katungdanan. Human sa ilang pagkahagbong, ang nahagbong nga mga anghel migamit sa awtoridad sa ilang kaugalingong gusto sa kalibutan sa kangitngit. Apan, sila nabuntog sa usa ka pakigbugno nga ilang gibuhat batok sa Dios ug ang tanan nahuman. Ilang nawala ang tanang kahimayaan ug bili isip nga langitnon nga mga linalang. Sa Bung-aw, isip nga usa ka timaan sa panunglo ug kaulawan, ang mga pako niining nahagbong nga mga anghel pagagision pahilayo.

Ang espiritu usa ka kahangtoran nga linalang ug imortal. Apan, ang usa ka dautan nga espiritu sa Bung-aw dili makalihok bisan sa usa ka tudlo, walay balatian, kabubut-on, o gahom. Sama sila sa mga makina nga gipalong, o mga munyeka nga gilabay, ug morag tan-awon nga gipakaging.

> Ang pipila ka mga mensahero sa impiyerno magpabilin sa Ubos nga Lubnganan

Adunay dili apil niining kamandoan. Sumala sa akong giingon sa ibabaw, ang mga bata nga mas bata sa edad nga gibanabana dose mahabilin sa Ubos nga Lubnganan bisan pa pagkahuman sa Paghukom. Busa, aron nga ang mga pagsilot niining mga bata magpadayon, kinahanglan ang mga mensahero sa impiyerno nga magpadapat niini.

Kining mga mensahero sa impiyerno wala gibalhog sa Bung-aw apan magpabilin sa Ubos nga Lubnganan. Morag tan-awon kini sila nga mga robot. Sa wala pa ang Paghukom, usahay sila mangatawa ug malipay sa talan-awon nga gi-tortyur ang nga kalag, apan dili kana tungod kay sila adunay bisan unsang mga emosyon. Kini sa pagdumala lang ni Lucifer nga adunay mga kinaiya sa tawo, nga gimandoan ang mga mensahero sa impiyerno nga magpakita og mga emosyon. Human ang Paghukom, nan, sila wala na sa pagdumala ni Lucifer, ilang buhaton ang ilang mga trabaho nga walay pagbati, nga nagtrabaho nga morag mga makina.

5. Asa man Mopadulong ang mga Demonyo?

Dili-sama sa nahagbong nga mga anghel, mga dragon ug ang ilang sumulunod nga gimugna sa wala pa ang pagmugna sa uniberso, ang mga demonyo dili espirituhanon nga linalang. Sila sa kausa mga tawo, gibuhat gikan sa abog, ug adunay mga espiritu, mga kalag, ug mga lawas sama kanato. Apil sa kadtong sa kausa gipa-ugmad niining kalibutan apan nangamatay nga wala modawat sa kaluwasan mao ang kadtong gibuhian niining kalibutan sa ilalom sa espesyal nga mga sirkumstanysa isip nga mga demonyo.

Unsaon man, unya, pagkahimo sa usa ka tawo nga demonyo? Adunay kasagaran upat ka mga paagi kung hain ang mga katawohan mahimong mga demonyo.

Ang una mao ang kaso sa mga katawohan nga gibaligya ang ilang mga espiritu ngadto kang Satanas.

Ang mga katawohan nga nagbuhat og mga panglamat ug nagpangayo og tabang ug gahom gikan sa dautan nga mga espiritu aron nga matagbaw ang ilang kahakog ug paninguha, ingon sa niining mga manuglamat, ang mahimong mga demonyo inig kamatay kanila.

Ang ikaduha mao ang kaso sa mga katawohan nga nagpakamatay sa ilang kaugalingong kadaut.

Kung ang mga katawohan mitapos sa ilang mga kinabuhi sa ilang kaugalinon tungod sa kapakyas sa negosyo o ubang mga rason, ilang gilinguglingogan ang kagahom sa Dios sa kinabuhi ug mahimong mga demonyo. Apan kini dili sama sa pagsakripisyo sa kaugalingong kinabuhi alang sa iyang nasud o tabangan ang nanginahanglan og tabang. Kung ang usa ka tawo, nga dili kamao molangoy, kinahanglan nga moambak sa tubig aron luwasan ang usa ka tawo baylo sa iyang kinabuhi, kini alang sa usa ka maayo ug halangdon nga tuyo.

Ang ikatulong kaso mao ang mga katawohan nga sa kausa mitoo sa Dios apan nagpadulong sa paglimod Kaniya ug pagbaligya sa ilang pagtoo.

Ang pipila ka mga tumuluo magsudya ug mobatok sa Dios kung mangatubang og dagku nga mga kalisud o mawala ang usa ka tawo o usa ka butang nga malahalon kaayo kanila. Si Charles Darwin, ang nahauna sa teoriya sa ebolusyon, usa ka maayo nga ehempo. Si Darwin sa kausa mitoo sa Dios nga Mamumugna. Sa kaniadtong namatay ang iyang pinalangga nga anak nga babaye og sayo, gilimod kaniya og mibatok siya sa Dios ug gilunsad ang teoriya sa ebolusyon. Ingon niining mga katawohan nga nagpakasala pinaagi sa paglansang ni Hesukristo, ang atong Manluluwas, og usab. (Mga Hebreohanon 6:6).

Ang ika-upat ug pinakaulahi mao ang kaso sa mga katawohan nga nagbabag, nagbatok, ug nagpasipala sa Espiritu Santo bisan pa nga sila nagtoo sa Dios ug nakahibalo sa kamatuoran (Mateo 12:31-32; Lucas 12:10).

Karong adlawa, daghang mga katawohan ang makita nga nagkompisal sa ilang pagtoo sa Dios nagbabag, nagbatok, ug nagpasipala sa Espiritu Santo. Bisan pa nga kining mga katawohan nakasaksi sa dili-maihap nga mga binuhatan sa Dios, sila sa gihapon naghukom ug nagkondena sa uban, nagbatok sa mga binuhatan sa Espiritu Santo, ug nagsulay nga gub-on ang mga iglesia nga gikaubanan sa Iyang mga binuhatan. Dugang pa, kung ila kining gibuhat isip nga mga lideres, ang ilang mga sala nahimong mas mapig-ot.

Inig kamatay niining mga makakasala, sila gilabay ngadto sa

Ubos nga Lubnganan ug dawaton ang ikatulo ug ika-upat nga lebel sa mga pagsilot. Ang katinuoran mao nga ang pipila niining mga kalag mahimong mga demonyo ug buhian niining kalibutan.

Ang mga demonyo gidumala sa yawa

Hangtud sa Paghukom, si Lucifer adunay hingpit nga awtoridad og pagdumala sa kalibutan sa kangitngit ug sa Ubos nga Lubnganan. Busa, si Lucifer aduna sad og gahom aron pilion ang tukma nga mga kalag nga pinaka-angay alang sa iyang mga binuhatan gikan sa Ubos nga Lubnganan ug gamiton sila niining kalibutan isip nga mga demonyo.

Inig kapili na niining mga kalag ug buhian sa kalibutan, dili sama sa kaniadtong aduna pa sila atol sa ilang kinabuhi sa kalibutan, sila wala na'y kabubut-on o pagbati sa ilang kaugalingon. Sumala sa kabubut-on ni Lucifer, sila gidumala sa yawa ug nagsilbi lang nga mga instrumento aron matuman ang mga katuyoan sa kalibutan sa dautan nga mga espiritu.

Ang mga demonyo magtintal sa mga katawohan sa yuta aron nga higugmaon ang kalibutan. Ang pipila sa karong adlaw nga pinakangil-ad nga mga sala ug mga krimen dili mga pag-atol apan nahimong posible pinaagi sa buhat sa mga demonyo sumala sa kabubut-on ni Lucifer. Ang mga demonyo magsulod sa kadtong mga katawohan sumala sa kasugoan sa espirituhanon nga kalibutan ug dal-on sila sa impiyerno. Usahay, ang mga demonyo magbaldado sa mga katawohan ug hatagan sila og mga sakit. Lagi, kini wala nagpasabot nga ang matag klase ug kaso sa pagkahiwi o sakit gisamkon sa mga demonyo apan ang pipila ka mga kaso gihatag sa mga demonyo. Atuang makita sa Biblia ang usa ka gisudlan sa demonyo nga bata nga amang sukad pa sa pagkabata (Marcos 9:17-24), ug usa ka babaye nga gibaldado sa usa ka espiritu alang sa napulog walo ka tuig nga nagduko, ug dili makatul-id sa iyang kaugalingon (Lucas 13:10-13).

Sumala sa kabubut-on ni Lucifer, ang mga demonyo gihatagan og pinakagaan nga mga katungdanan sa kalibutan sa kangitngit apan sila dili ibalhog ngadto sa Bung-aw human ang Paghukom. Kay ang mga demonyo sa nahauna mga tawo ug gipaugmad, apil sa kadtong midawat sa ikatulo ug ika-upat nga mga lebel sa mga pagsilot sa Ubos nga Lubnganan, sila igalabay ngadto sa linaw sa nagsilaob nga asupri human ang Paghukom sa Dakung Trono nga Maputi.

Ang dautan nga mga espiritu nahadlok sa Bung-aw

Ang pipila kaninyo nga nakahinumdom sa mga pulong sa Biblia mahimong makaplagan nga adunay usa ka butang nga dili tarung. Sa Lucas 8, adunay usa ka eksena kung hain si Hesus nakatagbo og usa ka gisudlan-sa-demonyo nga tawo. Sa kaniadtong iyang gimandoan ang demonyo nga mogawas gikan sa tawo, ang demonyo miingon, *"Unsay imong labut kanako, Jesus, Anak sa Labing Halangdong Dios? Magpakiluoy ako kanimo, ayaw intawon ako pagsakita!"* (Lucas 8:28) ug nagpakitluoy kang Hesus aron nga siya dili ipadala ngadto sa Bung-aw.

Ang mga demonyo nadestino nga igalabay ngadto sa linaw sa

nagsilaob nga asupri, dili sa Bung-aw. Ngano man, unya, nga mihangyo kini kang Hesus nga dili kini ipadala ngadto sa Bung-aw? Sumala sa gisulti sa ibabaw, ang mga demonyo sa kausa mga tawo ug sumala niini, sila mga instrumento lang nga gigamit alang sa pagpa-ugmad sa tawo sumala sa pagbuot ni Lucifer. Busa, sa kaniadtong misulti ang demonyo kang Hesus pinaagi sa mga wait niining tawhana, kini militok sa kasingkasing sa dautan nga mga espiritu nga nagdumala niini, dili sa iyang kaugalingon. Ang dautan nga mga espiritu nga gipangulohan ni Lucifer nakahibalo nga inig kakumpleto sa probidensiya sa Dios sa pagpa-ugmad sa tawo, mawala ang ilang mga awtoridad ug gahom ug ibalhog sa kahangtoran ngadto sa Bung-aw. Ang ilang kahadlok sa umaabot klaro kaayo nga gipakita pinaagi sa pagpakitluoy sa demonyo.

Dugang pa, ang demonyo gigamit isip nga instrumento aron nga ang kahadlok niining dautan nga mga espiritu ug sama sa ilang katapusan matala sa Biblia.

Nganong naglagot man ang mga demonyo sa, tubig ug kalayo?

Sa sayo pa sa akong ministro, ang Espiritu Santo mitrabaho sa daku nga kagahom sa akong iglesia nga ang bulag nakakita, ang amang nakasulti, ang mga katawohan nga adunay polio nakalakaw, ug ang dautan nga mga espiritu gipagula. Kining balita mikatap sa tibuok nga nasud, ug daghang may sakit nga mga katawohan ang miadto. Nianang panahona, personal ko nga nag-ampo alang sa gisudlan-sa-demonyo, ug ang mga demonyo, isip nga mga espirituhanon nga mga linalang nakahibalo og una nga sila pagulaon. Usahay, ang pipila ka mga demonyo mopakitluoy kanako, "Palihog ayaw kami pagulaa ngadto sa tubig, o kalayo!" Lagi, dili ko makasugot sa ilang gihangyo.

Ngano man, unya, nga ang mga demonyo nagdumot sa tubig ug kalayo? Ang Biblia mitala sa ilang kayugot batok sa tubig ug sa kalayo sad. Sa kaniadtong ako nag-ampo og usab alang sa pagpadayag niini, ang Dios misulti kanako nga sa espirituhanon ang tubig nagpasabot sa kinabuhi, labing tukma ang pulong sa Dios nga mao ang kahayag mismo. Dugang pa, ang kalayo nagtimaan sa kalayo sa Espiritu Santo. Sumala, ang mga demonyo nga nagrepresentar sa kangitngit mawad-an sa ilang kagahom ug awtoridad kung sila pagulaon ngadto sa kalayo ug tubig.

Sa Marcos 5 adunay usa ka eksena kung hain si Hesus nagmando sa demonyo nga "Legion" nga mogawas gikan sa usa ka tawo, ug sila mipakitluoy Kaniya nga ipadala sila kuyog sa mga baboy (Marcos 5:12). Mitugot kanila si Hesus, ug ang dautan nga mga espiritu migawas sa tawo ug niadto sa mga baboy. Ang kahayopan nga mga baboy, gibanabana nga duha ka libo sa gidaghanon, nagdalidali panaog sa titip nga tampi ngadto sa linaw ug nalunod. Gibuhat kini ni Hesus aron nga mapunggan kining mga demonyo gikan sa pagtrabaho og dugay kang Lucifer pinaagi sa paglunod kanila sa linaw. Kini wala nagpasabot nga, nan, ang mga demonyo nalunod; nawala lang kanila ang ilang gahom. Mao kana nganong si Hesus nagsulti kanato nga *"Sa diha nga ang mahugawng espiritu makagula na sa tawo, kini mosuroy latas sa mga dapit nga mamala aron sa pagpangitag pahulay, apan wala siyay makaplagan niini"* (Mateo 12:43).

Ang mga anak sa Dios kinahanglan nakahibalo sa espirituhanon nga kalibutan og klaro aron nga mapakita ang gahom sa Dios. Ang mga demonyo nagkurog sa kahadlok kung imo silang pagulaon nga adunay hingpit nga kahibalo sa espirituhanon nga kalibutan. Apan, dili sila magkurog, og pinakakubos mapagula, kung moingon ka lang nga "Ikaw demonyo, gawas ug adto sa tubig! Adto sa kalayo!" nga wala nakahibalo sa espirituhanon nga panabot.

Si Lucifer nangimbisog aron matukod ang iyang gingharian

Ang Dios mao ang Dios sa dagaya nga gugma apan Siya sad ang Dios sa katarung. Bisan unsa ka maluluy-on ug kamapinasayluon ang bisan kinsang hari niining kalibutan, dili sila maluoy ug makapasaylo nga walay kondisyon sa tibuok panahon. Kung adunay mga kawatan ug mga mamumuno sa nasud, ang usa ka hari kinahanglan nga magdakop ug magsilot kanila sumala sa kasugoan sa yuta aron nga mapabilin ang kadait ug seguridad alang sa mga katawohan. Bisan pa nga ang iyang pinalangga nga anak o ang katawohan magbuhat og seryoso nga mga krimen ingon sa pagbudhi, ang hari walay laing opsyon apan silotan sila sumala sa kasugoan.

Sama niini, ang gugma sa Dios mao ang klase sa gugma nga nalinya kauban sa istrikto nga pagpasunod sa espirituhanon nga kalibutan. Gihigugma og daku sa Dios si Lucifer sa wala pa ang iyang pagluib, ug bisan pagkahuman sa iyang pagluib, gihatag sa

Dios kang Lucifer ang hingpit nga awtoridad sa kangitngit, apan ang usa ka balos lang kang Lucifer nga mao ang modawat og pagbalhog ngadto sa Bung-aw. Kay si Lucifer nakahibalo na niining katinuoran, siya nangimbisog aron itukod ang iyang gingharian ug ipabilin kini nga nagtindog og lig-on. Alang niining rasona, gipatay ni Lucifer ang daghang mga propeta sa Dios duha ka libo ka tuig nga miagi ug sa nahauna pa. Duha ka tuig nga miagi, sa kaniadtong nakapglagan ni Lucifer ang mahitungod sa pagpanganak ni Hesus, aron nga mapunggan ang gingharian sa Dios nga matukod ug aron nga sa kahangtoran mapabilin ang iyang gingharian sa kangitngit, iyang gisulayan nga patyon si Hesus pinaagi ni Haring Herodes. Human migalgal ni Satanas, mihatag og mando si Herodes nga patyon ang tanang mga lalaki nga anak sa yuta nga duha ka tuig o mas bata pa (Mateo 2:13-18).

Walay labot niini, atol sa ulahi nga duha ka milenya, gisulayan kanunay ni Lucifer nga gub-on ug patyon ang bisan kinsa nga nagpakita sa makahibulong nga gahom sa Dios. Apan, dili si Lucifer makadaog batok sa Dios o malabawan ang Iyang kaalam, ug ang iyang katapusan makaplagan lang ngadto sa Bung-aw.

Ang Dios sa gugma naghulat ug naghatag og mga higayon alang sa paghinulsol

Ang tanang mga katawohan sa yuta nahugpong aron nga pagahukman sumala sa ilang mga binuhatan. Alang sa mga dili-matarung naghulat ang mga panunglo ug mga pagsilot ug alang sa maayo naghulat ang mga pagpakabulahan ug himaya. Bisan pa niana, ang Dios nga sa Iyang kaugalingon mao ang gugma dili gilayon molabay sa mga katawohan nga bag-o lang nakasala ngadto sa impiyerno. Siya mapailobon nga magahulat alang sa mga katawohan nga maghulat sumala sa gitala sa 2 Pedro 3:8-9, *"Apan mga hinigugma, ayaw kamo pagpakabuta niining usa ka butang nga tinuod, nga alang sa Ginoo ang usa ka adlaw ingon sa usa ka libo ka tuig, ug ang usa ka libo ka tuig ingon sa usa ka adlaw. Bahin sa iyang saad ang Ginoo dili langaylangayan, nianang paglangaylangay nga maoy pagsabut sa uban, hinonoa siya mapailubon kaninyo, nga wala magtinguha nga adunay mahanaw kondili nga ang tanan managpakakab-ot unta sa paghinulsol."* Mao kini ang gugma sa Dios nga gusto nga ang tanan nga mga katawohan modawat sa kalusawan.

Paagi niining mensahe sa impiyerno, kinahanglan kanimong mahinumduman nga ang Dios usab mapailobon ug naghulat alang sa tanan kadtong gisilotan sa Ubos nga Lubnganan Kining Dios sa gugma nagkasubo alang sa mga kalag, nga gimugna sa Iyang imahe ug sa Iyang kaanggid, nga sa karon nag-antos ug magaantos alang sa mga panahon nga umaabot.

Bisan sa pagpailob ug gugma sa Dios, kung ang mga katawohan dili modawat sa Maayong Balita hangtud sa katapusan o nagangkon nga nagtoo apan padayon nga nagpakasala, mawala kanila ang mga higayon alang sa kaluwasan ug mahagbong ngadto sa impiyerno.

Mao kini nganong kita nga mga tumuluo kinahanglan nga kanunay nga magpakatap sa Maayong Balita bisan pa kung kita aduna o wala'y higayon. Atuang ipananglit nga adunay usa ka daku nga kalayo sa imong balay samtang atua ka sa gawas. Pagbalik kanimo ang balay gilamon na sa kalayo ug ang imong mga anak natulog sa sulod. Dili ba kanimo buhaton ang tanan aron maluwas ang imong mga anak? Ang kasingkasing sa Dios mas naguba kung makita Kaniya ang mga katawohan nga gimugna sa Iyang imahe ug sa Iyang kaanggid nagbuhat og mga sala ug mahagbong ngadto sa kahangtoran nga kalayo sa impiyerno. Sama niini, imo bang mahanduraw kung unsa kamaya sa Dios nga makita ang mga katawohan nga nagdala sa ubang mga katawohan ngadto sa kaluwasan?

Kinahanglan kanimong masabtan ang kasingkasing sa Dios nga gihigugma ang tanang mga katawohan ug nagkasubo alang sa kadtong padulong sa dalan sa impiyerno, sama sad sa kasingkasing ni Hesukristo nga dili gusto nga mawala ang bisan usa ka tawo. Karon kay imong nabasa ang mahitungod sa kamadagmalon ug katimawa sa impiyerno, ug mahimong imong masabtan nganong ang Dios nahimuot og pag-ayo sa kaluwasan sa mga katawohan. Akong gilaum ang imong mahagkom ug mabati ang kasingkasing sa Dios aron nga imong ipakatap ang maayong balita ug dal-on ang mga katawohan ngadto sa langit.

Kapitulo 9

Ngano man nga ang Dios sa Gugma Kinahanglan nga Mag-andam sa Impiyerno?

1. Ang Pagpailob ug Gugma sa Dios
2. Ngano man nga ang Dios sa Gugma Kinahanglan nga Mag-andam sa Impiyerno?
3. Gusto sa Dios nga ang Tanang Katawohan Makadawat og Kaluwasan
4. Maisog nga Ikatap ang Maayong Balita

"*[Ang Dios] nagatinguha nga ang tanang mga tawo mangaluwas unta ug managpakakab-ot sa kahibalo sa kamatuoran.*"
- 1 Timothy 2:4 -

"*Ang iyang paliran anaa na sa Iyang kamot; pagahinloan Kaniya ang iyang giukan, ug hiposon Kaniya ang iyang trigo ngadto sa dapa; apan ang mga uhot iyang pagasunogon sa kalayo nga dili arang mapalong.*"
- Mateo 3:12 -

Ngano man nga ang Dios sa Gugma Kinahanglan nga Mag-andam sa Impiyerno?

Gibanabana duha ka libo ka tuig nga miagi, si Hesus miadto sa mga lungsod ug mga kabaranggayan sa Israel, miwali sa maayong balita ug giayo ang matag sakit. Kung Siya makaatubang sa mga katawohan, si Hesus nagmapuangoron kanila, kay sila gihasol ug kinahanglan og tabang, nga sama sa karnero nga walay pastol (Mateo 9:36). Adunay dili-maihap nga mga katawohan nga maluwas unta, apan walay nagbantay kanila. Bisan pa nga si Hesus kugihan nga maglibot sa kabaranggayan ug magbisita sa mga katawohan, dili Kaniya maatiman silang tanan og usa-usa.

Sa Mateo 9:37-38, si Hesus miingon sa Iyang mga disipolo, *"Daghan unta ang anihon, apan diyutay ra ang mga mamumoo. Busa pangamuyo kamo sa Ginoo sa anihon nga makapadala unta Siyag mga mamumoo ngadto sa Iyang anihon."* Ang kinahanglanon gid mao ang mga mamumuo ng magtudlo sa dili-maihap nga mga katawohan sa kamatuoran kauban ang nagsilaob nga gugma ug pagulaon ang kangitngit gikan kanila sa dapit ni Hesus.

Karong mga adlawa, daghan kaayong mga katawohan ang naulipon sa sala nag-antos gikan sa sakit, kagutom, ug kasubo, ug nagpadulong ngadto sa impiyerno – ang tanan tungod kay sila wala nakahibalo sa kamatuoran. Kinahanglan kanatong sabton ang kasingkasing ni Hesus nga nagpangita og mga mamumuo aron nga ipadala ngadto sa anihon nga uma, aron nga dili ka lang makadawat og kaluwasan apan usab magkompisal Kaniya nga, "Ania ako! Ipadala ko, Ginoo."

1. Ang Pagpailob ug Gugma sa Dios

Adunay usa ka anak nga lalaki nga gihigugma og pag-ayo ug gipalangga sa iyang mga ginikanan. Usa ka adlaw, kining anak nga lalaki gipangayo sa iyang ginikanan ang iyang partida sa estado. Ilang gipasugtan ang hangyo sa anak nga lalaki, kung hain ilang ihatag ang tanan kaniya sa gihapon. Unya ang anak nga lalaki miadto sa laing nasud nga dala ang iyang partida sa estado. Bisan pa nga aduna siya og paglaum ug mga ambisyon sa una, siya daku nga nahaylo sa kalami ug pasyon sa kalibutan ug giusikan ang tanan kaniyang bahandi sa ulahi. Dugang pa, ang nasud nangatubang og mapig-ot nga depresyon busa siya nagkasamot og kapobre. Usa ka adlaw, adunay usa ka tawo nga mihatod sa balita mahitungod sa anak nga lalaki sa iyang mga ginikanan, nga nagsulti kanila nga ang ilang anak nga lalaki nahimong pareho sa usa ka makililimos tungod sa kinabuhi nga pag-usik, ug busa gitamastamas sa mga katawohan.

Unsa kaha ang gibati sa iyang mga ginikanan? Sa una mahimo nga sila masuko, apan sa makadiyot magsugod sila og kabalaka mahitungod kaniya, nga maghunahuna, 'Gipasaylo ka namo, anak. Pauli lang og dali!'

Ang Dios modawat sa mga anak nga magbalik sa paghinulsol

Ang kasingkasing niining mga ginikanan gitala sa Lucas 15. Ang amahan, kung asa ang iyang anak nga lalaki miadto sa malayo nga nasud, naghulat sa iyang anak sa pultahan sa matag adlaw. Ang amahan naghulat sa pagbalik sa iyang anak og desperado sa pagpauli sa iyang anak, nailhan dayon siya sa iyang amahan bisan sa malayo pa, nagdagan padulong sa iyang anak, ug gigakos siya sa kalipay. Ang amahan nagbutang sa pinakamaayo nga sinina ug mga sandal, giihaw ang pinatambok nga nati, ug nagpapiyesta alang sa pagpasidungog sa ilang anak.

Mao kini ang kasingkasing sa Dios. Dili lang Kaniya pasayloon ang kadtong tanan nga maikagon nga naghinulsol, walay bali sa gidaghanon o kapig-oton sa ilang mga sala, apan usab magpahupay ug magpagahom kanila nga magbuhat og maayo. Kung ang usa ka tawo naluwas pinaagi sa pagtoo, ang Dios nangalipay ug nagselebrar sa okasyon kauban ang mga langitnong panon ug mga anghel. Ang atuang maluluy-on nga Dios mao ang gugma mismo. Sama sa kasingkasing sa amahan nga naghulat sa iyang anak, ang Dios mahidlawon nga gusto ang tanan nga katawohan magtalikod gikan sa sala ug dawaton ang kaluwasan.

Ang Dios sa gugma ug pagpasaylo

Pinaagi sa Hosea kapitulo 3, mahimo kang makakuha og usa ka pasiplat sa dagaya nga kaluoy ug kapuangod sa atong Dios, nga sa kanunay mahidlawon nga magpasaylo ug maghigugma bisan pa sa mga makakasala.

Usa ka adlaw, gimandoan sa Dios si Oseas nga magkuha sa usa ka maluibon nga babaye isip nga iyang asawa. Mituman si Oseas ug gipangasawa si Gomer. Sa diotay nga tinuig nga miagi, nan, si Gomer dili makapabilin sa iyang kasingkasing ug

Impiyerno

gugma sa uban pa nga tawo. Dugang pa, siya gibayaran sama sa usa ka pampam ug naghigugma og ubang lalaki. Unya gisultian sa Dios si Oseas nga, *"Lumakaw ka pag-usab, higugmaa ang usa ka babaye nga hinigugma sa iyang higala, ug ang usa ka babayeng mananapaw, bisan maingon sa paghigugma sa GINOO sa mga anak sa Israel, bisan sila molingi ngadto sa laing mga dios, ug mahagugma sa mga sopas nga may pasas"* (b. 1). Gimandoan sa Dios si Oseas nga higugmaon ang iyang asawa, nga miluib kaniya ug mibiya sa ilang balay aron nga higugmaon ang ubang lalaki. Gidala og balik ni Oseas si Gomer human pagbayad og napulog lima ka buok nga salapi ug usa ka omer sa sebada ug tunga sa omer nga sebada Hosea (b. 2). Pila man ka katawohan ang makabuhat niana? Human og dala balik ni Oseas kang Gomer, iyang gisultian siya nga, *"Ikaw magapabilin alang kanako sa daghang mga adlaw. Ikaw dili na magapakighilawas, ug ikaw dili na mahimong asawa sa bisan kinsang tawo; busa ingon niana ako alang kanimo"* (b. 3). Wala kaniya gikondena o gikadumtan siya, apan gipasaylo siya kauban ang gugma ug mipakitluoy kaniya nga dili na siya usab biyaan.

Ang gibuhat ni Oseas morag tan-awon nga binuang sa pananaw sa mga katawohan niining kalibutan. Bisan pa niana, ang iyang kasingkasing nag-anggid sa kasingkasing sa Dios. Ang paagi nga si Oseas mipangawasa sa usa ka maluibon nga babaye, ang Dios mihigugma kanato sa una, nga mibiya Kaniya, ug bisan pa nga gilukat gani kita.

Human ang pagkamasupilon ni Adan, ang tanang mga tawo gituhopan sa sala. Sama ni Gomer, sila dili takos sa gugma sa

Ngano man nga ang Dios sa Gugma Kinahanglan nga Mag-andam sa Impiyerno?

Dios. Apan, ang Dios sa gihapon naghigugma kanila ug gihatag kanila nga Iyang usa ug bugtong nga Anak nga si Hesus aron nga ilansang sa krus. Kining Hesus gilatigo, gisul-oban og usa ka korona sa mga tunok, ug gilansang sa Iyang mga kamot ug mga tiil aron nga kita maluwas Kaniya. Bisan pa nga siya nagbitay sa krus og kahimatyon, Siya nag-ampo, "Amahan, pasayloa sila." Bisan pa nga kita nag-istorya, si Hesus nagpangaliya alang sa tanang mga makakasala sa atubangan sa Trono sa atong Dios nga Amahan sa langit.

Apan, daghang mga katawohan ang wala nakaila sa gugma ug grasya sa Dios. Hinonoa, ilang gihigugma ang kalibutan ug padayon nga nagpakasala sa paggukod kanila sa ilang mga paninguha sa unod. Ang pipila nagpuyo sa kangitngit kay wala sila nakahibalo sa kamatuoran. Ang uban nakahibalo sa kamatuoran apan sa pag-agi sa panahon, ang ilang kasingkasing nagbaylo ug sila nagpakasala og usab. Sa dihang sila naluwas na, ang mga katawohan kinahanglan nga pakabulahan ang ilang kaugalingon adlaw-adlaw. Bisan pa niana, ang ilang mga kasingkasing nagkahugaw ug nakontaminado dili sama sa panahon kaniadtong sila unang nagdawat sa Espiritu Santo. Mao kana nganong kining mga katawohan magbuhat bisan sa klase sa dautan nga sa kausa ilang gitambog pahilayo sa una.

Ang Dios gusto sa gihapon nga magpasaylo ug maghigugma bisan pa ang mga katawohan nga nakasala ug nahigugma sa kalibutan. Sama nga si Oseas nagdala og balik sa iyang maluibon nga asawa nga nahigugma og uban nga lalaki, ang Dios naghulat alang sa pagbalik ug paghinulsol sa Iyang mga anak nga nakasala.

Busa, kinahanglan kanatong sabton ang kasingkasing sa Dios

nga nagpadayag kanato sa mensahe sa impiyerno. Ang Dios dili gusto nga pahugon ka; gusto lang Kaniya nga kita makatuon mahitungod sa katimawa sa impiyerno, hingpit nga maghinulsol, ug dawaton ang kaluwasan. Ang mensahe sa impiyerno usa ka paagi alang Kaniya aron nga mapakita ang Iyang nagsilaob nga gugma alang kanato. Kinahanglan sad kanato masabtan ngano ang Dios kinahanglan nga mag-andam sa impiyerno aron nga kita makasabot sa Iyang kasingkasing ug mas halawom ug ipakatap ang maayong balita sa mas daghang mga katawohan aron nga maluwas sila gikan sa kahangtoran nga mga pagsilot.

2. Ngano man nga ang Dios sa Gugma Kinahanglan nga Mag-andam sa Impiyerno?

Ang Genesis 2:7 mabasa nga, *"Ug giumol sa GINOO nga Dios ang tawo gikan sa abog sa yuta, ug gihuypan niya sa mga buho sa iyang ilong sa gininhawa sa kinabuhi; ug ang tawo nahimong kalag nga may kinabuhi."*
Kaniadtong 1983, ang tuig human ang mga pultahan sa akong iglesia giabli, gipakita ko sa Dios ug usa ka panan-aw kung hain ang pagmugma sa Dios kang Adan gihulagway. Ang Dios nalipay ug nagkamaya kaayo sa iyang pagmolde ni Adan gikan sa kulonon kauban ang pag-atiman ug gugma, nga morag usa ka bata nga nagduwa sa iyang paborito nga duwaan o munyeka. Human sa mabantayanon nga pagmolde ni Adan, gihuypan sa Dios ngadto sa mga buho sa iyang ilong ang gininhawa sa kinabuhi. Kay kita nagdawat sa gininhawa sa kinabuhi gikan sa

Ngano man nga ang Dios sa Gugma Kinahanglan nga Mag-andam sa Impiyerno?

Dios, nga mao ang Espiritu, ang atong espiritu ug kalag imortal. Ang unod nga gibuhat gikan sa abog mamatay ug mobalik sa usa ka hagkom nga abog, apan ang atong espiritu ug kalag molungtad sa kahangtoran.

Alang nianang rasona, ang Dios kinahanglan nga moandam ug mga dapit aron mapuy-an niining imortal nga mga espiritu, ug kini mao ang langit ug impiyerno. Sumala sa gitala sa 2 Pedro 2:9-10, ang mga katawohan nga nabuhi sa mga kinabuhi nga may kahadlok sa Dios maluwas ug magasulod sa langit, apan ang dili matarung pagasilotan sa impiyerno.

> *Nan, ang Ginoo mahibalo sa pagluwas sa mga tawong diosnon gikan sa mga pagtintal, ug sa pagbantay nga ang mga dili matarung magapabilin ubos sa silot hangtud sa adlaw sa paghukom, ug labi na gayud sila nga nagapahiuyon sa makapahugawng pangibog sa unod ug dili motagad sa langitnong kagamhanan.*

Sa usa ka bahin, ang mga anak sa Dios mabuhi sa ilalom sa Iyang kahangtoran nga paghari sa langit. Busa, ang langit kanunay nga puno sa kalipay ug kasadya. Sa pikas nga bahin, ang impiyerno mao ang dapit alang sa kadtong wala modawat sa gugma sa Dios apan hinonoa miluib Kaniya ug nahimong ulipon sa sala. Sa impiyerno, sila modawat og madagmalon nga mga pagsilot. Ngano man, unya, nga ang Dios sa gugma kinahanglan nga mag-andam sa impiyerno?

Impiyerno

Ang Dios maghimulag sa trigo gikan sa uhot

Sumala nga ang usa ka mangunguma nagpugas sa mga binhi ug magpa-ugmad kanila, ang Dios nagpa-ugmad sa mga tawo niining kalibutan aron makaangkon og tinuod nga mga anak. Inig kaabot sa pag-ani nga panahon, Iyang ihimulag ang trigo gikan sa uhot, nga ipadala ang trigo ngadto sa langit ug ang uhot ngadto sa impiyerno.

Ang Iyang paliran anaa na sa iyang kamot; pagahinloan Kaniya ang Iyang giukan ug hiposon Kaniya ang iyang trigo ngadto sa dapa, apan ang mga uhot Iyang pagasunogon sa kalayo nga dili arang mapalong (Mateo 3:12).

Ang "trigo" nganhi nagpatimaan sa tanan kadtong nagdawat ni Hesukristo, nagsulay nga ibalik ang imahe sa Dios, ug nabuhi sumala sa Iyang pulong. Ang "uhot" nagpasabot sa kadtong wala modawat ni Hesukristo isip nga iyang Manluluwas, apan gihigugma ang kalibutan, ug nagsunod sa dautan.

Sumala nga ang mangunguma magtipon sa trigo ngadto sa dapa ug sunugon ang uhot o gamiton kini isip nga panambok sa pag-ani, ang Dios usab magadala sa trigo ngadto sa langit ug ilabay ang uhot ngadto sa impiyerno.

Gusto seguruhon sa Dios nga kita nakahibalo mahitungod sa pagka-anaa sa Ubos nga Lubnganan ug sa impiyerno. Ang lava sa ilalom sa yuta ug ang kalayo nagsilbi nga usa ka panahumdom sa kahangtoran nga mga pagsilot sa impiyerno. Kung walay kalayo ug

Ngano man nga ang Dios sa Gugma Kinahanglan nga Mag-andam sa Impiyerno?

asupri niining kalibutan, unsaon man kanato paghanduraw sa ngil-ad nga mga eksena sa Ubos nga Lubnganan ug sa impiyerno? Gibuhat sa Dios kining mga butanga kay kinahanglanon kini sila alang sa pag-ugmad sa mga tawo.

Ang rason nganong "ang uhot" gilabay ngadto sa kalayo sa impiyerno

Ang pipila mahimong mangutana, "ngano man nga ang Dios sa gugma nag-andam sa Impiyeno? Nganong dili man usab Kaniya dal-on ang uhot ngadto sa langit?"

Ang kaanyag sa langit lapas sa imahinasyon o paghulagway. Ang Dios, ang agalon sa langit balaan nga walay bisan unsang lama o sayop ug busa, ang kadto lang nga nagbuhat sa Iyang kabubut-on ang tugotan nga makasulod sa langit (Mateo 7:21). Kung ang madianoton nga mga katawohan anaa sa langit apil sa kadtong mga katawohan nga puno sa gugma ug kamaayo, ang kinabuhi sa langit lisud kaayo ug salikwaot, ug ang maanyag nga langit makontaminado lang. Mao kini nganong ang Dios kinahanglan nga mag-andam sa impiyerno aron nga mahimulag ang trigo sa langit gikan sa uhot sa impiyerno.

Kung walay impiyerno, ang matarung ug ang madinaoton mapwersa nga magkuyog og puyo. Kung mao kana ang kaso, ang langit mahimong hopanan sa kangitngit, nga gipuno sa pagsiyagit ug paghilak sa paghingutas. Apan, ang tuyo sa pagpaugmad sa tawo sa Dios dili aron nga magbuhat og ingon niining dapita. Ang langit usa ka dapit nga walay mga luha, kasubo, kasakit, ug sakit, kung hain siya makapa-ambit sa Iyang dagaya nga gugma kauban sa Iyang mga anak sa kahangtoran. Busa, ang impiyerno kinahanglan aron nga ibalhog og permanente ang madinaoton ug walay pulos nga mga katawohan – ang uhot.

Ang Mga Taga-Roma 6:16 mabasa nga, *"Wala ba kamo masayud nga kon itugyan ninyo ang inyong kaugalingon ingon nga mga masinugtanong ulipon ngadto kang bisan kinsa, kamo mga ulipon niya nga inyong ginasugot, bisan hain sa mga ulipon nga iya sa sala nga nagahatud ngadto sa kamatayon, o iya sa pagkamasinugtanon nga nagahatud ngadto sa pagkamatarung?"* Bisan pa nga wala kini kanila mahibaloan, ang tanan kadtong wala nabuhi sumala sa pulong sa Dios mga ulipon sa sala ug mga ulipon sa atuang kaaway nga si Satanas ug sa yawa. Niining yuta, sila gidumala sa kaaway nga si Satanas ug sa yawa; human pagkamatay, sila ilabay ngadto sa mga kamot sa kadtong dautan nga mga espiritu sa impiyerno ug dawaton ang tanan nga mga klase sa mga pagsilot.

Ang Dios magabalos sa tanan sumala sa kung unsa ang iyahang gibuhat

Ang atuang Dios dili lang ang Dios sa gugma, kaluoy, ug kaayo apan usab usa ka patas ug matarung nga Dios nga magabalos sa matag usa kanato sumala sa atuang binuhatan. Ang Mga Taga-Galacia 6:7-8 mabasa nga:

Ayaw kamo palimbong; ang Dios dili mabiaybiay; kay bisan unsay igapugas sa tawo, mao usab kana ang iyang pagaanihon. Kay ang magapugas alang sa iyang

Ngano man nga ang Dios sa Gugma Kinahanglan nga Mag-andam sa Impiyerno?

kaugalingong unod, gikan sa unod magaani siyag pagkadunot; apan ang magapugas alang sa Espiritu, gikan sa Espiritu magaani siyag kinabuhing dayon.

Sa usa ka bahin, kung ikaw magpugas og mga pag-ampo ug mga pagdayeg, ikaw hatagan og gahom nga mabuhi sumala sa pulong sa Dios kauban ang gahom gikan sa langit, ug ang imong espiritu ug kalag pagamaayohon. Kung ikaw magpugas kauban ang pagtoo nga mga serbisyo, ang tanan kanimong parte – espiritu, kalag, ug lawas – pabaskugon. Kung imong ipugas ang imong kuwarta pinaagi sa ikapulo o pasalamat nga mga paghalad, ikaw mas daghang panalanginan sa pinansyal aron nga ikaw mas daghan nga mapugas alang sa gingharian sa Dios ug sa pagkamatarung. Sa pikas nga bahin, kung magpugas ka og dautan, ikaw pagabayran og balik sa tukma nga gidaghanon ug kadakuon sa imong kadaut. Bisan pa kung ikaw usa ka tumuluo, kung magpugas ka og mga sala ug paglapas sa sugo, magapangatubang ka og mga pagtilaw. Busa, akong gilaum nga ikaw mahilamdagan ug matun-an nga kining kamatuoran kauban ang katabang sa Espiritu Santo, aron nga ikaw makadawat og kinabuhing dayon.

Sa Juan 5:28-29, si Hesus miingon kanato nga *"Ayaw kamo kahibulong niini; kay ang takna nagasingabut na, nga ang tanan nga anaa sa mga lubong managpakabati sa Iyang tingog, ug ang mga nanagbuhat ug maayo managpanggula nga binanhaw ngadto sa kinabuhi, ug ang mga nanagbuhat ug mangil-ad managpanggula nga binanhaw ngadto sa pagkahinukman sa silot."* Sa Mateo 16:27, si Hesus misaad kanato, *"Kay uban sa kahimayaan sa Iyang Amahan, moanhi ang Anak sa Tawo uban*

Impiyerno

sa iyang mga anghel, ug unya pagabalusan Kaniya ang matagusa sa tumbas sa iyang mga binuhatan."

Kauban ang walay sayop nga pagkatukma, pinaagi sa Paghukom ang Dios magabalos sa angay nga mga premyo ug maghatag sa angay nga mga pagsilot sa tanan sumala sa kung unsa ang iyang gibuhat. Bisan pa kung ang matag indibiduwal moadto sa langit o sa impiyerno dili sumala sa Dios apan sa matag indibiduwal nga adunay kaugalingong pagbuot, ug ang tanan magaani sa kung unsa and iyang gipugas.

3. Gusto sa Dios nga ang Tanang Katawohan Makadawat og Kaluwasan

Gihunahuna sa Dios nga ang usa ka tawo nga gimugna sa Iyang imahe ug kaanggid nga mas importante kaysa tibuok uniberso. Busa, gusto sa Dios ang tanang tawo nga magtoo kang Hesukisto aron nga makadawat og kaluwasan.

Ang Dios magkalipay og samot kung ang usa ka makakasala maghinulsol

Sama sa kasingkasing sa usa ka pastol nga nagpangita sa palibot sa batohon nga mga dalan alang sa usa ka nawala nga karnero bisan pa nga aduna siya'y kasiyaman og siyam ka karnero nga naseguro (Lucas 15:4-7), ang Dios labi pa nga magkalipay sa usa ka makakasala nga naghinulsol kaysa kasiyaman og siyam nga matarung nga mga katawohan nga dili magkinahanglan sa

Ngano man nga ang Dios sa Gugma Kinahanglan nga Mag-andam sa Impiyerno?

paghinulsol.

Ang Salmista misulat sa Mga Salmo 103:12-13 nga, *"Ingon sa pagkahalayo sa silangan gikan sa kasadpan, sa mao nga gilay-on iyang gipahilayo kanato ang atong mga kalapasan. Sama sa usa ka amahan nga nalooy sa iyang mga anak, Sa mao nga pagkaagi nalooy ang GINOO kanila nga may kahadlok Kaniya."* Misaad sad ang Dios sa Isaias 1:18 nga *"Umari kamo karon, ug usahan ta paghusay. Bisan pa ang inyong mga sala mapula, sila pagapution ingon sa nieve; bisan pa sila lubos mapula, sila mahimong sama sa maputing balhibo sa karnero."*

Ang Dios mao ang kahayag mismo ug diha Kaniya, walay kangitngit. Siya mao sad ang kamaayo mismo, nga naglagot sa sala, apan kung ang usa ka makakasala moanha Kaniya ug maghinusol, ang Dios dili maghinumdom sa iyang mga sala. Hinonoa, ang Dios mogakos ug magpanalangin sa makakasala sa Iyang walay limitasyon nga pagpasaylo ug mainit nga gugma.

Kung imong masabtan ang makahibulong nga gugma sa Dios bisan gamay, kinahanglan kanimong alimahon ang matag indibiduwal sa maikagon nga gugma. Kinahanglan aduna ka'y kalooy sa kadtong nagpadulong sa kalayo sa impiyerno, maikagon nga mag-ampo alang kanila, ipa-ambit ang maayong balita kanila, ug bisitahon ang kadtong adunay maluya nga pagtoo ug pabaskugon ang ilang pagtoo aron nga sila makabarog og lig-on.

Kung dili ka maghinulsol

Ang 1 Timoteo 2:4 nag-ingon kanato nga, *"[Ang Dios] nga nagatinguha nga ang tanang mga tawo mangaluwas unta ug managpakakab-ot sa kahibalo sa kamatuoran."* Desperado nga gusto sa Dios ang tanang mga katawohan nga makaila Kaniya, modawat sa kaluwasan, ug moadto kung hain Siya. Ang Dios naghigwaos alang sa kaluwasan sa bisan usa pa ka tawo, nga naghulat alang sa mga katawohan nga anaa sa kangitngit ug sala nga moliso Kaniya.

Apan, bisan pa ang Dios mihatag sa mga katawohan sa dilimaihap nga mga higayon nga maghinulsol, sa aboton nga nagsakrispisyo sa Iyang bugtong nga Anak sa krus, kung dili sila maghinulsol ug mamatay, usa lang ka kamatuoran ang magpabilin diha kanila. Sumala sa kasugoan sa espirituhanon nga kalibutan, ilang anihon ang unsang ilang gipugas ug bayaran og balik sumala sa kung unsa ang ilang gibuhat, ug ilabay ngadto sa impiyerno sa katapusan.

Akong gilaum nga imong mahimatngonan kining makahibulong nga gugma ug katarung sa Dios aron nga imong madawat si Hesukristo ug mapasaylo. Dugang pa, magbinatasan ug mabuhi sumala sa kabubut-on sa Dios aron nga ikaw magsidlak sama sa Adlaw sa langit.

4. Maisog nga Ikatap ang Maayong Balita

Ang kadtong nakahibalo ug tinuod nga nagtoo sa pagka-anaa sa langit ug impiyerno dili makatabang nga magpasangyaw, kay sila nakahibalo og pag-ayo sa kasingkasing sa Dios nga gusto nga ang tanang mga tawo maakadawat og kaluwasan.

Kung walay mga katawohan nga magpakatap sa maayong balita

Ang Mga Taga-Roma 10:14-15 nag-ingon kanato nga ang Dios nagdayeg sa kadtong nagpakatap sa maayong balita:

> *Apan unsaon man sa mga tawo sa pagpangaliya Kaniya nga wala nila toohi? Ug unsaon man nila sa pagtoo Kaniya nga wala gayud nila hidunggi? Ug unsaon man nila sa pagkadungog kon walay magwawali? Ug unsaon man sa mga tawo sa pagpakawali gawas kon sila pinadala? Ingon sa nahisulat, "Katahum gayud sa mga tiil sa mga nagawali sa Maayong Balita!"*

Sa 2 Mga Hari 5, adunay usa ka istorya mahitungod ni Naaman, usa ka kumander sa kasundalohan sa hari nga si Aram. Si Naaman gihunahuna nga usa ka taas ug halangdon nga tawo sa iyang hari kay iyang giluwas ang iyang nasud sa daghang higayon. Siya miangkon ug kabantog ug bahandi, ug walay bisan unsang kakulang. Apan, si Naaman adunay sanla. Sa kaniadtong mga adlawa, ang sanla walay kaayohan nga sakit ug gihunahuna nga usa ka panunglo gikan sa langit, busa ang kaisog ug bahandi ni Naaman sa karon walay pulos kaniya. Bisan pa ang iyang kaugalingong hari dili makatabang kaniya.

Imo bang mahanduraw ang kasingkasing ni Naaman nga nagtan-aw sa iyang lawas nga sa kausa himsog nga nagkadunot ug nagkalugbak sa matag adlaw? Dugang pa, bisan pa ang mga

Impiyerno

miyembro sa iyang kaugalingong pamilya nagpalayo gikan kang Naaman, nga nagkahadlok nga sila, sad, mahimong matakdan sa sakit. Unsa kaha ka walay gahom ug walay mahimo ang gibati ni Naaman?

Apan, ang Dios adunay maayo nga plano kang Naaman, usa ka hentil nga kumander. Adunay usa ka ulipon nga babaye nga gidakop sa Israel, nga sa karon nagsilbi sa asawa ni Naaman.

Si Naaman naayo human og pagdungog sa iyang ulipon nga babaye

Ang ulipon nga babaye, bisan pa nga siya gamay nga bata, nakahibalo sa paagi aron maresolbar ang problema ni Naaman. Nagtoo ang bata nga si Eliseo, usa ka propeta sa Samaria, ang makaayo sa sakit sa iyang agalon. Maisogon kaniyang gihatud ang balita mahitungod sa gahom sa Dios nga gipakita pinaagi kang Eliseo sa iyang agalon. Wala kaniya gisira ang iyang baba labi na mahitungod sa usa ka butang kung asa siya adunay daku nga pagtoo. Human og pagkadungog niining balita, si Naaman nag-andam og mga halad kauban sa iyang kinatas-an nga katimos ug milakaw aron makita ang propeta.

Unsa man sa imong hunahuna ang nahitabo kang Naaman? Siya hingpit nga naayo pinaagi sa gahom sa Dios nga kauban ni Eliseo. Siya gani mikompisal nga, *"Ania karon, ako nahibalo nga walay Dios sa tanang yuta, gawas sa Israel"* (2 Mga Hari 5:15). Si Naaman naayo dili lang sa iyang sakit, apan ang problema sa iyang espiritu usab naresolbar.

Niining istorya, misulti si Hesus sa Lucas 4:27: *"Ug sa*

Ngano man nga ang Dios sa Gugma Kinahanglan nga Mag-andam sa Impiyerno?

panahon ni Eliseo nga profeta, dihay kapid-an ka mga sanlahon sa Israel; apan wala kanilay nahinloan gawas lamang kang Naaman nga Siryanhon." Ngano man nga si Naaman lang nga hentil ang naayo bisan pa nga daghan uban pang mga sanlahon sa Israel? Mao kana tungod kay ang kasingkasing ni Naaman tinuod nga maayo ug igo nga mapaubsanon aron makapaminaw sa ubang mga tambag sa mga katawohan. Bisan pa nga si Naaman usa ka hentil, ang Dios miandam sa dalan sa kaluwasan alang kaniya kay siya usa ka maayo nga tawo, kanunay nga matinuohon sa iyang hari, ug usa ka ulipon nga gihigugma og pag-ayo ang iyang mga katawohan nga mahimo og masinugtanon nga ihatag ang iyang kinabuhi alang kanila.

Bisan pa niana, kung ang ulipon nga babaye wala midala sa mensahe sa gahom ni Eliseo kang Naaman, siya unta namatay nga wala maayo, mas kubos dili madawat ang kaluwasan. Ang kinabuhi sa usa ka halangdon ug takos nga tiggubat nagdepende diha sa mga wait sa usa ka gamay nga bata nga babaye.

Maisogon nga iwali ang Maayong Balita

Sama sa kaso ni Naaman, daghang mga tawo sa imong palibot ang naghulat alang kanimo nga ablihon ang imong baba. Bisan pa niining kinabuhi, sila nag-antos sa daghang kalisud sa kinabuhi ug nag-abante ngadto sa impiyerno sa matag adlaw. Unsa kini kaha ka makaluluoy kung sila pasakitan sa kahangtoran human sa ingon niining lisud nga kinabuhi sa yuta? Busa, ang mga anak sa Dios kinahanglan nga maisogon nga

Impiyerno

ihatud ang Maayong Balita sa ingon niining mga katawohan.

Ang Dios mangalipay og daku kaayo kung, pinaagi sa gahom sa Ginoo, ang mga katawohan nga kahimatyon modawat sa kinabuhi, ug ang mga katawohan nga nag-antos malibre. Siya usab magpauswag ug magpahimsog kanila, nga nag-ingon kanila nga, "Ikaw akong anak nga nagpalab-as sa akong espiritu." Dugang pa, ang Dios motabang kanila nga makaangkon og pagtoo nga igo ang kadakuon aron makasulod sa mahimayaon nga siyudad sa Bag-ong Herusalem, kung asa ang Trono sa Dios nabutang. Usa pa, dili ba ang kanang mga katawohan nga nakadungog sa maayong balita ug midawat kang Hesukristo pinaagi kanimo magmapasalamaton alang sa kung unsa ang imong gibuhat alang kanila?

Kung ang mga katawohan niining kinabuhi wala mag-angkon sa pagtoo nga igo ang kadakuon aron maluwas, sila dili na makaangkon ug "ikaduha nga higayon" sa dihang tua na sila sa impiyerno. Sa tunga-tunga sa kahangtoran nga pag-antos ug paghingutas, sila maghinugon lang ug magkasubo sa kahangtoran.

Alang kanimo nga nakadungog sa Maayong Balita ug midawat sa Ginoo, adunay dili masukod nga pagsakripisyo ug dedikasyon sa dili maihap nga mga katigulangan sa pagtoo, nga gipamatay gamit ang mga espada, nahimong tulokbon sa gutom nga mangtas nga mga mananap, o nagpakamartir alang sa pagproklamar sa maayong balita.

Unsa man ang imong buhaton, unya, karon nga ikaw naluwas na gikan sa impiyerno? Kinahanglan kanimong sulayan ang imong pinakamaayo nga ihatud ang daghang mga kalag gikan sa impiyerno ngadto sa mga butkon sa Ginoo. Sa 1 Mga Taga-

Ngano man nga ang Dios sa Gugma Kinahanglan nga Mag-andam sa Impiyerno?

Corinto 9:16, ang apostol nga si Pablo nagkompisal sa iyang misyon kauban ang nagsilaob nga kasingkasing: *"Kay kon ginawali ko man ang Maayong Balita, kini wala maghatag kanako ug hinungdan sa pagpasigarbo, kay mapugos man gayud ako sa pagbuhat niini ingon nga akong katungdanan. Alaut ako kon dili ko iwali ang Maayong Balita!"*

Akong gilaum nga moadto ka sa kalibutan kauban ang nagsilaob nga kasingkasing sa Ginoo ug luwason ang daghang mga kalag gikan sa kahangtoran nga pagsilot sa impiyerno.

Imo nang nahibaloan ang mahitungod sa kahangtoran, ngilngig, ug alaot nga dapit nga gitawag impiyerno pinaagi niining libro. Nag-ampo ko nga imong mabati ang gugma sa Dios, nga dili gustong mawala ang bisan usa ka tawo, nga magmabinantayon sa imong Kristohanon nga kinabuhi, ug ihatud ang Maayong Balita sa bisan kang kinsa nga nagkakinahanglan nga madunggan kini.

Sa mga mata sa Dios, mas malahalon ka kaysa tibuok kalibutan ug mas takos kaysa tanang butang sa uniberso nga gitipon, kay ikaw gimugna sa Iyang kaugalingong imahe. Busa, kinahanglan dili ka mahimong ulipon sa sala nga nagbatok sa Dios ug mopadulong sa impiyerno, apan mahimong tinuod nga anak sa Dios nga naglakaw sa kahayag, naglihok ug nabuhi sumala sa kamatuoran.

Kauban ang sama nga lebel sa kalipay nga aduna ang Dios sa kaniadtong Iyang gimugna si Adan, Siya nagbantay kanimo bisan pa karong adlawa. Gusto Kaniyang imong makab-ot ang tinuod nga kasingkasing, mahamtong sa pagtoo og dali, ug

Impiyerno

maangkon ang tibuok nga gidak-on sa kapuno ni Kristo.

Sa ngalan sa Ginoo, nag-ampo ko nga imong madali ng madawat si Hesukristo ug dawaton ang mga panalangin ug awtoridad isip nga malahalon nga anak sa Dios, aron nga ikaw makakuha sa papel nga asin ug kahayag sa kalibutan, ug dal-on ang dili-maihap nga katawohan ngadto sa kaluwasan!

Ang Tagsulat:
Dr. Jaerock Lee

Si Dr. Jaerock Lee gipanganak sa Muan, Probinsiya sa Jeonnam, Republika sa Korea, kaniadtong 1943. Sa iyang kapin bayente nga pangedaron, si Dr. Lee nag-antos gikan sa nagkalainlain nga dili-matambalan nga mga sakit alang sa pito ka mga tuig ug naghuwat sa kamatayon uban sa walay paglaom ga maulian pa. Usa ka adlaw sa tingpamulak kaniadtong 1974, nan, gidala siya sa usa ka iglesia sa iyang igsoon nga babaye ug unya sa iyang pagluhod aron mag-ampo, ang Buhing Dios sa labing madali nag-ayo kaniya sa tanan niyang mga sakit.

Gikan sa takna nga si Dr. Lee nakaila sa Buhing Dios pinaagi sa katong makatingalahan nga kasinatian, gihigugma na kaniya ang Dios sa tanan niyang kasingkasing ug katangkod, ug kaniadtong 1978 gitawag siya aron mag-alagad sa Dios. Madilaabon siya nga nag-ampo aron tin-aw niyang masabtan ang pagbuot sa Dios, bug-os nga matuman niini ug magmasinugtanon sa tanan nga Pulong sa Dios. Sa kaniadtong 1982, gitukod kaniya ang Manmin Central Church sa Seoul, Korea, ug ang dilimaihap nga mga buhat sa Dios, lakip ang mga milagroso nga mga pagpangayo ug mga katingalahan, nahitabo sa iyang iglesia.

Sa kaniadtong 1986, si Dr. Lee giordinahan nga usa ka pastor sa Annual Assembly of Jesus' Sungkyul Church sa Korea, ug upat ka tuig sa ulahi kaniadtong 1990, ang iyang mga wali gisugdan og pagsibya sa Australia, Russia, ang Pilipinas ug daghan pa pinaagi sa Far East Broadcasting Company, ang Asia Broadcast Station, ug ang Washington Christian Radio System.

Tulo ka tuig sa ulahi kaniadtong 1993, napili ang Manmin Central Church nga usa sa mga 50 ka Pinakataas nga mga Iglesias sa *Christian World* magazine (US) ug siya nagdawat sa usa ka Honorary Doctorate of Divinity gikan sa Christian Faith College, Florida, USA, ug kaniadtong 1996 usa ka Ph. D. sa Ministry gikan sa Kingsway Theological Seminary, Iowa, USA.

Sukad kaniadtong 1993, si Dr. Lee nagpanguna sa kalibotan nga mga misyon sa daghang pangdayo nga mga krusada sa Tanzania, Argentina, L.A.,

Siudad sa Baltimore, Hawaii, ug Siudad sa New York sa USA, Uganda, Japan, Pakistan, Kenya, ang Pilipinas, Honduras, India, Russia, Germany, Peru, Demokratiko nga Republika sa Congo, Israel, ug Estonia. Sa kaniadtong 2002 gitawag siya nga "tibuok kalibotan nga pastor" sa mga mayor nga Kristiyano nga mga pamantalaan sa Korea alang sa iyang buhat sa nagkalainlain nga pangdayo nga Great United Crusades.

Kutob sa Setyembre tuig sa 2016, ang Manmin Central Church adunay kongregasyon nga labi sa 120,000 nga mga miyembro. Adunay 11,000 nga pungsod ug sa pangdayo nga sanga sa mga iglesia sa tibuok nga globo, ug sa kalayuon labi sa 102 nga mga misyonaryo ang nakomisyon ngadto sa 23 ka mga pungsod, lakip ang Estados Unidos, Russia, Germany, Canada, Japan, China, France, India, Kenya, ug daghan pa.

Kutob sa petsa niining pagmantala, si Dr. Lee nakasulat na ug 105 ka mga libro, lakip ang mga pinakamabenta nga *Ang Pagtilaw sa Walay-Katapusan nga Kinabuhi Sa Wala Pa ang Kamatayon, Akong Kinabuhi Akong Pagtoo I & II, Ang Mensahe sa Krus, Ang Sukod sa Pagtoo, Langit I & II, Impiyerno,* ug *Ang Gahom sa Dios,* iyang mga binuhatan nga gihubad sa labi sa 75 nga mga lengguwahe.

Ang iyang Krisityano nga mga kolumna naggula sa *The Hankook Ilbo, The JoongAng Daily, The Dong-A Ilbo, The Hankyoreh Shinmun, The Seoul Shinmun, The Kyunghyang Shinmun, The Korea Economic Daily, The Korea Herald, The Shisa News,* ug *The Christian Press.*

Si Dr. Lee mao ang sa pagkakaron nagpanguna sa daghang misyonaryo nga mga organisasyon ug mga asosasyon: lakip ang Chairman, The United Holiness Church of Hesus Christ; Permanent President, The World Christianity Revival Mission Association; Founder & Board Chairman, Global Christian Network (GCN); Founder & Board Chairman, World Christian Doctors Network (WCDN); and Founder & Board Chairman, Manmin International Seminary (MIS).

Uban pang makagagahom nga mga libro sa samang tagsulat

Langit I & II

Imbetasyon ngadto sa Balaan nga Siudad sa Bag-ong Herusalem, kon asa ang dose ka mga ganhaan gibuhat sa nagpangidlap nga mga perlas, nga anaa sa taliwala sa halapad nga langit nga nagsidlak og makidlapon sama sa mabilihon kaayo nga mga alahas.

Ang Mensahe sa Krus

Usa ka makagagahom nga kahimungawong mensahe alang sa tanan nga tawo kon kinsa esprituwal nga nakatulog! Sa kining libro makita kanimo ang rason nga si Hesus ang bugtong nga Manluluwas ug ang tinuod nga hinigugma sa Dios.

Pagtilaw sa Walay-Katapusan nga Kinabuhi sa wala pa ang Kamatayon

Usa ka pangsaksi nga pag-asoy sa kinaugalingong kasinatian ni Dr. Jaerock Lee, kon kinsa gipanganak og usab ug naluwas gikan sa kawalogan nga landong sa kamatayon ug nanguna sa usa ka hingpit nga dalaygong Kristiyano nga kinabuhi.

Espiritu, Kalag, ug Lawas I & II

Pinaagi sa espirituhanon nga pagsabot sa espiritu, kalag, ug lawas, kung hain mao ang mga bahin sa mga tawo, ang mga mambabasa makatan-aw sa ilang 'kaugalingon' ug mag-angkon og panabot sa kinabuhi mismo.

Ang Sukod sa Pagtoo

Unsa nga klase sa puluy-an nga duog, korona ug mga balos ang giandam alang kanimo sa langit? Kining libro naghatag uban ang kaalam ug ang pag-agak alang kanimo aron masukod ang imong pagtoo ug mapa-ugmad ang pinakamaayo ug pinakaguwang nga pagtoo.

Magmata Israel

Nganong gitutok man sa Dios ang Iyang mata sa Israel gikan pa sa sinugdan sa kalibotan hangtud niiining adlawa? Unsa man nga klase sa Iyang kabubut-on ang giandam alang sa Israel sa ulahing mga inadlaw, kon kinsa naghuwat sa Misiyas?

Akong Kinabuhi, Akong Pagtoo I & II

Usa ka pinakahumot nga espirituwal nga alimyon nga gipuga gikan sa kinabuhi nga namulak uban sa usa ka dili maparisan nga gugma alang sa Dios, taliwala sa ngitngit nga mga balod, bugnaw nga pas-anon ug ang pinakailalom nga kawalay.

Ang Gahom sa Dios

Usa ka kinahanglan-mabasa nga nagsilbi nga usa ka mahinungdanon nga giya kon asa ang usa makakupot sa tinuod nga pagtoo ug makasinati sa makahingangha nga gahom sa Dios.

www.urimbooks.com

www.ingramcontent.com/pod-product-compliance
Lightning Source LLC
LaVergne TN
LVHW041745060526
838201LV00046B/912